AF231356

ERNEST HAMEL

SOUVENIRS

DE

L'HOMME LIBRE

LA POLITIQUE RÉPUBLICAINE

PARIS

E. DENTU, ÉDITEUR

LIBRAIRE DE LA SOCIÉTÉ DES GENS DE LETTRES

PALAIS-ROYAL, 15-17-19, GALERIE D'ORLÉANS

SOUVENIRS

DE

L'HOMME LIBRE

DU MÊME AUTEUR :

Histoire de la République française sous le Directoire et le Consulat, 1 vol. grand in-8. . . . . . . 7 fr. 50

Histoire de la Présidence et du coup d'État, 1 vol. grand in-8, illustré, à deux colonnes, du format de l'*Histoire du second Empire*, et lui formant introduction. 5 fr. »

Précis de l'Histoire de la Révolution française, 1 vol. in-8 cavalier. . . . . 6 fr. »

Histoire de Saint-Just, député à la Convention nationale, 2 vol. in-18 jésus. . . . . 6 fr. »

Histoire de Robespierre, 3 vol. in-8 cavalier. 22 fr. 50

Histoire de Marie Tudor, 2 vol. in-8 cavalier (*Épuisé*).

La Statue de Jean-Jacques Rousseau, 1 vol. in-8. 3 fr. »

Histoire des deux Conspirations du général Malet, 1 vol. in-8, beau papier. 5 fr. In-18 jésus. : . . 3 fr. »

Histoire du second Empire, 2 vol. grand in-8 illustré, à deux colonnes. . . . . 13 fr. »

F. AUREAU. — IMPRIMERIE DE LAGNY.

SOUVENIRS

DE

L'HOMME LIBRE

LA POLITIQUE RÉPUBLICAINE

PAR

ERNEST HAMEL

PARIS

E. DENTU, ÉDITEUR

LIBRAIRE DE LA SOCIÉTÉ DES GENS DE LETTRES

PALAIS-ROYAL, 15-17-19, GALERIE D'ORLÉANS

1878

Tous droits réservés

A MES ÉLECTEURS

DU QUARTIER DES QUINZE-VINGTS

A vous, Électeurs du quartier des Quinze-Vingts, qui m'avez appelé à l'honneur de défendre à l'Hôtel de Ville de Paris les intérêts de la Cité et ceux de la République, je dédie ce livre, qu'anime d'un bout à l'autre le grand souffle de la Révolution française.

Historien de cette Révolution, comment ne serais-je pas en parfaite communion d'idées avec les habitants d'un quartier formé d'une partie du faubourg Saint-Antoine, de ce grand faubourg qui, ainsi que je vous le disais, est resté depuis plus de quatre-vingts ans, la citadelle, le rempart inexpugnable, le foyer ardent de la démocratie ?

Nous sommes indissolublement unis par notre dévouement au progrès, à la justice, à la liberté, par notre amour profond pour l'humanité. C'est en m'inspirant de ces sentiments, qui sont l'apanage et l'honneur de la démocratie française, que j'entends remplir le mandat dont vous m'avez investi en quelque sorte par acclamation.

Au reste, vous me verrez à l'œuvre.

Servir à la fois les intérêts de votre quartier et ceux de cette immortelle ville de Paris, qui est par excellence la ville de la civilisation, veiller en même temps avec un soin jaloux, aux intérêts généraux de la République, tel sera le but de mes constants efforts. C'est ainsi que je compte vous remercier de vos suffrages et justifier votre confiance.

Paris, ce 13 janvier 1878.

ERNEST **HAMEL**.

PRÉFACE

Le livre que je mets aujourd'hui sous les yeux du lecteur, est composé d'une série d'articles qui ont paru successivement dans le journal l'*Homme libre*, du 27 octobre 1876 au 3 mai 1877. J'ai choisi, de préférence, les articles de doctrine républicaine qui peuvent le mieux faire voir le but que nous nous étions proposé, mon illustre ami Louis Blanc et moi, en fondant l'*Homme libre.*

Nous voulions surtout, laissant de côté les questions de personnes, amener le triomphe de la politique des principes.

Le temps, ce grand auxiliaire, nous a manqué pour conquérir notre place au soleil. Mais, à l'heure même où, par suite d'un concours de circonstances dont il serait trop long d'entretenir ici le public, je me trouvais obligé de suspendre du jour au lendemain la publication de l'*Homme libre*, son succès allait croissant. De toutes parts des voix amies nous criaient : Courage ! et l'*Homme libre* s'est vu contraint d'amener son pavillon, alors qu'il lui était permis d'espérer de le voir flotter longtemps, haut et ferme, en tête de la grande armée démocratique.

Quoi qu'il en soit, durant les six mois de son existence laborieuse et bien remplie, il a fait vaillamment son devoir. Par une des légitimes revendications du programme républicain qu'il n'ait prise sous sa garde et qu'il n'ait cessé de soutenir de toute l'énergie de sa foi ardente, depuis la réforme radicale des institutions monarchiques de l'an VIII jusqu'à l'amnistie plénière, qui aurait dû être le don de joyeux avénement de la République constitutionnelle.

Il a surtout tenu à montrer quels liens étroits rattachent la question politique à la question sociale, celle-ci étant la conséquence de celle-là, et la solution de la première devant être un acheminement à la solution de la seconde.

Aussi n'avons-nous jamais manqué de réclamer l'établissement à bref délai, des véritables institutions républicaines, dont l'application permettra la réalisation des améliorations sociales voulues par la justice ; et, sans méconnaître la [nécessité de certaines temporisations indiquées par la prudence, nous nous sommes élevés avec force contre tous les moyens dilatoires inutiles, ayant horreur de tout ce qui peut retarder dans leur marche la justice, le progrès et la liberté.

On a quelquefois, bien gratuitement, qualifié d'autoritaire l'école à laquelle j'appartiens par mes longs travaux historiques. Ceux qui m'ont adressé ce reproche n'ont étudié que superficiellement les hommes et les choses de la Révolution, et, dans tous les cas, ne connaissent guère mes ouvrages. Une lecture attentive des pages qui vont suivre effacera, je l'espère, tout malentendu entre nous.

On y verra, en effet, que mes aspirations les plus impatientes, ce que je revendique par-dessus tout, avec les améliorations sociales, conséquence logique et naturelle des institutions républicaines, c'est la liberté individuelle, la liberté communale et, comme couronnement de l'édifice, la liberté dans l'État.

17 janvier 1878.

SOUVENIRS

DE

L'HOMME LIBRE

LA RÉPUBLIQUE AIMABLE

« Il faut rendre la République aimable, » nous a dit M. Jules Simon. C'est absolument notre avis. Seulement, il convient de s'entendre sur les mots et de bien définir ce que doit être « la République aimable. »

La République aimable serait celle qui, s'attachant à justifier son nom, la *chose de tous*, sauvegarderait résolûment tous les intérêts, au lieu de sacrifier, comme cela arrive trop souvent, les petits aux grands ; qui, brisant toutes les entraves mises à la liberté par les divers régimes monarchiques auxquels nous avons été rivés depuis soixante-dix ans et plus comme à une chaîne, affranchirait complétement la pensée, rendrait la parole libre, ferait du droit d'association une réalité, ne traiterait pas la raison en suspecte et ne la recommanderait pas, suivant l'expression de Lamennais, à la surveillance jalouse de la police et du parquet ; qui, au lieu de prendre l'histoire à la gorge et de la jeter en prison, réclamerait, comme Gœthe mourant, toujours, toujours plus de lumière ; ce serait celle enfin qui, sachant que c'est par l'échelle de miséricorde qu'on arrive à tous les cœurs, userait de clémence et de pitié, même envers les égarés, même envers les coupables, rouvrirait à tous les proscrits les portes de la patrie et ne plongerait pas tant de familles dans la désolation et le désespoir par le refus obstiné de l'amnistie.

Mais est-ce bien là la République dont nous jouissons depuis six ans ? Hélas ! jusqu'à présent la République sortie des ruines de l'empire n'a guère eu de tendresses, de sourires et de gracieusetés que pour les ennemis de la République. Faire la République sans républicains, tel a été le rêve de ces anciens monarchistes arrivés au pouvoir, grâce, en partie, aux fautes irréparables commises dès le lendemain de Sedan et qui, s'inclinant devant la puissance de l'opinion ont bien voulu nous concéder la forme républicaine. Dieu sait s'ils ont mis en pratique leur fatale théorie. La France subit encore toutes les conséquences funestes de ce système.

Nous n'ignorons pas que le ministre actuel de l'intérieur, M. de Marcère, est rempli de bonnes intentions et nous avons trop d'impartialité pour ne pas lui rendre pleine et entière justice. A Domfront, il y a quelques semaines, comme au Quesnoy il y a quelques jours, il a prononcé de bonnes et patriotiques paroles. Mais des paroles aux actes, il y a aussi loin que de la coupe aux lèvres. Et puis ne nous faut-il pas constater qu'à Maubeuge il a quelque peu rabattu de son enthousiasme républicain? Il est impuissant à faire tout le bien qu'il voudrait. N'a-t-il pas à ses côtés l'homme qui a été le mauvais génie du général Cavaignac, M. Dufaure, dont la main apparaît dans tous les désastres de la liberté, et qui, tant qu'il sera au pouvoir, ne cessera de se dresser comme un obstacle devant la démocratie et de barrer le passage aux institutions républicaines?

Ah! certes, les réactionnaires de tous les rangs, de toutes les nuances et de tous les étages seraient bien ingrats, s'ils ne trouvaient pas aimable la République actuelle. Comment donc, très-gracieuse République, ne réservez-vous pas toutes vos rigueurs pour les républicains, et ne comblez-vous pas de prévenances les ennemis les plus endurcis de l'idée républicaine? Est-ce que jamais le cléricalisme s'est affirmé plus effrontément qu'à l'ombre de votre glorieux drapeau?

Que la République soit juste à l'égard de ses adversaires; qu'elle les ramène à elle par la persuasion, par la supériorité de son principe, par la grandeur de ses vues, c'est là le plus cher de nos vœux; mais ce que nous voulons aussi, c'est qu'elle soit bonne et affable pour ceux-là surtout qui l'ont servie de tout leur dévouement et qui la défendront envers et contre tous; ce que nous voulons enfin, c'est qu'elle inaugure le règne de la justice.

Or, pour cela il faut qu'elle soit entourée d'institutions républicaines, parce qu'on n'obtiendra jamais de pêches d'un pommier, et qu'il est impossible de fonder un régime de progrès et de liberté sur les lois organiques qui ont été la base de l'arbitraire et du bon plaisir, du césarisme en un mot. Eh bien, ces institutions, le pays les attend, non pas dans un avenir lointain, mais tout de suite ; et nos efforts constants tendront à en amener la réalisation la plus prochaine.

Un petit journal nouveau-né prenait la peine de nous donner l'autre jour, par avance, quelques conseils bien sentis. Nous sommes, à ses yeux, des théoriciens et des philosophes, bons à discourir à un banquet de platoniciens dans le jardin d'Académus.

Ah ! si c'est être des théoriciens que de prêcher à tous l'union, la concorde et la paix, basées sur la satisfaction de tous les droits, de n'avoir nulle envie au cœur, de n'avoir d'autre haine que celle du mal, d'autre culte que celui de la justice, nous nous faisons gloire de mériter ce reproche.

Mais, charitable confrère, qui êtes armé d'une si forte dose de patience, et qui vous contenteriez de voir se réaliser dans la vallée de Josaphat des réformes mûres depuis plus de quatre-vingts ans, ne savez-vous donc pas que c'est une souveraine imprudence que de remettre au lendemain ce qu'il est possible de faire le jour même ; qu'à espérer toujours, on finit par désespérer, et qu'enfin c'est une faute, presque un crime de lèse-nation et de lèse-humanité que d'ajourner d'une année, d'un jour, d'une heure, quand il est possible de faire autrement, l'avénement du règne de la justice, du progrès, du droit et de la liberté ?

S'endormir dans une sérénité olympienne en trouvant que tout est pour le mieux présentement dans la meilleure des républiques, c'est assurément fort commode ; mais ce n'est ni sage, ni équitable, ni rationnel, et ce n'est point là ce qu'a voulu le pays en envoyant à l'Assemblée une majorité si considérable de républicains.

Ce que nous réclamons n'offre en aucune façon les difficultés qu'on nous oppose à tout propos ; car, ainsi que nous le démontrerons, par une étude approfondie de toutes les institutions dont l'ensemble constitue le régime républicain, il n'est, pour ainsi dire, aucune de ces institutions qui n'ait été élaborée, discutée, votée mêmé par nos pères ; et peut-être suffirait-il d'un peu de foi, de résolution, d'énergie et de fermeté de la part de nos représentants pour en doter le pays.

Ce jour-là, satisfaction sera donnée à tous, dans la stricte mesure de la justice.

Le secret de rendre la République aimable, le voilà.

LA RÉPUBLIQUE OUVERTE

Une chose nous a paru toujours souverainement injuste ; nous dirons plus, souverainement inepte : c'est de reprocher à des gens qui se sont franchement ralliés à la République de n'avoir pas été républicains dès le ventre de leur mère.

L'esprit humain subit de légitimes modifications.

Peut-on raisonnablement savoir mauvais gré à un homme de venir au progrès, à la liberté, parce que, par sa naissance et son éducation, il a d'abord appartenu aux idées de la réaction ? Assurément non. Ce serait non pas seulement le comble de l'injustice, mais le comble de l'insanité. Autant vaudrait faire un crime à un aveugle d'avoir recouvré la vue.

Il faudrait alors jeter à la mer les Lamennais, les Victor Hugo, les Michelet et tant d'autres illustres convertis qui, pour avoir embrassé sur le tard l'idée républicaine, n'en sont pas moins l'honneur et la force de la démocratie.

Lorsque, au prix de mille efforts, par la puissance de la persuasion, par la parole et par le livre, nous sommes parvenus à amener à nous des adversaires de la veille, nous devons saluer dans leur conversion, quand il est prouvé qu'elle est sincère, l'excellence de nos principes. Les nouvelles recrues sont pour nous de glorieuses conquêtes. Nous serions absolument dépourvus de sens moral, si, au lieu de les féliciter d'un changement d'opinion si conforme à la vérité, nous leur jetions à la tête leurs erreurs d'autrefois.

Il est du reste à remarquer que ces puritains qui exigent des républicains la justification de quatorze quartiers de noblesse sont en général des intrigants de la réaction, ou des convertis de la veille, si tant est qu'ils soient sincèrement convertis, qui sont aujourd'hui républicains conservateurs, comme ils étaient hier très-ardents plébiscitaires.

Quant aux républicains de vieille date, quant à ceux qui, depuis plus de vingt ans sur la brèche, peuvent montrer avec orgueil les blessures qu'ils ont reçues au service de la démocratie, ceux-là ouvriront toujours de bon cœur les bras aux hommes de bonne volonté, car ils savent, sans qu'il soit besoin de le leur rappeler, que la République n'est pas une coterie, le patrimoine de quelques-uns ; ils savent qu'elle est la patrie elle-même, et c'est pour cela qu'elle est supérieure à toutes les autres formes de gouvernement.

Cela soit dit pour le journal la *Liberté*, qui a raison quand il réclame la République ouverte, mais qui a tort quand il nous reproche de la vouloir fermée.

Mais de là à admettre qu'une République qui se fonde puisse, sans danger, confier son administration à des fonctionnaires que tous leurs actes, tout leur passé rattachent à la réaction, il y a loin.

Nous voulons croire à la conversion sincère de la

Liberté, mais nous ne croyons nullement à celle des préfets et des sous-préfets qui ont été au service de l'ordre moral, et si la *Liberté* est moins sceptique que nous, qu'elle nous permette de le lui dire, elle est ou dupe ou complice, pour nous servir d'une expression devenue célèbre.

Un véritable homme d'État se moquerait de nous si nous soutenions sérieusement que les places de préfets et de sous-préfets, — puisque préfets et sous-préfets il y a encore, — doivent être des places fixes. Ce sont des situations essentiellement aléatoires, soumises à toutes les oscillations de la politique. Et il est tout à fait logique que tels ou tels préfets disparaissent avec le système de gouvernement dont ils étaient en quelque sorte les rouages.

Entre les fonctionnaires républicains et les fonctionnaires de la réaction, il y a une différence à noter.

Les premiers se retirent d'eux-mêmes quand succombe la politique dont ils étaient les serviteurs ; cela s'est vu lors de la nomination de M. Thiers ; cela s'est vu à l'époque du 24 Mai. La réaction triomphante prend toujours soin d'ailleurs de se débarrasser au plus vite de ceux qui seraient tentés de rester.

Les seconds, au contraire, se font petits, tout petits, quand l'idée républicaine reprend le dessus. Ils ne demandent qu'à être oubliés. On en voit même beaucoup venir se prosterner aux genoux du ministre nouveau. Ils prêteraient serment à la République, si la République, en abolissant le serment, ne leur avait pas épargné un parjure.

Eh bien ! non : nous ne croyons pas à la bonne foi de cès gens-là ; non, nous ne croyons pas qu'on puisse servir tour à tour, dans l'espace de quelques années, de quelques mois, l'empire, la monarchie, l'ordre moral et la République.

Quand saint Paul se convertissait sur le chemin de Damas, il allait à la persécution.

Nos préfets et nos sous-préfets de l'ordre moral seraient-ils si empressés de se convertir à la République, si au lieu d'avoir à sauvegarder le pouvoir dont ils sont investis, les hôtels qu'ils habitent, les splendides émoluments qu'ils touchent, ils avaient à poursuivre, à travers mille dangers, le triomphe des institutions républicaines? Non, n'est-ce pas, avouez-le, ô *Liberté!*

Qu'ils rentrent dans les rangs, qu'ils redeviennent simples citoyens, ne fût-ce que pour faire un instant pénitence à la porte du temple, qu'ils combattent, comme nous, en volontaires, nous croirons alors à la réalité de leur conversion. Sinon, non.

Et puis, comment la *Liberté,* si elle est aussi sincèrement ralliée qu'elle le dit, ne s'aperçoit-elle pas du danger qu'il y aurait pour le pays à ce qu'on laissât en place des préfets et des sous-préfets qui, durant de longs mois et de si bon cœur, ont livré le combat de l'ordre moral?

Quoi! c'est lorsqu'on est à la veille des élections départementales et municipales, que l'on maintiendrait l'ennemi dans la place?

Que diraient nos populations rurales, en voyant qu'il n'y a rien de changé?

La République a toujours été victime de sa générosité, nous le savons, hélas! Mais la générosité aveugle et tournant à la duperie serait un crime, lorsqu'il s'agit de fonder les institutions républicaines.

M. Jules Simon le sait aussi bien que nous. A tout gouvernement républicain il faut des fonctionnaires résolus à le soutenir de toute leur énergie.

Jusqu'ici la République n'a guère été ouverte qu'à la réaction : qu'elle le soit enfin aux républicains.

Et ce sera justice.

LA QUESTION D'ORIENT

Le jour où le dernier des Paléologues, Constantin Dracosès, est tombé en héros sur les remparts de Constantinople, et où l'on a vu les soldats de Mahomet II infliger à la malheureuse ville emportée d'assaut tout ce que l'imagination peut enfanter d'horreurs, ce jour-là est née la question d'Orient.

Race tout à fait à part, fanatique et tolérante à la fois, brutale et passive, les Turcs ne touchèrent guère à la religion et aux usages des peuples qu'ils avaient vaincus, imitant en cela les Romains ; mais ils ne surent jamais, comme ces derniers, s'identifier à ces peuples pour former avec eux une sorte de tout homogène et compacte. En laissant à l'écart, sous le nom de *rajahs*, qui veut dire troupeau, toute la population musulmane de leur empire, les Ottomans, loin d'affermir à jamais leur conquête, ont, au contraire, préparé leur ruine, en Europe du moins. Depuis plus de quatre cents ans qu'ils ont pris possession de la presqu'île Illyrienne, ils sont restés les mêmes, isolés, farouches, au milieu de leurs principautés vassales, profondément haïs de ces populations slaves et grecques qui ne jouissent d'aucuns droits et que ran-

çonnent impitoyablement les fonctionnaires de la
Porte.

De là, dans la Turquie, cet état de crise endémique
qui ne se dénouera tôt ou tard que par la destruction
de l'empire ottoman en Europe.

Mais qui bénéficiera de cette destruction, et à qui
profitera l'expulsion des Turcs? Voilà précisément la
difficulté, et de cette difficulté même résulte cette
sorte d'équilibre qui, depuis le traité d'Andrinople,
maintient au Bosphore les successeurs de Mahomet.
« S'ils étaient arrachés de Sainte-Sophie un beau
matin, a dit lord Byron dans une note de son poëme
de *Child-Harold*, et remplacés par les Français ou les
Russes, il est douteux que l'Europe gagnât au change;
au moins est-il certain que l'Angleterre y perdrait. »
Lord Byron a expliqué là, en quelques mots, toute
la question d'Orient. Il est étrange cependant qu'ayant
témoigné tant de sympathie ardente à la Grèce opprimée, il se soit montré si oublieux des populations
slaves qui, depuis quatre siècles, pleurent leur indépendance perdue. Il est clair comme le jour qu'elles
auraient tout à gagner au départ des Ottomans, à la
seule condition, toutefois, que ceux-ci ne fussent pas
remplacés par des autocrates qui ne vaudraient pas
mieux.

La Russie est-elle bien désintéressée dans son intervention bruyante en faveur de la Serbie? Nous
répondons sans hésiter : non. Elle veut aller à Constantinople, cela n'est pas douteux. Relever l'empire
d'Orient à son profit a toujours été son but. Peu s'en
est fallu qu'après Tilsitt, Alexandre ne se soit cru
certain d'avoir sa proie. On sait avec quel sans-gêne

Napoléon avait abandonné les Turcs, ses alliés, pour obtenir du tzar la ratification de ses conquêtes. Ne s'étaient-ils point partagé le monde dans leur entrevue fameuse ? A l'un l'empire d'Orient, à l'autre celui d'Occident. Il suffit de la ténacité de l'Angleterre pour faire évanouir ces beaux rêves.

Est-ce bien par philanthropie que la Russie prend encore aujourd'hui parti contre les Ottomans, prête à mettre dans la balance le poids de son épée? Il est bien difficile de le croire. Aujourd'hui, comme il y a une cinquantaine d'années, ses hommes d'Etat aimeraient mieux le *statu quo* que de voir se fonder sur les ruines de l'empire de Mahomet des États riches, indépendants, éclairés, qui lui barreraient à jamais le chemin du Bosphore.

Sans doute, comme toutes les nations civilisées, elle a dû être révoltée des atrocités commises par les Turcs dans ses provinces vassales. Mais nous nous refusons à croire qu'elle intervienne dans les affaires de la Serbie par le seul amour de l'humanité. Il n'y a que la France qui prenne les armes pour une idée et de simples intérêts moraux; et elle a été assez abandonnée de l'Angleterre et de la Russie, en 1870, pour avoir le droit, tout en faisant ses réserves, de rester simple spectatrice des événements qui vont se passer en Orient.

Ce n'est pas que la Serbie, comme l'Herzégovine, comme le Montenegro, n'aient droit à toutes ses sympathies. Jamais nation opprimée n'a crié vers la France sans que ses cris aient profondément retenti au milieu de nous, et nous ne pouvons savoir mauvais gré aux Serbes de leur entreprise quelque peu téméraire. Mais que veulent-ils? Ont-ils espéré, en prenant les armes contre la Turquie, relever l'empire d'Etienne Douschân? La tentative de restauration royaliste en faveur du prince Milan pourrait le faire croire. Mais le siége naturel de cet empire, accru de la Macédoine, de l'Albanie, de la Bulgarie et de la Thessalie, serait à Constantinople. Or, la Russie serait absolument hostile à leurs prétentions, c'est indubitable.

Il est donc à croire qu'obéissant à un pur sentiment chevaleresque, et songeant à leurs frères de la Bosnie, de l'Herzégovine et de la Bulgarie, ils ont voulu tenter d'arracher de haute lutte toutes les populations slaves au joug de l'islamisme. La fortune n'a pas secondé leur généreuse audace ; comme il arrive trop souvent, le sort des armes a tourné contre la cause du droit, et l'Europe tout entière a tressailli d'un formidable cri d'horreur à la nouvelle des atrocités commises par les vainqueurs.

Aujourd'hui quelle est la situation ?

Après les dernières défaites des Serbes, l'Angleterre, de concert avec les autres cabinets européens, avait proposé à la Porte Ottomane d'accorder à la Serbie un armistice de six semaines, délai suffisant pour examiner et débattre les conditions auxquelles une paix durable aurait pu être conclue. Les Turcs répondirent par une contre-proposition à laquelle la diplomatie européenne ne s'attendait certainement pas. Non-seulement ils acceptaient l'armistice en principe, mais ils offraient de le porter à six mois. Cette offre, il est vrai, était subordonnée à certaines conditions. Ainsi ils exigeaient que rien ne fût changé à la situation militaire, afin que les Serbes ne pussent profiter de l'armistice pour renforcer leur armée de recrues étrangères.

La Russie, au contraire, trouva ce délai beaucoup trop favorable à la Porte, qui évitait ainsi une campagne d'hiver, laquelle eût été très-désavantageuse aux troupes tirées de ses provinces méridionales. Les partisans de la Turquie assurent que cet armistice de six mois était tout ce qu'il y avait de plus acceptable; c'était, selon eux, un acheminement vers une paix certaine et définitive.

Mais six mois, c'était un siècle! Pouvait-on attendre six mois, alors que tant d'intérêts étaient en souffrance? La Russie, intervenant directement dans le conflit, refusa net d'accepter ce délai et faillit en venir tout de suite aux mains avec la Turquie. Nos lecteurs ont encore présent à l'esprit l'effarement qui s'est produit, ces jours derniers, à la nouvelle d'une imminente conflagration en Orient.

Les passions se sont un peu calmées depuis. Cependant les hostilités ont repris autour d'Alexinatz entre les Turcs et les Serbes et le sang a de nouveau coulé.

Malgré cela il ne faut point désespérer de voir se dénouer autrement que par les armes cette éternelle question d'Orient, qui a déjà coûté tant de sacrifices humains.

A l'heure où nous écrivons ces lignes, le général Ignatieff est à Constantinople, porteur de l'ultimatum de la Russie, qui semble jouer en ce moment le rôle de représentant de l'Europe, et stipuler au nom des six grandes puissances. Cet ultimatum porterait sur les trois points suivants :

1º Armistice de six semaines sans condition ;

2º Autonomie de la Bosnie, de l'Herzégovine et de la Bulgarie ;

3º Réunion d'une conférence, à laquelle ne serait point admise la Turquie, et où l'on règlerait à la fois la question de l'autonomie et celle des garanties à exiger de la Porte.

Le lecteur remarquera qu'il n'est nullement question des autres provinces, occupées par des populations grecques, comme l'Épire, la Thessalie, et où le régime ottoman n'est certainement pas plus doux que celui dont se plaignent avec raison les populations slaves de la Bosnie, de l'Herzégovine et de la Bulgarie.

Le premier point serait, paraît-il, d'ores et déjà accepté par la Turquie, à laquelle, à la rigueur, on accorderait, conditionnellement, un supplément de six semaines, ce qui porterait l'armistice à trois mois.

Maintenant, la Porte Ottomane consentira-t-elle à être exclue de la conférence où il sera en quelque sorte décidé de ses destinées? Là est probablement la pierre d'achoppement. La Russie veut-elle mettre le feu au monde? Il est certain qu'elle tient dans ses mains la paix ou la guerre, selon qu'elle se montrera plus ou moins exigeante ; il est non moins certain que la Turquie préférerait à des conditions par trop humiliantes une guerre à outrance, au risque d'y sombrer tout entière.

Il ne faut pas se le dissimuler, les difficultés et les complications sont nombreuses. Déjà l'on voit poindre du côté de la Grèce d'ambitieuses convoitises. En dépit des paroles sévères adressées à la Porte par le cabinet de Londres au sujet des horreurs commises en Bulgarie, en dépit des acclamations enthousiastes dont les meetings ont retenti en faveur de la Serbie, le gouvernement anglais penche manifestement pour le maintien de l'empire ottoman, car, suivant l'expression de lord Byron, c'est l'Angleterre qui aurait le plus à perdre si les Russes venaient à remplacer les Turcs à Constantinople.

D'autre part, l'Autriche et l'Allemagne elle-même, quelqu'étroits que soient les liens qui unissent Berlin à Saint-Pétersbourg, consentiraient-elles à voir la Russie en possession des bouches du Danube? Enfin n'est-il pas d'intérêt supérieur pour l'Europe que le Bosphore demeure neutralisé, comme tous les détroits devraient l'être dans l'intérêt du monde entier? Nous saurons bientôt jusqu'où vont les exigences de la Russie, et nous espérons fermement que ces exigences ne dépasseront pas les limites au delà desquelles le tzar pourrait être soupçonné de n'agir que dans l'intérêt particulier de son empire.

Est-il besoin de dire que notre plus cher désir est de voir se dénouer pacifiquement, dans le sens de la justice, la redoutable question qui s'agite à cette heure à Constantinople? Car nous n'admettons la guerre qu'à la dernière extrémité, et quand il n'y a pas d'autre moyen pour une nation de sauvegarder son indépendance ou de recouvrer sa liberté. Que si la guerre éclate néanmoins, la France n'a pas à prendre part à la lutte; mais elle ne restera pas indifférente pour cela. Le rôle moral qu'elle peut être appelée à jouer comme médiatrice n'en aura pas moins sa grandeur et son influence.

Nous dirons prochainement l'attitude qu'entend prendre l'*Homme libre* dans ces douloureuses conjonctures ; son nom seul peut faire pressentir sa ligne de conduite. Nous tenons toutefois à déclarer dès à présent que nos vœux les plus ardents sont pour l'indépendance des peuples qui veulent s'appartenir. Nous ne sommes donc ni Russes ni Turcs. Nous ne voulons, à Constantinople et en Orient, ni le despotisme du tzar ni le despotisme du sultan.

A LA DÉMOCRATIE OUVRIÈRE

Si la République ne devait être qu'un mot sonore destiné à couvrir tous les préjugés, toutes les erreurs, tous les abus de la monarchie, une étiquette menteuse sous laquelle seraient précieusement conservées les institutions ayant servi de base à l'arbitraire, au bon plaisir, au césarisme en un mot, ce ne serait vraiment pas la peine de s'être épuisé en tant d'efforts et d'avoir dépensé tant de sang généreux pour la conquérir.

Non, ceux qui ont lutté, ceux qui ont souffert pour la sainte cause de la justice et de la liberté ne sauraient se payer d'illusions et se contenter d'une apparence d'autant plus dangereuse qu'elle semble légitimer, aux yeux d'une foule de gens, les iniquités dont nous sommes chaque jour témoins.

Est-ce la République qui remplit, de parti pris, l'administration, le parquet, la magistrature, les chancelleries et l'armée de créatures notoirement dévouées à la réaction? Est-ce la République qui poursuit avec un acharnement sans exemple les journaux démocratiques et laisse impunément insulter son drapeau? Non, c'est la monarchie déguisée. Et de même que les soldats de Cromwell avaient inscrit par dérision le nom de la liberté sur la poignée de leurs sabres, de même les réactionnaires de toutes nuances qui encombrent aujourd'hui les avenues du pouvoir, décorent du nom de République l'édifice constitutionnel qu'ils ont élevé.

Ils espèrent fatiguer le pays en rendant le régime actuel aussi dur, aussi impitoyable, aussi rebelle à tout progrès que pourrait l'être un régime monarchique ; mais le pays ne se laissera pas prendre à ce piége grossier ; il déchirera toutes les toiles d'araignées de la réaction, et il ne cessera ses revendications que lorsque la République existera de fait comme de nom.

Pourquoi cela ? C'est parce que, instruit par une longue et douloureuse expérience, il sait que la République est l'instrument nécessaire et pacifique du progrès, et que c'est seulement à l'ombre de son glorieux drapeau que le socialisme pourra porter tous ses fruits et avoir raison de ce que l'on a si improprement appelé la « fatalité de la misère. »

République et socialisme doivent donc marcher de conserve et se prêter un appui mutuel. Il ne serait ni logique ni sage de les séparer, pas plus que de séparer la classe ouvrière de la classe bourgeoise, où elle a trouvé des défenseurs si dévoués, si ardents et si désintéressés.

Le temps est loin où, grâce à une presse mercenaire, ce mot de socialisme jetait l'épouvante dans une foule d'esprits égarés, et où la peur, cette sinistre déesse, poursuivait de ses malédictions les hommes généreux qui s'efforçaient de chercher un remède aux misères sociales. Le spectre rouge est passé de mode, et le

mot de partageux a vieilli. Il reste bien celui de « péril
social » ; mais les de Broglie, les Buffet et les Dufaure
en ont tant abusé qu'il est devenu un objet de risée
universelle. Y croient-ils seulement ceux qui s'en
servent avec tant d'affectation ? Nous en doutons. Mais
il leur faut un prétexe pour garder entre leurs mains
ce pouvoir qu'ils rendent si lourd au pays.

Le péril social n'est point de signaler des maux auxquels il est possible de porter remède, mais bien de
les laisser arriver à un point où l'on soit obligé de
recourir à des moyens violents pour en avoir raison.

Dire en gémissant : il y a une fatalité de la misère,
nous n'y pouvons rien ; c'est assurément très-commode, surtout pour ceux que n'atteint pas cette fatalité ; mais cela n'est pas exact. Il y a surtout une mauvaise organisation sociale, à laquelle on remédiera
sans toucher à un cheveu de la tête de personne et
sans prendre une obole à qui que ce soit. Sans doute,
le problème est difficile à résoudre. Qui le nie ? C'est
une raison de plus pour s'y attacher obstinément, et
nous serons puissamment aidés dans notre œuvre
quand on aura fait disparaître de nos lois toutes les entraves apportées à la liberté d'association.

Il fut un temps où l'on voyait de véritables armées
de mendiants se promener par le pays. Pâles, maigres,
décharnés, ces spectres de la faim, réduits à se nour-
rir souvent, comme les bêtes fauves, de glands dans
les bois ou d'herbe dans les prairies, étaient devenus
une menace perpétuelle pour nos campagnes. Mais
était-ce la fatalité qui les rendait ainsi esclaves d'une
misère éternelle ? Nullement ; c'était le régime de monarchie et de féodalité auquel la France était soumise ;

et ces armées de mendiants ont disparu avec le régime
qui les avait enfantées.

Malheureusement, la Révolution n'eut pas le temps
d'émanciper tout le monde. Après les jours sanglants
de Thermidor et de Prairial, qui sont en quelque
sorte le point de départ de nos modernes classes dirigeantes, les masses ouvrières furent laissées de côté
et pour longtemps reléguées au fond de leurs ateliers.
Chair à canon sous l'Empire, serves de l'industrie
sous les régimes suivants, à peine ont-elles pu avoir,
en 1848, un avant-goût de leur émancipation future.
Transportées après les événements de Juin, alors que
la République n'était déjà plus qu'une fiction ; victimes, elles aussi, du coup d'État de Décembre, elles
ont pu voir ce que valaient les présents du despotisme. La fameuse loi sur les coalitions ne leur a
guère servi qu'à se faire fusiller à Saint-Aubin et à la
Ricamarie. Nombre d'associations, fondées au lendemain des journées de Février, n'avaient pu trouver
grâce devant le guet-apens triomphant ; elles avaient
sombré dans ce grand naufrage des libertés publiques.
Voilà ce dont ne s'est pas assez souvenu le publiciste
aigri qui s'est écrié un jour que le régime césarien
était peut-être la meilleure des démocraties.

La République seule, le jour où elle sera devenue
une vérité, permettra aux classes ouvrières de réaliser
sans secousse, par la seule puissance de la vérité et
au moyen du suffrage universel, les améliorations sociales auxquelles elles sont en droit de prétendre.
C'est pourquoi sans rien vouloir brusquer, nous sommes ennemis des attermoiements dangereux et des
temporisations énervantes.

Que s'il est quelque part des républicains complaisants qui appliquent à la politique le proverbe italien : *Chi va piano, va sano*, vont à la réaction au lieu de l'amener à eux, et, satisfaits des résultats acquis, sont disposés à attendre patiemment l'heure prévue d'avance où il leur sera permis de prendre leur part du pouvoir, c'est affaire à eux.

Mais ont-ils le temps d'attendre, ceux qui sont exposés à mourir de faim à côté des richesses qu'ils produisent? ceux qui, écrasés dans la lutte des forces inégales déchaînées par la concurrence, voient leur existence compromise sans cesse par l'incertitude du lendemain, et se trouvent contraints d'accepter, comme prix de travaux accablants, un salaire à peine suffisant pour assurer à leur famille le pain de chaque jour? A-t-il le temps d'attendre, l'enfant qui croupit dans les manufactures, au lieu d'aller à l'école, et qui parviendra à l'âge d'homme, s'il y parvient, sans avoir reçu les bienfaits de l'instruction? A-t-elle le temps d'attendre, la malheureuse jeune fille qui, mal payée d'un labeur excessif, en arrive parfois à demander à la prostitution un supplément de salaire ?

Questions douloureuses et pressantes que les institutions républicaines seules peuvent nous permettre de résoudre !

Mais déjà nous entendons l'objection. Elle a été formulée par quelques orateurs au milieu du dernier congrès ouvrier. Pas de protection, pas d'intervention de l'État. D'accord. Il faut s'entendre.

Est-il possible de confondre l'État personnifié dans un individu, l'État monarchique en un mot, avec l'État républicain, qui n'est autre chose que l'expression même de la société? Non, n'est-ce pas? Le premier est un pouvoir dominateur qui se pose au-dessus de tout, qui a la prétention de tout régler, de tout diriger, qui fait les lois, et qui les viole au besoin; le second, c'est la société se gouvernant elle-même à l'aide d'un mandataire collectif auquel elle dicte ses volontés.

La différence est essentielle. Louis XIV et Napoléon disaient : l'État, c'est moi. Nous disons, nous républicains, l'État, c'est nous tous; et la démocratie ouvrière serait bien mal inspirée si, sur la foi de conseillers imprudents, elle abandonnait sa part de souveraineté. Qu'elle se garde bien de se désintéresser de l'Etat. En France, comme dans la libre Amérique, le gouvernement doit appartenir aux masses, et il y a en elles assez de bon sens et de patriotisme pour que le pouvoir sorti du peuple nous offre plus de garantie de prospérité, de grandeur et de sécurité que celui dont les classes dirigeantes prétendent avoir éternellement le monopole.

L'État, jusqu'ici, n'est jamais intervenu dans nos affaires que pour comprimer la liberté; l'État, au contraire, l'État-Société, comme nous l'entendons, et comme la République doit l'enfanter, sous peine de n'être pas la République, a pour mission de protéger la liberté et d'aider à l'épanouissement des facultés individuelles. C'est-là, selon nous, sa seule raison d'être.

Liberté de réunion, liberté d'association sont des libertés nécessaires au premier chef. Tant qu'elles ne seront point entrées dans nos lois et dans nos mœurs, il n'y aura rien de fait pour la classe ouvrière.

La démocratie tout entière ne s'étonnera donc pas si, laissant de côté les discussions byzantines sur les questions d'opportunité, nous insistons pour que les institutions républicaines passent immédiatement du domaine de la théorie dans celui de la pratique. Ce jour-là, mais ce jour-là seulement, la République sera fondée sur d'indestructibles bases.

Que le socialisme et la République se donnent la main. L'Avenir est là.

LA RÉORGANISATION JUDICIAIRE

Depuis le jour où le criminel de Brumaire a confisqué la justice et l'administration du pays et mis au service de son despotisme ces deux grandes institutions que la Révolution avait marquées du sceau de la démocratie, les hommes restés fidèles au culte de la liberté n'ont pas cessé, un seul instant, de réclamer énergiquement contre cette double spoliation et de demander le retour aux principes proclamés et appliqués par l'Assemblée constituante.

Les abus nés de l'organisation judiciaire actuelle sont tellement criants que le second empire lui-même avait pris la résolution d'y porter remède dans une certaine mesure. Assurément ce n'aurait pas été au profit de la liberté ; mais peut-être le Trésor public y aurait-il gagné, puisque, si nous ne nous trompons, il s'agissait de supprimer un certain nombre de tribunaux complétement inutiles.

L'empire est tombé depuis six ans et aucun projet de réorganisation judiciaire, au point de vue démocratique, n'a encore été soumis aux délibérations du Parlement. On a même le droit de s'étonner que les députés républicains n'aient pas mis plus d'empressement à demander la réforme radicale d'une institution qui a été établie en haine de la liberté.

Mais nous avions compté sans M. Dufaure ; il a tenu à honneur de ne pas se laisser devancer par de plus fermes républicains que lui. M. le ministre de la justice vient enfin de déposer un projet de loi sur l'organisation des tribunaux de première instance. Les dieux soient loués !

Les Troyens n'avaient pas plus de raisons de redouter les présents des Grecs, que nous n'en avons, nous, républicains, de redouter ceux de M. Dufaure. Jamais, pour notre part, nous n'avons attendu rien de bon de la part de ce procureur madré, dont toute la préoccupation est de donner satisfaction aux appétits réactionnaires ; mais nous avouons qu'il ne nous paraît pas possible de pousser plus loin l'art de la mystification que ne l'a fait M. le garde des sceaux dans son prétendu projet de réorganisation judiciaire.

Il n'y a qu'un cri en France, je ne dirai point parmi les républicains seulement, mais encore parmi tous les gens de bon sens qui obéissent à d'autres préoccupations que celles de l'intérêt particulier, il n'y a qu'un cri, disons-nous, sur la nécessité de réduire dans de larges propositions le nombre des tribunaux, d'arracher les juges à l'étroite dépendance dans laquelle ils sont tenus à l'égard du pouvoir exécutif, et enfin d'assurer aux justiciables des conditions d'impartialité plus certaines que l'inamovibilité dont la magistrature a été investie après le guet-apens de Brumaire.

Vous croyez peut-être que M. le garde des sceaux Dufaure s'est montré soucieux de cette triple réforme, si urgente, et qui devrait être l'objectif de tous ceux qui soupirent après une sorte d'idéal d'administration de la justice? Détrompez-vous. Aux yeux de ce ministre étonnant, tout est pour le mieux dans la meilleure des organisations judiciaires possible. Jugez plutôt.

D'abord, M. Dufaure maintient précieusement en principe le nombre des tribunaux existants. Seulement, à l'occasion, le service d'un tribunal pourra être confié aux magistrats d'un tribunal voisin. Dans ce cas, il n'y aura en résidence, au siége du tribunal, qu'un substitut qui exercera les fonctions de ministère public et qu'un juge-délégué investi pour trois ans de toutes les fonctions du président et remplissant les fonctions de juge d'instruction. Affaires civiles et affaires correctionnelles devront être jugées dans des sessions périodiques, sous la présidence du juge-délégué, assisté de deux juges pris dans le tribunal auquel il appartient, à moins qu'il ne prenne fantaisie au président du tribunal lui-même de venir présider la session.

Voilà tout le projet en deux mots.

Quant aux économies à réaliser au moyen de cette prétendue réorganisation, n'y comptez pas, pauvres contribuables; s'il y en a, on les affectera à l'augmentation des traitements de la magistrature.

M. Dufaure, comme on voit, ne s'est pas mis en grands frais d'imagination pour la rédaction de son projet. En revanche, il l'a fait précéder d'un interminable exposé des motifs, tout rempli d'erreurs et d'allégations fausses sur lesquelles nous nous contenterons d'appeler rapidement aujourd'hui l'attention de nos lecteurs.

D'après M. le garde des sceaux, nos institutions judiciaires actuelles seraient celles de la Révolution de 1789. Rien de moins exact que cette assertion.

L'organisation de la justice, telle que l'avait conçue la grande Assemblée constituante, reposait sur cette double base : indépendance absolue de la magistrature à l'égard du pouvoir exécutif, c'est-à-dire magistrature élective ; garantie donnée aux citoyen- contre le juge par la faculté de le changer s'ils le trouvaient insuffisant ou partial, c'est-à-dire magistrature amovible. C'était tout le contraire de ce qui existe aujourd'hui.

Quand l'Assemblée nationale eut à se prononcer sur cette question : « Les juges seront-ils nommés par le peuple ? » Un magistrat de l'ancien régime, d'André, s'écria : « Personne ne contestera sur ce point. » Personne, en effet, ne contesta, et il fut décidé, à l'unanimité, qu'à l'avenir les juges seraient nommés par le peuple.

L'Assemblée ne se montra pas moins empressée à proscrire l'inamovibilité qui, telle qu'elle existe, est une garantie pour le juge et nullement pour le justiciable.

Écoutez là-dessus Adrien Duport, dont M. Dufaure a eu la singulière idée d'invoquer l'autorité : « Les emplois à vie sont de véritables propriétés. Les juges seraient donc les propriétaires de la justice ?... La perpétuité des juges ne servirait qu'à détruire la liberté... Tout homme, quelque fonction qu'il ait exercée, lorsqu'il rentre dans la société, reprend l'amour de l'égalité et perd l'habitude de la domination... Des juges perpétuels seraient naturellement amenés à des idées d'inégalité. Si au contraire ils sont à temps, ils n'oublieront pas ce qu'ils étaient, et se rappelleront ce qu'ils doivent devenir... »

Que pense maintenant M. Dufaure de l'opinion de ce grand esprit, qui s'appelait Adrien Duport?

Écoutez aussi Chabrond, autre constituant, dont la compétence en matière d'organisation judiciaire ne saurait être contestée :

« Cet homme a dans ses mains mon honneur et ma vie; il peut m'enlever l'un et l'autre en blessant toutes les règles de la justice; par cela même qu'il est inamovible, il peut n'obéir souvent qu'à son opinion injuste ou exagérée. Amovible et responsable, au contraire, il craindra toujours de perdre la confiance populaire en abusant de son mandat; et son intérêt, sinon sa vertu, me sera une meilleure garantie que la prétendue inamovibilité dont il est revêtu. »

M. Dufaure, il est vrai, trouve que les ois qui, après le coup d'État de Brumaire, mirent la justice tout entière entre les mains du gouvernement et asservirent le juge à l'Exécutif, ne firent que consacrer les grands principes de la Révolution. M. Dufaure aime à rire, comme on voit; mais il faut se méfier de lui, surtout quand il rit. Dans tous les cas, il n'est pas de l'avis de Montesquieu, qui a écrit dans l'*Esprit des ois* : « Tout est perdu quand le prince exerce lui-même la justice. » Comment M. Dufaure ferait-il condamner les journaux républicains s'il n'exerçait pas lui-même la justice?

Le principe salutaire de l'élection des magistrats, si favorable à la liberté, resta triomphant jusqu'au jour où la plupart des conquêtes de la Révolution sombrèrent sous le coup d'État de Brumaire.

Les législateurs de l'an VIII savaient bien que le despotisme se maintiendrait avec peine tant que le gouvernement ne serait pas absolument maître du pouvoir judiciaire, et ils n'eurent rien de plus pressé que de mettre la main sur la justice du pays.

Quelle riche proie en effet ! Et que de moyens d'influence et de corruption ! sans compter la certitude de diriger à peu près complétement, en certaines matières, la jurisprudence des tribunaux.

Disposer des places les plus enviées, les plus brillantes, n'est-ce pas une voie sûre et facile pour attirer à soi toutes les familles dont les membres visent aux fonctions de la magistrature ?

Cet état de choses a paru si agréable et si commode aux gouvernements qui se sont succédé depuis le coup d'État de Brumaire jusqu'à nos jours qu'aucun d'eux n'a songé à revenir aux véritables traditions de la Révolution et à se conformer, à cet égard, aux principes de 1789.

Quand M. Dufaure ose avancer que l'opinion publique ne voit « dans notre ordre judiciaire actuel rien d'incompatible avec une République et une démocratie fortement constituées », il se moque agréablement du monde, et nous avons le ferme espoir que la Chambre des députés fera bonne justice de ses railleries, conscientes ou inconscientes.

L'espace nous manque, et nous en avons dit assez d'ailleurs pour montrer combien le projet de M. le ministre de la justice est contraire à une organisation judiciaire conforme aux intérêts de la démocratie. Nous y reviendrons un autre jour.

M. Dufaure est, par excellence, l'homme fatal de la situation. Tout ce qu'il propose est marqué au coin de la réaction.

Si son projet d'organisation judiciaire venait à être adopté par la Chambre, il n'y aurait plus qu'à désespérer des institutions républicaines et qu'à inscrire sur la porte de cette Assemblée : *Lasciate ogni speranza, voi ch'entrate.* Vous qui entrez, laissez là toute espérance.

LA PREMIÈRE SESSION

Ce fut une véritable fête en France quand on apprit le résultat des élections législatives du mois de février.

On avait enfin une assemblée foncièrement républicaine ! Plus de doute : le pouvoir exécutif, qui, jusque-là, n'avait endossé la livrée républicaine que pour mieux combattre les principes de la démocratie, allait donc échapper aux influences malsaines de la réaction, modifier largement son personnel administratif et judiciaire, se mettre, en un mot, au diapason du pays. C'était en effet ce qu'exigeait la logique la la plus élémentaire.

A part cent cinquante réactionnaires, nommés, en grande partie, grâce à la complicité occulte ou avouée de l'administration de M. Buffet, le reste de la Chambre paraissait entièrement acquis à l'idée républicaine. Quelques constitutionnels honteux, sentant que la force était là, s'étaient empressés, quoique élus par la coalition des influences réactionnaires, de se faire inscrire au centre gauche, comme ils se seraient fait inscrire au centre droit, si la force avait été de ce côté.

Somme toute, rarement on avait vu une majorité aussi puissante par le nombre. L'Assemblée n'avait qu'à dire : Que la République soit ! — la République de fait comme de nom — et la République eût été.

En dépit de ses tendances antirépublicaines, l'exécutif eût courbé la tête devant une volonté si formellement exprimée, et le Sénat, devenu si arrogant depuis, n'eût pas alors osé soulever le moindre conflit.

Malheureusement les hésitations, les tâtonnements, les compromis fâcheux, et, pourquoi ne pas le dire? le peu de foi démocratique de cette majorité républicaine ont remis tout en question. Pour n'avoir point pris résolûment, dès le début, le taureau par les cornes, pour n'avoir pas utilisé tout d'abord l'énorme puissance d'opinion dont elle était revêtue, enfin pour n'avoir point inauguré sa carrière par quelques actes d'énergie et de virilité, la Chambre s'est condamnée à d'incessants efforts afin de regagner le temps perdu et de ne point laisser péricliter entre ses mains les destinées de la République, que le pays a mises sous sa sauvegarde.

Malgré toutes les bonnes intentions dont elle était pénétrée, cette Chambre des députés, il faut bien le dire, est loin, bien loin d'avoir répondu à l'attente générale. Et, au moment où elle se dispose à clore sa première session, il n'est pas sans intérêt de jeter un regard en arrière sur ses actes, de rappeler ce qu'ils ont été et de dire ce qu'ils auraient dû être; l'exemple du passé devant être une leçon pour l'avenir.

La première chose à faire était d'exiger du pouvoir exécutif la constitution d'un cabinet complétement communion d'idées et de sentiments avec la nouvelle majorité parlementaire. Le gouvernement était averti. Personne ne pouvait supposer qu'il subsisterait quelque chose de ce ministère Buffet, qui était devenu plus impopulaire que ne l'avait jamais été le ministère de Polignac ou le ministère Guizot, et auquel le dédain public avait signifié son congé. Une déception amère était réservée à l'opinion publique.

Sauf M. Buffet, le cabinet de combat se trouva maintenu dans ses parties essentielles. Un semblant de satisfaction fut donné au pays dans la personne de M. Ricard, à qui échut le portefeuille de l'intérieur ; mais M. Buffet, en tombant du pouvoir, dut éprouver nous ne savons quelle âpre satisfaction, lorsqu'il vit grimper à sa place à la présidence du conseil son collègue de la veille, M. Dufaure, qui valait peut-être encore moins que lui.

Le président de la République rompait manifestement avec les usages de tous les gouvernements libres ; il cédait à de pernicieuses influences. La constitution du ministère Dufaure était une sorte de défi hautain adressé à la majorité républicaine de la nouvelle Assemblée. En ne relevant pas énergiquement ce défi, en ne faisant pas immédiatement échec à ce cabinet antidémocratique, en l'acceptant comme contrainte et forcée, la Chambre des députés commit une faute dont elle porte encore aujourd'hui le poids.

Oui, tous les embarras de la situation présente, toutes les humiliations subies, toutes les concessions fatales, toutes les défaites essuyées dans le cours de cette première session, sont la conséquence de cette irréparable faute.

Au lieu de commander, la Chambre a obéi. Supérieure par son origine au pouvoir exécutif, elle s'est, en quelque sorte, constituée son inférieure. Elle a abdiqué devant lui en cédant à presque toutes ses suggestions, et là où elle aurait dû dicter dés ordres, elle en a reçu, pour ainsi dire.

C'est ainsi qu'à la voix impitoyable de l'impitoyable M. Dufaure elle a repoussé l'amnistie que la démocratie attendait d'elle comme un don de joyeux avénement. Elle n'a point compris ce qu'il y avait de politique dans cette large mesure de clémence, elle n'a pas voulu se rappeler que tous les gouvernements passés, républicains ou monarchiques, avaient fait appel à ce moyen d'oubli et de concorde ; elle n'a point senti qu'elle aurait réparé par là bien des injustices, calmé bien des souffrances, ramené le calme dans bien des cœurs. Nous nous étions toujours figuré que le bonheur rendait clément. Quelle illusion !

C'est également à l'influence néfaste du ministère Dufaure que nous devons la nouvelle mauvaise loi provisoire sur les maires, enfantée par l'Assemblée actuelle. Pourquoi n'avoir pas restitué tout de suite aux communes les franchises municipales ? Et qui aurait jamais pensé qu'une Chambre sortie d'élections républicaines aurait accordé au pouvoir exécutif le droit exorbitant de nommer lès maires dans toutes les villes importantes et jusque dans les chefs-lieux de canton, alors que la revendication des libertés communales avait été comme le mot d'ordre du parti républicain ?

Espérons que M. Jules Simon, qui a, lui aussi, si hautement revendiqué jadis ces libertés primordiales, profitera de son passage au pouvoir pour les introduire dans nos lois.

Parlerons-nous maintenant de la loi militaire qu'il eût été si simple de réformer dans le sens de la démocratie, c'est-à-dire de la justice ? Quel est le candidat républicain qui n'ait pas amèrement critiqué le volontariat d'un an, cette forme déguisée du remplacement, et le délai de cinq ans qui pèse uniquement sur les classes nécessiteuses ? La proposition Laisant, en ramenant le délai maximum à trois ans pour tout le monde, avec la faculté d'entrer dans la réserve même après la première année, si l'on satisfaisait aux examens, donnait satisfaction à la démocratie. La majorité républicaine, en cédant aux arguments captieux du ministère, servi cette fois par l'opportunisme, a laissé passer l'occasion de voter une des lois dont le pays lui aurait été certainement le plus reconnaissant.

Qu'a donc fait notre fameuse majorité républicaine ? « Rien, rien, rien, » serions-nous tenté de nous écrier en rééditant un mot célèbre.

Nous ne terminerons pas cependant sans rendre justice à sa bonne volonté.

En supprimant les aumôniers militaires, en prenant en main la cause de la liberté religieuse, menacée par tous les cagots de l'administration, elle s'est montrée sincèrement anticléricale, comme elle s'est montrée antibonapartiste, en affirmant à diverses reprises le décret de déchéance qui a frappé la dynastie napoléonienne. C'est assurément là un double titre de recommandation aux yeux du pays.

Mais que dire des questions budgétaires ? Où sont

les 200 millions d'économie proposés naguère par le royaliste Raudot? Hélas ! où sont les neiges d'Antan?

C'est à peine si notre célèbre commission révolutionnaire du budget a trouvé moyen de rogner sept à huit millions sur le budget monstrueux de M. Léon Say. Encore a-t-elle cru devoir proposer une bague de trois cent mille francs au président de la République pour le consoler sans doute de la suppression du traitement des aumôniers militaires.

Ainsi, aucune loi républicaine votée, nulle réforme sérieuse accomplie, maintien du budget des cultes, conservation de toutes les sinécures et fonctions inutiles, tel est en somme le bilan de cette première session.

Et Dieu sait ce qu'il resterait des petites économies réalisées par notre majorité républicaine, si la théorie du Sénat sur ses prétendus droits venait à être admise.

Nous n'avons pas à revenir sur cette question, qui a déjà été traitée ici à plusieurs reprises.

Si la Chambre des députés ne maintient pas résolûment son droit supérieur en matière budgétaire, elle abdique, nous le répétons.

Un acte de vigueur de sa part ferait certainement oublier beaucoup de ses erreurs, et permettrait aux républicains de compter sur elle pour la seconde session. Qu'elle n'hésite donc pas. *Sursum corda!* Haut les cœurs !

OU ALLONS-NOUS ?

Les meneurs attitrés de la majorité républicaine de la Chambre des députés nous font aujourd'hui des aveux charmants et tout à fait dépouillés d'artifices.

Nous avions toujours cru, nous autres naïfs, que lorsqu'un parti passait à l'état de minorité, à l'état de majorité législative, son devoir absolu était de poursuivre tout de suite et sans cesse la mise en pratique des principes pour lesquels il combattait dans le camp de l'opposition.

Tel n'est pas l'avis de tous nos confrères républicains.

Expliquons-nous plus clairement, et mettons les points sur les *i*.

Nous ne comprenons pas, nous ne comprendrons jamais que lorsqu'on a passé une partie de sa vie à réclamer à cor et à cri la décentralisation administrative, la suppression des sinécures, la diminution des gros traitements, la liberté de réunion et d'association, la liberté de la presse, le service militaire obligatoire, sans aucune exception, et la réduction de ce service à trois ans, la séparation de l'Église et de l'État, la réforme judiciaire, tout ce qui, en un mot, constitue l'idéal démocratique, nous ne comprenons pas, disons-nous, que l'on se trouve tout à coup doué d'une patience à toute épreuve, précisément à l'heure où l'on est arrivé à pouvoir, au moins dans une certaine mesure, réaliser les projets théoriques dont on avait proclamé l'excellence.

Mais il paraît que le sentiment de la responsabilité immédiate exerce sur un homme d'État loyal une irrésistible influence. On n'en peut mais, et l'on prend philosophiquement son parti des épigrammes que provoque nécessairement contre les hommes d'État loyaux, mais changeants, cette influence malsaine du pouvoir qui modifie les opinions et déplace les points de vue.

Où allons-nous avec de pareilles doctrines?

Quand, par exemple, M. Léon Say déclarait l'autre jour, avec une candeur adorable, qu'avant d'être nanti du portefeuille des finances, il était complétement hostile à l'institution des sous-préfets, mais qu'il en reconnaissait l'utilité depuis qu'il était au pouvoir, que prouvait-il?

Que l'institution des préfets et des sous-préfets est une bonne chose? Nullement; mais que c'est une institution très-commode pour les gouvernements.

Nous n'en avons jamais douté. Oh! c'est une admirable machine de compression et de propagande électorale! Demandez à M. Buffet. C'est même pour cela qu'elle a été inventée, et c'est pour cela qu'elle doit être bannie d'un État libre.

Lors donc qu'on pense d'une façon ou d'une autre, selon que l'on est dans les rangs de l'opposition ou que l'on appartient à une majorité de gouvernement, on est peut-être un personnage habile, mais on est aussi un homme de peu de consistance, et l'on ne passera jamais, aux yeux des moralistes inflexibles, pour un homme d'État d'une grande fixité de principes.

Encore une fois, où allons-nous avec de semblables doctrines ?

On en arrive à admettre que les ministres actuels sortent de la majorité parlementaire, quand nous les voyons, dans les questions les plus importantes, voter avec les droites. On ne nie pas leur bonne volonté. On les plaint même, avec une tendresse onctueuse, d'être battus de tous côtés en brèche par des hommes embusqués dans toutes les fonctions administratives.

Eh ! qui les y a embusqués, s'il vous plaît ? N'est-ce pas M. Dufaure, qui a maintenu en place tous les membres des commissions mixtes, après les avoir flétris du haut de la tribune ? N'est-ce pas lui qui a empoisonné les parquets et les tribunaux de créatures notoirement hostiles à la République ? N'est-ce pas le ministère dont il est le chef qui a conservé la plus grande partie des préfets et des sous-préfets de l'ordre moral, esclaves-nés, si l'on veut, de qui les paye, mais dont toutes les aspirations n'en sont pas moins effroyablement réactionnaires ?

Mais, nous entendons : Il y a derrière les ministres une puissance occulte qui paralyse leurs efforts. Mauvaise excuse. Cette puissance occulte, le devoir d'un ministère républicain est de la briser, et d'appeler à son aide, au besoin, la puissance législative, à qui doit rester le dernier mot.

Seulement, on est tout confit en douceurs pour ces

ministres dont tous les actes suintent la réaction. On semble craindre leur chute de peur peut-être qu'ils ne soient remplacés par des intrus. Comment donc! On leur tend la perche au besoin. On proclame bien haut qu'on ne les tient pas pour ennemis.

N'était-ce pas hier que M. le président de la commission du budget, pour consoler M. Dufaure, atteint en pleine poitrine par la révélation de M. Wilson sur les curés fictifs, essayait de diminuer la portée du coup en déclarant que l'honorable député d'Indre-et-Loire n'avait point parlé au nom de la commission et que les membres de cette commission, loin d'être les adversaires de M. le garde des sceaux, étaient ses collaborateurs?

A notre tour, nous serions tentés de demander à M. le président de la commission du budget, s'il avait consulté ses collègues avant de s'exprimer ainsi.

Que, dans une certaine mesure, vous ayez prêté votre appui à un ministère si obstiné dans sa résistance à tout progrès, c'est là, malheureusement, un fait trop réel. Que, sans se soucier beaucoup de l'intérêt des contribuables, la commission qui vous a placé à sa tête, persiste, sur votre demande, à maintenir au budget une augmentation de traitement de 300,000 francs en faveur du président de la République, malgré le refus de celui-ci, c'est possible encore. Nous ne pouvons nous empêcher de songer au président de la République américaine qui, lui, ne touche que 250,000 fr. en tout et pour tout. Ah! la commission du budget fait bien les choses. Mais cela n'implique nullement que vous soyez les collaborateurs de M. le président du conseil et de ses collègues.

Non, vous n'êtes pas les collaborateurs de ceux dont vous avez mission de contrôler les actes. Non, vous n'êtes pas les collaborateurs d'un ministère qui avant-hier essuyait un double échec en réclamant, malgré vous, le maintien d'un crédit en faveur de l'école des hautes études des Carmes et la conservation éternelle de l'inutile chapitre des chanoines de Saint-Denis.

Où irions-nous, demanderons-nous encore, si on laissait s'accréditer de telles erreurs? On en viendrait à subordonner en quelque sorte le pouvoir législatif au pouvoir exécutif, c'est-à-dire à l'interversion des rôles et à l'amoindrissement du principe démocratique.

La majorité de la Chambre des députés se montrera, nous l'espérons, inaccessible à toute faiblesse à l'égard de ce ministère dont la majorité est, quoi qu'on puisse dire, imprégnée d'un esprit clérical et réactionnaire au suprême degré.

Que les félicitations dont les feuilles religieuses saluent M. Dufaure pour l'indomptable énergie avec laquelle il va au devant des « colères radicales, » soient pour nos représentants un avertissement salutaire.

Deux questions se présentent, dans lesquelles les destinées du ministère sont en jeu, celle des bourses dans les séminaires et celle des enterrements civils. Dans l'une et l'autre de ces questions, le sentiment de la majorité ministérielle paraît être entièrement contraire à celui de la majorité législative.

La Chambre s'amoindrirait en cédant; elle ne le fera pas si elle veut que le pays soit avec elle.

Fais ce que dois, advienne que pourra.

LA CRISE

I

Nous sommes en pleine crise ministérielle.

Hier, vers le commencement de la séance de la Chambre des députés, M. le ministre de l'intérieur est venu, au nom du gouvernement, retirer, sans phrase, le malencontreux projet qu'il avait présenté sur la question des honneurs funèbres à rendre aux membres de la Légion d'honneur.

C'était une satisfaction donnée à l'opinion publique et au sentiment de la grande majorité de l'Assemblée.

Aussi, cette déclaration a-t-elle été accueillie par les applaudissements répétés de toute la gauche.

Immédiatement après, M. Laussédat est monté à la tribune, et, en son nom personnel, il a présenté à la Chambre un ordre du jour ainsi conçu :

« La Chambre, convaincue que, dans l'application qu'il aura désormais à faire des décrets relatifs aux honneurs funèbres, le gouvernement saura faire respecter les deux principes de la liberté de conscience et de l'égalité des citoyens, passe à l'ordre du jour. »

Cet ordre du jour, dont les termes ont été acceptés par M. le ministre de l'intérieur au milieu des acclamations prolongées de la gauche et du centre, a été voté par 370 voix contre 25, presque toute la droite s'étant abstenue.

Le ministère pouvait être considéré comme couvert par ce vote. Mais était-il possible qu'il restât, alors que la division qui règne dans son sein est de notoriété publique et que M. Decazes, notamment, venait de voter avec la minorité? La démission des ministres paraît donc être une chose acquise.

Dans ces circonstances, que va faire le président de la République? Gardera-t-il ceux de ses conseillers qui sont restés en communion d'idées avec la Chambre, ou renouvellera-t-il complétement son ministère?

Telle est la question qui tient à cette heure inquiets tous les esprits.

Bien que la réaction dispose de quelques voix de majorité au Sénat, la raison, le bon sens, l'équité politique imposent en quelque sorte au président de la République la nécessité de constituer un ministère nettement et franchement républicain, attendu que, dans un pays libre, on ne saurait gouverner qu'avec l'appui de l'Assemblée qui représente la nation.

Le fera-t-il? Échappera-t-il aux conseils pernicieux de son entourage? Nous voulons le croire dans l'intérêt même de son gouvernement; car un ministère de droite serait un défi jeté à la nation.

En tous cas, nous ne saurions trop engager la Chambre à redoubler de fermeté. Dans la crise que nous traversons, c'est elle ou c'est le pays qui doit avoir le dernier mot. Elle tient dans ses mains les destinées de la République. Qu'elle agisse en conséquence.

La France la regarde.

3,

II

Le président de la République est présentement
dans la situation du char légendaire sculpté sur le
fronton de la colonnade du Louvre, et qui, tiraillé à
droite, tiraillé à gauche par des chevaux furieux, demeure immobile en attendant que les plus forts... ou
les plus malins l'entraînent dans l'une des deux di-
rections.

C'est pitié de voir que les destinées d'un grand pays
comme la France soient à la merci de certains habiles
dont tout le souci est de prendre possession du pouvoir, et à quelques-uns desquels on pourrait appliquer ce mot terrible jeté un jour à la tête du parlementaire Guizot par le parlementaire Molé : *Omnia
serviliter pro dominatione*, faire tout servilement pour
dominer.

Il nous faut, s'écrie-t-on pompeusement, un cabinet vraiment parlementaire.

Qu'est-ce que cela veut dire : Un cabinet vraiment
parlementaire? Veut-on nous ramener aux errements
du règne de Louis-Philippe, ce règne béni du parlementarisme, qui n'a été qu'un steeple-chase effréné
où l'on se ruait à la poursuite des portefeuilles et où
le prix de la course appartenait aux plus souples.

Les Thiers, les Molé, les Guizot l'ont tour à tour
remporté : en quoi le progrès, la justice, la liberté en
ont-ils bénéficié? La royauté des barricades changeait
de commis, non de système.

Dieu merci ! les républicains ont-ils assez taillé de croupières à ce parlementarisme corrompu dans lequel ont sombré toutes les promesses de la Révolution de 1830 ? L'ont-ils assez combattu de toutes les façons, par les armes souvent, et par l'ironie, plus sanglante encore que les armes ? Et aujourd'hui l'on vient nous parler du *parlementarisme* comme de l'arche sacro-sainte ! Qui trompe-t-on ici ?

Il ne s'agit pas de savoir si tel ou tel candidat au ministère aura assez de souplesse pour réunir une majorité dans la Chambre, mais bien de savoir s'il est disposé à travailler à la fondation des institutions républicaines si hautement réclamées par le pays.

Les élections du mois de février dernier n'ont pas eu d'autre signification. Or, ç'a été un étonnement profond de voir le pouvoir exécutif répondre si peu aux légitimes aspirations nationales.

Est-ce que le président de la République n'aurait pas dû, se conformant au vœu populaire, entrer franchement dans les voies démocratiques ? Est-ce qu'il ne lui était pas imposé, en quelque sorte, de prendre pour ministres des hommes résolus à appliquer dans leur véritable esprit les principes républicains ?...

Au lieu de cela, qu'a-t-il fait ? Ensorcelé sans doute par le sourire aimable et niais de M. de Broglie, cédant aux suggestions de la camarilla dont il subit l'influence, il a recueilli précieusement les épaves du ministère Buffet pour en construire un nouveau, et, à la tête de ce cabinet reconstitué, il a placé M. Dufaure, dont un de ses collègues les plus autorisés nous disait alors : « Il ne vaut pas mieux que M. Buffet. » Nous ne l'avons que trop vu.

L'esprit fatal de ce dernier a continué d'inspirer tous les actes de la vice-présidence. M. Dufaure s'est montré tout aussi clérical, tout aussi réactionnaire, tout aussi hostile que son prédécesseur à l'expansion de l'idée républicaine. Il n'est besoin d'insister là-dessus.

Et aujourd'hui certaines feuilles, saturées d'opportunisme, insinuent qu'on ne ferait peut-être pas mal d'agir, à l'égard du cabinet Dufaure, comme on en avait usé avec le ministère Buffet. On jetterait M. Dufaure à la mer, en sacrifiant avec lui le général Berthaut, comme fiche de consolation, et l'on s'accommoderait du reste, sinon pour le tout, au moins pour la plus grosse partie.

Quant à M. Decazes, pourquoi s'en priverait-on? Bien que penchant vers la droite par tous ses instincts, il n'était pas trop désagréable à la majorité. Et puis, ne possède-t-on pas nous ne savons quel talisman pour empêcher M. le duc Decazes de se jeter à corps perdu dans les bras de la réaction?

Mais tout cela nous donnera-t-il un ministère républicain, même avec M. Léon Say comme vice-président du conseil?

Quoi! républicain, un ministère dont la plupart des membres ont voté contre les franchises municipales, contre la proposition Laisant sur le service militaire, contre l'amnistie, contre la proposition Gatineau, et se sont associés à toutes les mesures compressives de la liberté de la presse! Allons donc! les opportunistes les plus endurcis eux-mêmes ne sauraient le croire! Et le radicalisme de M. Jules Simon ne suffirait pas pour renforcer le républicanisme par

trop accommodant des anciens collègues de M. Dufaure.

Toutes les gauches réunies, nous assure-t-on, ne
donneront leur concours qu'à un cabinet vraiment
parlementaire. Ce langage n'est pas de nature à
rassurer les républicains éprouvés, quand on sait ce
que vaut la comédie du parlementarisme, et lorsqu'on
voit mettre en avant des noms qui n'ont pas une
signification républicaine très-prononcée.

Nous avons poussé hier un cri d'alarme sur le
danger qu'il y aurait pour la Chambre des députés
à voter le budget des recettes, avant que le président
de la République eût fait connaître la composition du
nouveau ministère. C'est de la prudence élémentaire,
et nous croyons savoir que telle est, en effet, la résolution de la majorité. On ne saurait trop se mettre
en garde contre les finasseries bien connues des conseillers intimes de la présidence.

Mais cette précaution ne suffit pas. Il nous faut
aujourd'hui, nous le répétons, des ministres non pas
seulement parlementaires, dans l'acception vulgaire
du mot, mais des ministres fermement résolus à con-
courir au complet épanouissement des institutions républicaines, à la fondation définitive des franchises
municipales, à l'épuration immédiate de la magistra-
trature et de l'administration.

Et qu'on ne vienne pas nous objecter les sentiments
ultra-réactionnaires des membres de la chambre
haute. Toute la mauvaise volonté du Sénat disparaî-
trait devant l'accord parfait du pouvoir exécutif et de
la Chambre des députés, la révision étant entre les
mains du président de la République une arme suf-

fisante pour avoir raison de toutes les résistances sénatoriales.

Puisse le président de la République comprendre
qu'il ne s'agit pas aujourd'hui de faire marcher la
France, comme le voulait le grotesque M. Numa Baragnon, mais de marcher avec elle dans les voies de
la justice, du progrès et de la liberté.

A ce prix, mais à ce prix seulement, il conquerra
les suffrages de l'immense majorité du pays et gou-
vernera aux applaudissements de la France satisfaite.

III

Le *Journal officiel* de la République française est
resté hier muet comme un sphinx, ce qui ne veut pas
dire que le gouvernement soit l'image de la prudence,
de la sagesse et de la force réunies. Hélas! non.

Est-ce aujourd'hui que la crise se dénouera!

Cela est à souhaiter, car il y a un malaise général.
Depuis quinze jours, le ministère Dufaure a tant fait,
il a si bien su heurter le sentiment général, se mettre
en opposition avec les aspirations du pays, que l'inquiétude s'est répandue partout et que les affaires en
ont subi un ralentissement fâcheux.

Il tombe, on peut le dire, au bruit des acclamations
populaires, et, pour notre part, nous ne saurions trop
nous féliciter de sa chute. Quelques pâles organes
républicains auraient souhaité que M. Dufaure de-
meurât aux affaires, dans la crainte que nous ne
soyons précipités de Charybde en Scylla. Nous ne

partageons pas leur appréhension. M. Dufaure est le plus dangereux des amis de la République, si tant est qu'on lui puisse donner ce nom. Mieux vaudrait un sage ennemi.

N'est-ce pas lui qui a fait de l'institution du jury une véritable dérision?

N'est-ce pas lui qui s'est acharné contre la presse républicaine avec une férocité puérile?

N'est-ce pas lui qui s'est fait le souteneur obstiné de toutes les prétentions et de toutes les exigences cléricales? à ce point qu'à cette heure, où le pays est littéralement écrasé d'impôts, il n'a pas hésité à réclamer l'injustifiable augmentation du budget des cultes.

N'est-ce pas lui qui a fait de la justice une telle chose que nous voyons, en pleine République, un tribunal condamner, avec une rigueur inique, des journalistes républicains coupables d'avoir mal parlé de quelques généraux connus pour leur haine des institutions républicaines, et couvrir de sa complète indulgence des journalistes de la réaction dûment convaincus d'avoir calomnié et diffamé, de la façon la plus outrageante, des généraux républicains?

N'est-ce pas lui qui a paralysé la bonne volonté de M. de Marcère et empêché le ministre de l'intérieur de casser aux gages tous les fonctionnaires de l'ordre moral, dont le maintien scandaleux est un perpétuel danger pour la République?

N'est-ce pas lui qui, par de fallacieuses promesses de clémence, a rendu inflexible la majorité de la Chambre des députés?

N'est-ce pas lui, ministre sans entrailles, sans pitié

pour tant de familles éperdues, qui s'est montré le plus acharné adversaire de la proposition Gatineau?

Il a fallu inventer tout exprès le Sénat, ce fameux grand Conseil des communes de France, pour qu'il se soit trouvé quelque être collectif plus impitoyable que lui !

Aussi, voyez quelle bizarre situation : il se retire devant l'Assemblée des représentants du peuple qui, par dix votes consécutifs, lui a signifié son congé, et il croit devoir se retirer aussi devant le Sénat qui s'est montré plus cruel que lui. M. de Belcastel, l'homme du Syllabus, se méfiant de M. Dufaure! Quelle rude leçon pour M. le président du conseil !

Et maintenant qui sera ministre ?

Quand on vient nous dire que le ministère qui se retire n'était pas libre, on se moque positivement du monde. A qui fera-t-on croire que M. Dufaure, par exemple, a eu la main forcée pour soutenir la politique de réaction dont il a été l'organe si complaisant?

Nous disons, nous, que le ministère était parfaitement libre. Qui donc l'empêchait de résister à la camarilla qu'on a la prétention de rendre responsable des actes réactionnaires du cabinet Dufaure? Qui donc l'empêchait de s'opposer constitutionnellement à ce que le président de la République continuât les errements du gouvernement personnel? Est-ce que, sans l'adhésion ministérielle, M. d'Abzac aurait pu s'arrêter à Berlin, sous prétexte d'aller visiter ses terres de Silésie, si M. Decazes, plus soucieux des prérogatives parlementaires, avait menacé d'en référer à la Chambre pour avoir des explications catégoriques sur ce voyage d'un des principaux fonctionnaires de la présidence ? Le ministère, encore une fois, était parfaitement libre de ne pas défendre une politique qui n'aurait pas été la sienne, et la responsabilité de ses actes lui reste tout entière.

Sans doute, le président de la République a le choix des personnes appelées à composer le prochain ministère ; mais ce choix lui est en quelque sorte imposé par le sentiment de la Chambre des représentants et par l'opinion du pays.

Conservera-t-il quelques-uns des membres les moins compromis du cabinet écroulé ? Les renforcera-t-il d'un élément nouveau un peu plus accentué ? Fera-t-il au contraire table rase ? Appellera-t-il, comme le bruit en court, M. d'Audiffret-Pasquier à la rescousse ? M. Duclerc, un ancien de 1848, fort bien vu, malgré cela, dans la maison présidentielle, a-t-il chance de devenir le chef du ministère reconstitué ? M. Jules Simon aura-t-il sa part dans la distribution des portefeuilles ? Nous n'en savons rien.

Mais nous répéterons aujourd'hui ce que nous disions hier, à savoir qu'un ministère pris dans les rangs de la droite serait un défi jeté à la nation.

Il faut que le chef d'un gouvernement républicain s'habitue à compter avec l'opinion publique ; il faut que le président de la République sache bien qu'il n'a pas le droit de violenter la conscience du pays et de réagir contre une volonté si pacifiquement, mais si formellement exprimée par les dernières élections générales, et que c'est un devoir sacré pour lui de mettre le personnel de l'administration et de la magistrature en harmonie avec les institutions du pays.

Que si, dans le choix de ses nouveaux ministres, il obéissait à d'autres impressions, s'il se laissait diriger par d'autres visées, nous n'aurions plus qu'à redire ce mot célèbre, avant-coureur de si graves événements : Malheureuse France !

IV

Rien n'est terminé à l'heure où nous écrivons ces lignes. Demeurerons-nous dans le *statu quo* ? Y aura-t-il encore de beaux jours pour le cabinet Dufaure ? La blessure d'amour-propre qu'avait reçue M. le garde des sceaux est-elle cicatrisée ? N'y paraît-il plus déjà, et ses collègues et lui vont-ils pouvoir continuer à gouverner comme par le passé, en réagissant de toute leur puissance contre l'esprit républicain qui souffle sur le pays ? Voilà ce que nous nous demandons tous.

Ah ! nos ministres ne sont pas fiers, et nos députés non plus.

Comment ! il y a quatre ou cinq jours à peine les trois groupes républicains de la Chambre avaient formé une sorte de Sainte-Alliance. On avait pris, d'un commun accord, l'héroïque résolution de n'accepter qu'un ministère fermement décidé à marcher dans le sens de la majorité et à répondre aux légitimes aspirations du pays. Le centre gauche lui-même, ce foyer béni des intrigues parlementaires, s'était montré le plus vaillant des trois groupes, disait-on. Nulle hésitation de sa part. Le pacte avait été convenu tout d'une voix. Plus heureuse que le Tiers-État au serment du jeu de paume, la majorité républicaine de la Chambre n'avait pas vu se produire une seule dissidence dans son sein. Tout cela, comédie! Comédie!

Le seul moyen d'avoir raison des résistances du président de la République, de le forcer à rompre avec les errements du gouvernement personnel, de l'obliger, en un mot, à prendre un ministère dans la majorité républicaine, c'était, comme nous l'avons dit avant-hier, de serrer les cordons de la bourse, de ne voter le budget des recettes que lorsqu'on aurait eu satisfaction complète. Point de ministère républicain, point d'argent.

C'était le moins que le pays pût attendre d'une majorité dépeinte par la réaction sous des couleurs si écarlates. Hélas! son énergie n'a pas été jusque là !

Au reste, son vote de la veille sur la question des trois cent mille francs, si généreusement réclamés par la commission du budget en faveur du président, avait donné la mesure de sa fermeté. En la voyant demeurer sourde à la voix de la raison, du bon sens et de la prudence parlant par la bouche de M. Maigne, et céder à une sorte d'injonction du ministre des finances, on ne pouvait se défendre d'un amer pressentiment. Il était évident qu'elle obéirait à la moindre pression venue de l'exécutif.

Et cela n'a pas manqué.

Quand on examine la liste des députés qui ont voté contre l'ajournement de la discussion du budget des recettes, il est impossible de ne pas éprouver une surprise profonde. Il y a là, en effet, une centaine de républicains confondus pêle-mêle avec les bonapartistes, les royalistes et ceux qu'on appelle les constitutionnels, genre à part, ni chair ni poisson, se jetant tantôt à droite, tantôt à gauche. Voici par exemple MM. Bamberger et Bardoux qui frôlent M. Baudry-d'Asson ; M. Guyot-Montpayroux qui coudoie MM. de Cassagnac père et fils ; M. Labitte qui donne la main à MM. Laurier et Tristan Lambert, et MM. Méline et Mollien qui se trouvent en compagnie de MM. de Mouchy et de Mun. C'est bien étrange et bien triste à la fois.

Mais, assurent quelques opportunistes, il n'y avait rien là de politique.

Eh quoi ! il n'y avait rien de politique dans un vote qui a mis la Chambre, pieds et mains liés, à la merci du gouvernement ? Car, n'est-il pas vrai que, une fois le budget des recettes voté, le pouvoir exécutif, n'ayant plus besoin d'elle, peut, sans sa permission, prendre un ministère de droite et faire la dissolution ? Voilà le danger sur lequel nous avons déjà appelé l'attention publique.

Nos craintes sont peut-être chimériques ; c'est possible. Toutefois, quand on a vu à l'œuvre les de Broglie et les Buffet ; quand on sait l'intimité qui existe entre ces hommes funestes et la présidence, l'influence considérable qu'ils y exercent, on ne saurait trop se méfier.

Mais, disent encore nos opportunistes, M. le ministre des finances a si spirituellement allégué la nécessité où se trouverait le gouvernement de recourir à l'expédient toujours fâcheux des douzièmes provisoires ; il a si bien démontré, aux applaudissements du centre et de la droite ! qu'il pourrait disparaître avant de s'être expliqué sur les opérations commencées, que nombre de membres se sont laissé prendre à sa bonhomie. Quelle plaisanterie !

D'abord, sur le premier point, M. le ministre s'est trompé, comme on le lui a prouvé. Quant au reste, il n'est guère permis à la Chambre, dans les circonstances graves où nous sommes, et alors qu'elle a en face d'elle, dans le Sénat, un ennemi plus ou moins déclaré de la République, de faire de la politique sentimentale. Les hommes attachés aux institutions actuelles, et qui, dans une question aussi grave, ont fait le jeu du gouvernement, sachant que la Chambre va se trouver désarmée devant lui, une fois le budget des recettes voté, ces hommes-là sont des politiques de bien peu de consistance et d'une foi républicaine singulièrement douteuse.

Que pouvaient faire de pis les ennemis de la République ?

De quels remords éternels ne seraient point poursuivis les républicains sincères qui ont voté en aveugles contre l'ajournement, si ce vote venait à avoir de désastreuses conséquences !

Un jour, au Corps législatif impérial, M. Jules Grévy, le président actuel de la Chambre des députés, refusa hautement son appui à une proposition qui émanait des libéraux du temps, devenus les pires réactionnaires d'aujourd'hui. « Je ne veux, dit M. Jules Grévy, être ni dupe ni complice. »

Il est bien fâcheux que tous nos républicains ne se soient pas rappelé cette parole si sage, ou, s'ils s'en sont souvenu, qu'ils ne s'en soient point inspirés.

Ceux qui ont voté contre l'ajournement ont commis la plus lourde des fautes.

Si le cabinet actuel, si réfractaire, en somme, à tout progrès, demeure en place ; ou si, tombant, il est remplacé par un ministère de droite, — ce qui, nous le répétons, serait un défi hautain jeté à la nation ; — si, en un mot, quelque dommage survient à la République, la responsabilité en rejaillira tout entière sur ces imprudents qui auront été à la fois dupes et complices.

LA POLITIQUE DES PRINCIPES

Nous sommes presque tenté de considérer comme un triomphe personnel le vote d'ajournement prononcé samedi par la Chambre des députés.

On sait, en effet, avec quelle insistance et quelle énergie nous avons, depuis huit jours, soutenu cette thèse absolument rationnelle, à savoir qu'il serait souverainement imprudent, de la part des représentants du pays, de voter le budget des recettes avant la formation d'un ministère très-nettement républicain, très-décidé à gouverner dans le sens de la majorité.

Le budget est la seule arme que la Chambre ait à sa disposition pour forcer le pouvoir exécutif de plier devant la volonté souveraine du pays, dont elle est la représentation ; il importe donc qu'elle ne la laisse pas trembler dans ses mains.

La politique que nous lui avons conseillée, et que nous lui conseillerons toujours, c'est la politique des principes qui, tout bien considéré, est encore la meilleure des politiques, comme la franchise toute nue est la plus grande des habiletés.

Nous avons, dès longtemps, signalé les inconvénients multiples de la Constitution mal venue que nous devons à l'Assemblée introuvable de 1871, prévu les conflits dont elle était grosse. Nous la repoussions, au nom des principes, parce que, selon nous, il y avait un danger réel à couvrir du nom de République des institutions toutes monarchiques.

Mieux valait un éclat immédiat que les embarras, sans cesse renaissants, auxquels la Constitution nouvelle condamnait fatalement le pays. Cet avis était également celui de M. Jules Grévy, dont la perspicacité est rarement en défaut.

Enfin, le mal étant fait, il s'agissait de tirer d'une situation mauvaise le parti le moins désastreux possible.

Le Sénat ne pouvait être qu'un rouage voué d'avance à la réaction. Ceux qui s'imaginaient de bonne foi qu'il serait un pilier solide de l'édifice républicain, étaient gens à bien courte vue. Aux optimistes nous disions toujours: Vous verrez ce que produira le vote des délégués ruraux.

Nos prévisions ne nous ont pas trompés, et nous n'avons pu nous empêcher de rire de ceux de nos amis assez mal avisés pour porter à l'acquit du régime républicain certains constitutionnels qui avaient hypocritement bégayé le nom de la République. Que pensent de ces honnêtes sénateurs les délégués naïfs, trompés par un mensonge grossier?

Le suffrage universel, il est vrai, nous avait quelque peu dédommagés, et l'irréparable erreur du suffrage restreint s'était trouvée en partie atténuée. Malheureusement la majorité républicaine, pour n'avoir point voulu, dès l'origine, appliquer la politique des principes, a perdu une partie de sa force morale et matérielle. Ah! les habiles l'ont bien conseillée!

Elle a compromis son prestige en se faisant toute petite, toute petite devant le gouvernement et devant le Sénat. Combien différente serait la situation, si elle avait, comme on dit, pris tout de suite le taureau par les cornes.

. Elle avait à vaincre les résistances et le mauvais vouloir d'un pouvoir exécutif en rébellion contre la volonté nationale; il fallait en triompher coûte que coûte. La chose était aisée au début.

Mais, en acceptant un ministère tout saturé de réaction et dont le chef s'était compromis dans les tripotages des élections générales; en permettant à ce ministère, par la plus imprudente des condescendances, de laisser l'administration, la magistrature et l'armée aux mains des pires ennemis de la République; en ajournant aux calendes grecques l'établissement des institutions républicaines; en repoussant l'amnistie; en s'abaissant devant le Sénat; en cédant à toutes les exigences du pouvoir exécutif; en au mot, en sacrifiant la politique des principes à celle des compromis, quel résultat la Chambre a-t-elle atteint? Il faut bien le dire. Toutes ces tergiversations, toutes ces faiblesses, toutes ces incertitudes, toutes ces concessions, dont on lui tient si peu compte en haut lieu, n'ont fait qu'amener l'état de crise où nous nous débattons depuis huit jours.

Vainement les feuilles criardes de la réaction affirment-elles que le président a le droit de prendre ses ministres là où il veut; cela n'est pas vrai. Il a le devoir de les choisir dans la majorité de la Représentation nationale. Autrement il serait le chef d'un gouvernement tout personnel, et ce n'est pas ce qu'a voulu la Constitution de 25 février 1875, si défectueuse qu'elle soit.

Au reste, la Chambre des députés a parfaitement le moyen de l'y contraindre ; et vraisemblablement le pouvoir exécutif se serait déjà exécuté, si nos conseils avaient été suivis plus tôt.

« Serrez les cordons de la bourse, tant que vous n'aurez pas un ministère républicain, » disions-nous à nos députés. On sait ce qui est arrivé. Une centaine de républicains se sont fourvoyés jeudi dernier en se laissant prendre, qu'on nous passe le mot, à la glu de M. Léon Say, et en votant avec les bonapartistes et les royalistes. Encore l'abandon de la politique des principes !

Aussi qu'est-il advenu? Le pouvoir exécutif, qui devrait être aux ordres de l'Assemblée, a émis les plus étranges prétentions. Le nom de M. de Broglie circulait comme une menace. Ce qu'on pouvait espérer de moins mauvais, c'était le maintien de M. Dufaure comme ministre président du conseil, sans portefeuille. Quelle agréable perspective! La Chambre recueillait les fruits amers de sa faute.

Le gouvernement entrait décidément, de parti pris et de gaieté de cœur, en lutte avec la majorité. Il se trouvera bien, disions-nous hier, un député républicain pour rappeler au pouvoir exécutif quels sont ses devoirs.

Le député républicain s'est trouvé. On a vu avec quelle énergique et éloquente précision il a rappelé la Chambre au sentiment des devoirs que lui imposait la situation qui lui était faite. Son sentiment était,

d'ailleurs, entièrement conforme à celui du président
Grévy qui, avec la légitime autorité dont il est revêtu,
a déclaré, lui aussi, que la Chambre ferait une chose
très-rationnelle et très-convenable en n'entrant point
dans la discussion du détail du budget des recettes
« à raison des circonstances et dans l'état actuel du
ministère ».

Cela était naturel de la part de M. Jules Grévy,
puisqu'il a été, comme nous, un des adversaires de
la Constitution, cause de la crise actuelle. Le cri d'a-
larme qu'elle lui a fait pousser jadis retentit encore à
nos oreilles. Lui aussi, est l'homme de la politique
des principes.

En votant avant-hier l'ajournement de la discussion
du budget des recettes, c'est-à-dire en mettant le pouvoir exécutif en demeure de prendre des ministres républicains, la Chambre des députés s'est rattachée à
cette politique.

Puisse-t-elle ne plus s'en écarter désormais, car
c'est par là, mais par là seulement qu'elle vaincra.

LA SITUATION PRÉSENTE

Tous les journaux de la réaction se sont ingéniés, en ces derniers temps, pour présenter la situation sous les plus sombres couleurs et mettre à la charge du régime républicain les difficultés du moment et les embarras suscités par la crise ministérielle.

Rarement on avait mis plus de mauvaise foi au service des rancunes politiques.

Si le petit commerce parisien était arrêté, si les affaires chômaient à cette époque de l'année, où elles sont d'ordinaires si vivaces, la faute en était à la République. Aussi, pourquoi avoir une Assemblée républicaine, qui ne craint pas de dire leur fait aux ministres, quand ceux-ci gouvernent contre le sentiment du pays, au risque de violer la justice et le droit?

Et toutes ces bonnes feuilles de s'écrier en chœur : « C'est sa faute si le ministère Dufaure est brisé! » ce ministère qui, par tant de points, confinait au cabinet de combat auquel il avait succédé.

Quelques-unes se consolaient en pensant que le président de la République s'en irait en guerre contre les républicains, escorté d'un bon ministère de droite, où l'on verrait les de Broglie, les de Fourtou, et les Blin de Bourdon, mariant ensemble le coq, l'aigle et le lis, s'escrimer à qui mieux mieux contre les institutions établies. Parlez-nous de cela pour ranimer les affaires et donner l'essor au commerce.

C'était un ministère de dissolution. Or, on n'ignore pas que les républicains n'ont aucune raison pour redouter la dissolution. Le pays loyalement consulté enverrait à la Chambre une majorité plus compacte et plus énergique dans le sens de la démocratie. Cette simple réflexion a sans doute suffi pour calmer les partisans d'un cabinet de Broglie.

D'autres, plus belliqueux, évoquaient les souvenirs sacro-saints du 2 Décembre, et n'hésitaient pas à supplier en quelque sorte le président de la République de se jeter, lui aussi, dans la criminelle aventure d'un coup d'État. Et d'où venait cette pieuse exhortation, si pleine du sentiment de la justice et de la charité? Elle émanait de la feuille chère à Basile, où les frères Veuillot font chaque jour leurs dévotions, de l'*Univers*, puisqu'il faut l'appeler par son nom.

Oui, le doux Louis Veuillot, ce personnage tout confit en religion, ne rêvait que plaies et bosses; l'odeur des charniers l'enivrait, et, d'avance, il se pourléchait les babines du sang qui ne peut manquer de couler en ces sortes d'entreprises. Mais le Dieu d'Escobar n'a pas voulu que son vœu fût exaucé.

Mieux avisé que les casse-cou de son entourage et plus respectueux de la légalité que les conseilleurs de sacristie, le président de la République, après de longues hésitations, s'est décidé, non à changer son ministère de fond en comble, mais à le modifier et à l'accentuer légèrement dans le sens de la majorité républicaine.

Avons-nous besoin de dire combien peu d'enthou-

4.

siasme nous cause le cabinet ainsi réorganisé? Si nous avons à l'intérieur et à la présidence du conseil M. Jules Simon, qui a écrit un livre sur la politique radicale, nous conservons M. Berthaut, devenu le consolateur des affligés, et dont le maintien au ministère de la guerre, est regardé par les journaux réactionnaires comme une victoire éclatante du président de la République. Et pourquoi? Parce que M. le général Berthaut s'est montré le contempteur de la loi, qui veut l'égalité pour tous et qui affirme la liberté de conscience; parce que c'est lui qui, par son esprit rétrograde, a déterminé la crise d'où nous sortons; parce qu'enfin il a conservé, malgré tout, à la tête des corps d'armée, des généraux imbus comme lui des sentiments les plus réactionnaires. Quel beau sujet de satisfaction!

Ce que nous reprochons surtout au nouveau ministère, c'est son manque absolu d'homogénéité.

Quand, au début de l'Assemblée de Bordeaux, M. Thiers prit des ministres dans tous les rangs, cela se comprenait: ils étaient le reflet assez exact des partis qui divisaient cette Assemblée. Mais avec une Chambre dont l'immense majorité est entièrement républicaine, cette sorte de cote mal taillée n'était guère de saison. Le président eût été beaucoup plus dans la vérité constitutionnelle, en constituant un ministère foncièrement républicain, qui aurait été la représentation très-nette des sentiments de la Chambre, et avec l'aide duquel il fût venu sans peine à bout de toutes les résistances du Sénat, qu'une menace de révision eût rendu aussi souple et aussi docile qu'il est récalcitrant aujourd'hui.

C'est pourquoi, sans être le moins du monde inquiet de la situation présente, nous ne saurions partager l'optimisme du *Temps*, qui voit tout en rose, et qui reporte vers M. Jules Simon toute la confiance qu'il avait dans M. Dufaure.

Pour nous, comme nous le disions, nous attendrons le ministère à l'œuvre, avant de le juger. Ses paroles d'hier, que l'*Homme libre* a appréciées plus haut, ne nous suffisent pas, il nous faut des actes.

Attaché avant tout aux principes, nous n'avons pas de parti pris et nous serions des premiers à applaudir si, s'armant d'un peu plus de fermeté contre les ennemis de la République, et se souciant moins d'être agréable aux adversaires de nos institutions, le nouveau président du conseil des ministres se montrait résolu à faire les affaires de la démocratie, c'est-à-dire, en somme, celles du pays.

Nous avons connu M. Jules Simon en un temps où sur toutes les questions politiques il était en complète communion d'idées et de principes avec nous. Il écrivait alors son livre sur la politique radicale ; alors il maudissait comme nous toutes les institutions nées du régime de Brumaire. Comme nous, il voulait la réforme de l'administration et la réorganisation de la magistrature. Il sait aussi bien que nous que l'administration et la magistrature telles qu'elles existent, piliers encore debout de l'édifice impérial, sont les soutiens dévoués de la réaction. Qu'il aide donc la majorité de la Chambre à les modifier radicalement, à les mettre en harmonie avec nos principes ; et, ce faisant, il contribuera largement à dissiper les nuages qui obscurcissent encore la situation présente.

ÊTRE OU NE PAS ÊTRE

Nous avons toujours considéré comme funeste l'institution de deux Chambres dans une République démocratique unifiée.

Vainement a-t-on objecté l'exemple tiré des constitutions de l'Angleterre et des États-Unis d'Amérique. Jamais exemple ne fut plus mal choisi.

Aux États-Unis d'Amérique, il y a une nation très-unie au point de vue politique et très-désunie au point de vue administratif. La dualité du Corps législatif y est donc toute naturelle, puisqu'il y a à représenter, tout à la fois, les intérêts généraux de l'Union et les intérêts particuliers des États confédérés.

La Chambre des représentants, aux États-Unis, est l'expression même du corps électoral tout entier ; le Sénat n'est que l'expression de chacun des divers États dont se compose l'Union. La première a sa base dans la population, abstraction faite des divisions administratives ; le second, au contraire, n'a nullement sa racine dans la population. C'est ainsi que l'État le plus considérable et le plus populeux de la Confédération américaine ne nomme pas plus de sénateurs que l'État le moins peuplé et le plus petit. Cela se comprend à merveille, et cependant, à cette heure, ce système de la dualité du Corps législatif est combattu vigoureusement par les publicistes les plus autorisés des États-Unis, comme contraire aux intérêts de l'Union.

Voilà pour la démocratique République de l'Amérique du Nord.

Voici maintenant pour l'Angleterre.

Les révolutions qui ont si profondément remué le sol de la Grande-Bretagne n'en ont pas jusqu'ici extirpé l'élément aristocratique. La noblesse y est restée debout avec sa constitution particulière et ses privilèges exorbitants. Cela est un mal, à notre avis ; mais, cela étant, il est tout simple que cette noblesse, ayant des intérêts distincts de ceux des masses plébéiennes, ait une représentation à elle. N'oublions pas, d'ailleurs, que la Chambre des lords est bien peu de chose auprès de celle des communes, et que c'est dans cette dernière que réside toute la vitalité politique du pays.

Mais en France, où la Révolution, cette haute justicière, a fait table rase de toutes les inégalités civiles et politiques, où le citoyen le plus pauvre a exactement les mêmes droits que le citoyen le plus riche, où la centralisation politique est plus forte que dans aucun pays du monde, à quoi bon deux Chambres ?

On s'est plu à voir dans l'institution d'une Chambre haute un pouvoir à la fois conservateur et pondérateur. Il suffit de jeter un coup d'œil sur l'histoire de notre pays, depuis 1789, pour comprendre combien c'est là une croyance erronée.

Le Conseil des Anciens, fruit malsain de la Constitution de l'an III, n'a-t-il pas brisé de ses propres mains le pacte constitutionnel qui l'avait engendré?

Le Sénat conservateur, issu du coup d'État de Brumaire, a-t-il retardé d'une minute l'effroyable chute du premier empire?

La Chambre des pairs de Louis XVIII a-t-elle empêché le trône des Bourbons de voler en éclats dans les glorieuses journées de 1830?

La Chambre des pairs de Louis-Philippe a-t-elle pu éviter à la dynastie sortie des barricades de Juillet de tomber sous la révolution du mépris?

Enfin, le Sénat de Napoléon III a-t-il seulement tenté de barrer le passage à l'avalanche populaire qui a précipité le second Empire dans l'éternel abîme?

Qu'on cesse donc de nous présenter comme une institution conservatrice ces Chambres hautes, bonnes tout au plus à mettre un frein au progrès, mais qui seront toujours impuissantes à arrêter les révolutions devenues nécessaires.

C'est même une chose assez remarquable que les seules Assemblées qui, dans notre pays, n'aient pas succombé dans une explosion populaire soient précisément les deux seules Assemblées auxquelles on n'avait point donné d'annexe ; témoin l'Assemblée législative de 1791, laquelle, respectée par l'insurrection du 10 Août, s'est retirée volontairement devant la Convention, et l'Assemblée nationale de 1849, qui n'a disparu que dans l'odieux guet-apens du 2 Décembre.

La constitution de 1875 nous a pourvus, elle aussi, d'un pouvoir conservateur et pondérateur, sous le nom de Sénat. Conservateur? c'est ce que l'avenir nous dira. Mais pondérateur !!

Est-ce un pouvoir pondérateur que celui dont la

volonté suffit pour annihiler complétement les facultés législatives de la Chambre des députés?

Si encore, comme cette dernière, le Sénat était une émanation du suffrage universel ! Mais non ; c'est un corps tout spécial *sui generis*, ne représentant, à proprement parler, ni la commune, ni le département, ni la nation. C'est à tort qu'on l'a appelé le « grand conseil des communes de France » : jamais dénomination ne lui fut moins applicable. Eh bien ! il est trop en réalité, et la Représentation nationale n'est pas assez.

Cependant, il restait à la Chambre des députés, aux termes de la Constitution, une prérogative à laquelle il ne paraissait pas qu'il pût être porté atteinte ; c'est celle dont il est fait mention en l'article 8 de la loi sur l'organisation du Sénat, ainsi conçu : « Le Sénat a, concurremment avec la Chambre des députés, l'initiative et la confection des lois. *Toutefois les lois de finances doivent être, en premier lieu, présentées à la Chambre des députés et votées par elle.* »

Quelque peu claire que soit la rédaction de cet article, il résulte, tant de la discussion à laquelle il a donné lieu, que de tous les précédents et surtout du droit acquis à la nation seule de pouvoir se prononcer en matière d'impôts, que le Sénat n'a aucunement qualité pour modifier, par voie d'amendement, les résolutions budgétaires de la Chambre des députés.

Tous les précédents dans notre pays, — et nous ne voulons invoquer que notre droit public à nous, — abondent dans ce sens. Le Conseil des Anciens, la Chambre des pairs de 1814 et celle de 1815, votaient ou repoussaient les lois de finances, mais sans pouvoir les modifier. Le Sénat du premier Empire, comme celui du second, ne pouvait en arrêter la promulgation que pour cause d'inconstitutionnalité.

Il a donc toujours été reconnu de la façon la plus expresse, depuis l'Assemblée constituante de 1789, que les contribuables ou leurs représentants avaient seuls qualité pour statuer en matière d'impôts. Est-il besoin de dire que, à aucun titre, les membres du Sénat actuel ne représentent pas les contribuables?

Qu'on examine attentivement la discussion à laquelle a donné lieu la question à l'Assemblée nationale, et l'on verra que celle-ci n'a nullement entendu armer le Sénat du droit exorbitant de modifier les délibérations budgétaires de la Chambre. En effet, ce droit, M. Lefèvre-Pontalis l'avait nettement revendiqué pour le Sénat, où il espérait avoir un siége. Or l'Assemblée a refusé de passer à la troisième délibération du projet défendu par M. Lefèvre-Pontalis, parce qu'il y était dit simplement que les lois de finances seraient présentées en premier lieu à la Chambre des députés.

Malgré la persistance de la commission des lois constitutionnelles sur ce point, l'Assemblée adopta le contre-projet de M. Wallon, dont nous avons cité plus haut l'article 8, et où il est spécifié que les lois de finances doivent être en premier lieu présentées à la Chambre des députés et *votées par elle*. Ce qui veut dire en bon français que dès qu'elles auront été votées par la Chambre, le Sénat n'a plus rien à y voir. Et c'est ainsi que cela avait été compris par tout le monde.

Mais voilà que depuis avant-hier le bruit court, — bruit non démenti, — que le gouvernement aurait de son propre mouvement, en conseil des ministres, reconnu au Sénat le droit de rétablir les crédits supprimés par la Chambre des députés, et que M. Léon Say aurait immédiatement adressé à la commission sénatoriale du budget un état des crédits supprimés ou réduits par la Chambre des députés. Simple histoire de se moquer complétement de celle-ci.

Nous n'hésitons pas à le dire, si le bruit en question est réellement fondé, le conseil des ministres a dépassé son droit d'un grand pas. Ni le Sénat, ni le gouvernement n'ont qualité pour trancher la question.

Cette faculté ne saurait appartenir qu'aux deux Chambres réunies en Assemblée nationale, sur la proposition du président de la République. Mais jusque-là, nous le répétons, personne n'a le droit d'interpréter la Constitution dans un sens qui serait absolument contraire aux principes et à tous les précédents.

Si la prétention du gouvernement était admise, il n'y aurait plus de Chambre des députés, ou du moins ce ne serait plus qu'une Représentation illusoire.

Si profondément que cette Chambre soit entrée dans la politique des concessions à outrance, si ardent que soit son désir d'éviter toute espèce de conflit, soit avec le ministère, soit avec le Sénat, nous ne pouvons croire qu'elle pousse la longanimité jusqu'à se laisser dépouiller de sa prérogative la plus essentielle, nous pourrions dire de sa seule prérogative.

Ce n'est pas seulement pour elle une question de dignité, c'est une question de vie ou de mort. *To be or not to be*. Être ou ne pas être.

LA LIBERTÉ DE LA PAROLE

Si l'on disait à un citoyen de la libre Amérique, à un Yankee peu au courant des choses du vieux monde, qu'il y a en Europe un pays où la libre pensée est fort en honneur, et où cependant il n'est point permis de s'entretenir en public de tout ce qui intéresse l'humanité, ce citoyen, à coup sûr, sourirait d'incrédulité.

Eh bien! ce pays, c'est la France, c'est-à-dire le pays où il a été remué le plus d'idées, où la raison a creusé ses plus solides fondements, qui rayonne sur l'univers entier, à ce point que s'il venait à disparaître de la carte de la terre, on pourrait dire que le monde a perdu son flambeau.

Nous croyions avoir un semblant de liberté de parole, nous pensions, naïfs, que la liberté de l'enseignement pouvait commencer à s'acclimater chez nous, que la loi de 1868 sur les réunions publiques, votée sous l'Empire, et toujours en vigueur, devait s'entendre dans son sens le plus large. Nous nous trompions.

Les lettres échangées entre M. Loyson (l'ex-père Hyacinthe), d'une part, et MM. de Marcère et Jules

Simon, de l'autre, viennent tout juste à point pour nous édifier.

« L'impression qui s'en dégage, dirons-nous avec le *Temps*, dont nous aimons à citer l'opinion, pour tout esprit indépendant, est un sentiment de malaise et presque d'humiliation. On se demande si la France, après un siècle de propagande libérale, après six ans de République, est réellement aussi en retard sur les autres États libres que l'ont successivement pensé MM. de Marcère et Jules Simon. »

M. Loyson voulait faire des conférences où il aurait traité des sujets se rattachant à la doctrine et à la morale chrétiennes, sujets qu'il avait traités antérieurement à Londres sous la présidence de M. Gladstone et de M. le duc d'Argyll. Qui diable se serait douté qu'en France, après six années de République, la critique religieuse, faite d'une façon élevée par un homme dont la compétence est incontestable, dont l'honorabilité est à l'abri de tout reproche, pouvait être arrêtée au passage, et qu'elle était encore, disons le mot, l'objet d'une proscription complète.

A coup sûr, l'ex-père Hyacinthe ne s'attendait pas à un refus, quand il réclamait de M. de Marcère l'autorisation de faire des conférences sur de tels sujets. Grande fut donc sa surprise quand l'orateur presque révolutionnaire de Domfront lui répondit que le décret du 17 mars 1808, conférant à l'administration le droit d'autoriser des conférences, ne s'appliquait qu'aux conférences portant sur des matières scientifiques ou littéraires et non aux controverses religieuses.

C'était là, nous le croyons, une réponse singulièrement judaïque ; car enfin l'enseignement religieux s'occupe de la formation des mondes, comment alors peut-il échapper à la critique scientifique ?

Mais cela n'est rien. Ce qui passe toute croyance, c'est de voir évoquer un décret du premier empire pour restreindre la liberté de la parole.

La patience est sans doute une vertu des vieux-catholiques ; M. Loyson se résolut à attendre. C'était encore un reste d'ordre moral, pensait-il sans doute ; mais les jours promis par les grands électeurs de 1876 n'étaient pas loin, et d'un jour à l'autre cette liberté de la parole, revendiquée si énergiquement par tous les candidats républicains sortis vainqueurs du dernier scrutin, allait s'affirmer d'une éclatante façon.

L'avénement de M. Jules Simon au pouvoir annonçait le règne de la déesse. Qui jamais avait défendu plus éloquemment la liberté de l'enseignement, la liberté de la parole, la liberté de la pensée? Comment croire que, l'auteur de la politique radicale étant au pouvoir, un bâillon continuerait à être mis dans la bouche des hommes de bonne volonté qui voudraient s'expliquer en toute franchise sur les doctrines du christianisme, alors que chaque jour, dans toutes les communes de France, des milliers et des milliers de prédicateurs avaient le droit de traiter le même sujet sans aucune espèce d'autorisation, de battre en brèche tous les cultes dissidents et de faire des charges à fond de train sur les libres-penseurs?

Eh bien! cela est possible. Le vrai peut quelquefois n'être pas vraisemblable ; cela est.

L'ex-père Hyacinthe, sentant passer dans l'air un souffle de liberté, a eu beau adresser à M. Jules Simon, qu'il a traité d'Excellence, s'il vous plaît, tout comme un ministre de l'Empire, une nouvelle demande d'autorisation au nom de cette liberté religieuse que lui, ministre, avait si noblement défendue jadis par la parole et par la plume; il a eu beau lui donner l'assurance que jamais ses conférences ne serviraient de prétexte, même éloigné, à des passions révolutionnaires et irréligieuses, à l'égard desquelles il prenait soin de témoigner la plus grande aversion, M. Jules Simon est resté inflexible.

Son honorable prédécesseur lui avait tracé sa ligne de conduite. Vraiment; alors ce n'était pas la peine de le remplacer.

Comment, M. Jules Simon, c'est vous qui venez, à votre tour, invoquer contre la liberté de la parole un décret du premier empire. Et encore, êtes-vous obligé de l'entendre dans le sens le plus restrictif.

Soit! M. Loyson n'aura pas le droit de parler de la doctrine chrétienne; mais il lui sera permis de traiter de la crise morale et des fausses solutions; de la réforme de la famille; du respect de la vérité; du jugement final.

Faites-moi donc le plaisir de me dire comment il sera possible à l'ex-père Hyacinthe d'aborder ces sujets si complexes sans côtoyer la question religieuse ?

Nous vous entendons. Il est avec l'administration des accommodements. On n'y regardera pas de si près; on fermera même les yeux au besoin.

Mais est-ce que cela est digne d'un premier ministre de la République française ?

Et que devient la liberté de la parole, cette liberté nécessaire de la démocratie ?

Ah! monsieur le ministre, si, alors que vous la défendiez si énergiquement sous le second Empire, on vous avait prédit qu'un jour vous la souffletteriez avec un décret du premier empire, vous auriez protesté avec indignation.

Et pourtant c'est ce que vous faites aujourd'hui.

Quelle comédie!

DU DROIT DE RÉUNION

La liberté de la parole est le corollaire indispensable de la liberté de la presse. C'est une des libertés les plus nécessaires à une nation qui a quelque souci de son indépendance et de sa dignité.

Tous les peuples libres l'ont ainsi compris. L'histoire ne nous dit point qu'à Rome on avait besoin de l'autorisation des consuls ou du préteur pour se réunir sur la place publique. Aux États-Unis d'Amérique, le Congrès n'a pas plus le droit, aux termes de la Constitution, de porter une loi contre la parole que contre la presse. Enfin, je pourrais citer tel pays monarchique, l'Angleterre par exemple, où la liberté de la parole est tellement entrée dans les mœurs qu'il ne vient même pas au gouvernement l'idée d'appliquer les lois dont il pourrait user pour l'interdire.

Eh bien ! cette liberté primordiale, cette liberté sans laquelle la liberté de la presse demeure dépourvue de sanction, n'existe pas en France.

Comment, en effet, pourrait-elle s'exercer, alors qu'en vertu d'un décret du premier Empire les conférences publiques sont astreintes à l'autorisation préalable, et que le droit de réunion est soumis à de telles entraves et à de telles restrictions qu'il peut être considéré comme tout à fait illusoire ?

M. Jules Simon écrivait, il y a quelques années :

« Ceux qui pensent que la Vérité et la Raison sont toutes-puissantes doivent regarder la liberté illimitée de la presse et le droit absolu de réunion comme les conditions les plus essentielles de l'ordre. Mais ceux qui ne croient pas à la toute-puissance de la Vérité et de la Raison doivent être les ennemis de la liberté de la presse et du droit de réunion. »

Or, M. Jules Simon est au pouvoir aujourd'hui, et le droit de réunion est toujours aussi précaire, et les conférences sont toujours livrées à l'arbitraire et au bon plaisir administratifs. Il ne croit donc plus à la toute-puissance de la Vérité et de la Raison ?

M. le président du conseil sait aussi bien que moi, par une expérience déjà longue, qu'il n'y a pas de pays au monde où les orateurs soient écoutés avec plus de calme et d'attention qu'en France ; il sait que la conférence et la réunion publique sont les seuls moyens de répandre la lumière dans nos campagnes, d'éclairer sur leurs droits, sur leurs devoirs, sur l'histoire de leur pays ceux qui n'ont eu qu'une instruction insuffisante ; qu'elles sont, en un mot, le complément indispensable de l'école ; et il permet à son administration d'entraver à chaque instant l'une et l'autre.

Quoi ! les ennemis de la libre pensée, les adversaires acharnés de nos institutions, les partisans du *Syllabus* ont la liberté absolue de parler publiquement de toutes choses, de religion, de morale, de politique, de battre en brèche le droit moderne ; et il ne nous est pas permis, à nous, qui nous croyons des hommes libres, d'élever chaire contre chaire, de défendre l'histoire, la science et la vérité outragées, de lancer comme eux notre parole à tous les vents, en prenant le pays pour juge !

Défense à M. Loyson, qui fut autrefois le père Hyacinthe, de parler en public de morale et de religion, de peur que sa parole ardente n'altère la quiétude des sacristies et ne soulève des orages dans le clan tempestueux des évêques.

Défense au député Saint-Martin, le dernier élu de Vaucluse, de faire une conférence sur la mort du maréchal Brune. Comment donc ! Cela pourrait déplaire aux amis de M. du Demaine. Et puis, pourquoi troubler les mânes de ces pauvres assassins qui dorment leur sommeil éternel ?

Défense enfin à celui qui écrit ces lignes de retracer par la parole, en présence du peuple, l'émouvante mission de Saint-Just en Alsace. Le ministère craint que les échos de ma voix ne se répercutent jusqu'à Berlin. Crainte chimérique ! Et quand même !

Est-ce que messieurs les Allemands s'imaginent que nous devons être pour eux tout confits en miel et en douceur, parce que, par une singulière habitude monarchique, M. le président de la République française vient d'envoyer un officier de sa maison féliciter sur son quatre-vingtième anniversaire le glorieux monarque qui nous a dépossédés de la Lorraine et de l'Alsace ? Que d'autres oublient, c'est possible. Pour moi, je crois qu'il est bon et salutaire de sonner sans cesse, contre les violateurs du droit, les clairons de la pensée.

5.

Quelque sujet qu'on traite, il est clair qu'on n'arrivera jamais à contenter tout le monde. En parlant pour les victimes, on met contre soi les bourreaux. En racontant simplement comment, il y a quatre-vingts et quelques années, un républicain a sauvé l'Alsace et la Lorraine des mains de l'étranger, je semble faire implicitement le procès à ceux qui, de nos jours, nous les ont arrachées et à ceux qui les ont laissé perdre ! Qu'importe ? Est-ce que les orateurs anglais, qui dans les meetings flétrissaient récemment les cruautés commises en Bulgarie, s'inquiétaient des récriminations de la Porte ?

Lorsque M. Jules Simon oppose son veto à des conférences purement historiques, il oublie ce qu'il écrivait un jour, à savoir qu'en l'absence du droit absolu de réunion, les ministres de la loi pouvaient être plus forts que la loi. Il est ministre aujourd'hui et président du conseil.

A la Chambre d'aviser promptement : Qu'elle se rappelle que le droit absolu de réunion, que M. Jules Simon réclamait si énergiquement sous l'Empire, est un des articles du programme de la démocratie, et que ce droit, tous les candidats républicains se sont engagés à le revendiquer dans toute sa plénitude.

A l'œuvre donc ! Il est par trop humiliant pour nous d'être obligés d'en être encore à attendre à cette heure, après six années de République, la liberté de la parole comme en Angleterre.

LA LIBERTÉ DE LA PRESSE

Qu'est-ce que la liberté de la presse? C'est le droit absolu pour tout citoyen d'exprimer sa pensée par le journal ou par le livre, sans être gêné par aucune entrave préventive, sans courir le risque d'être pris dans les mailles de lois tellement embrouillées à dessein, tellement obscures, tellement élastiques qu'il est impossible à l'écrivain le plus prudent d'être sûr de ne pas tomber sous l'application de ces lois.

La presse libre est la gardienne de la liberté; la presse esclave en est le fléau, parce qu'elle n'est plus qu'un instrument entre les mains des professeurs de mensonge et de servitude.

La liberté de la presse est absolument nécessaire au développement, au progrès, au bonheur de l'humanité. Aussi, tous les despotes, de quelque nom qu'il se parent, se liguent-ils contre elle et la proscrivent-ils; les uns au nom du ciel; ceux-ci, au nom du principe monarchique ; ceux-là, par une amère dérision, au nom des intérêts conservateurs de la société.

La liberté de la presse est la garantie de toutes les autres libertés. Quoi qu'on dise et quoi qu'on fasse, il n'y a, comme le disait excellemment M. le président actuel du conseil, « il n'y a aucune liberté dans un pays où la presse n'est pas libre. »

Toute loi sur la presse implique restriction de la liberté de la presse. Le grand peuple des États-Unis d'Amérique l'a si bien compris, que dans l'article premier de sa Constitution, il a solennellement posé en principe qu'il était interdit au Congrès de faire aucune loi restrictive de la liberté de la parole ou de la presse.

Le journal le *Courrier de France* n'est pas de cet avis. Il lui faut « des lois répressives de la presse, parce que la répression est une force et qu'un pays n'est tranquille que s'il a un gouvernement fort. » Ce n'est vraiment pas la peine alors de combattre l'Empire, car on ne saurait imaginer un type plus accompli de gouvernement fort.

Le *Courrier de France* appelle cela une parade nécessaire. Puisqu'il plaît à cet organe du centre gauche d'emprunter de l'art de l'escrime une comparaison, aussi peu juste que possible d'ailleurs, il aurait dû se rappeler que la première condition, dans les armes, est une égalité parfaite entre les adversaires. Or, il avouera que la partie n'est guère égale enlre un journal qui peut à peine effleurer sa lame de l'épiderme du gouvernement, et le pouvoir qui peut tuer net ce journal avec un article de loi. Voyez-vous un homme se mesurant avec une épée d'enfant contre la rapière de d'Artagnan.

Quoi qu'il en soit, le *Courrier de France* est pour les lois restrictives et répressives ; grand bien lui fasse ! C'est tout ce qu'il y a de plus centre gauche ; c'est donc assez dans l'ordre naturel des choses. Je me console pour ma part de n'être point de son opinion en songeant que je suis en communion d'idées avec tous les grands et généreux esprits qui ont défendu dans le monde la cause sacrée de la liberté de la presse.

« On ne saurait trop se pénétrer de cette vérité, écrivait M. Bérenger (de la Drôme) en 1818, que tout peuple qui veut la liberté de la presse ne doit point faire de loi pour la régler, car on ne peut la régler sans y porter atteinte. »

Est-ce à dire pour cela que les écrivains de la démocratie, partisans de la liberté absolue de la presse, entendent se mettre au-dessus du droit commun et réclament en leur faveur une sorte de privilége et de monopole d'impunité ! Non, mille fois non ; ils demandent, au contraire, à encourir toute la responsabilité de leurs écrits ; c'est là leur honneur et leur force morale.

Mais était-il bien nécessaire d'édicter tout spécialement pour eux cette foule de lois inextricables où l'imagination de légistes en délire s'est donné si largement carrière pour inventer des crimes de la pensée, depuis la Restauration jusqu'à nos jours ? Tibère qui, le premier, a visé les délits d'opinion, n'était qu'un petit garçon auprès de quelques-uns de nos législateurs modernes ; il n'avait pas trouvé la complicité morale.

Il est incontestable que l'on peut commettre, par la voie de la presse, des délits et des crimes, comme il s'en peut commettre de toute autre façon ; mais est-ce qu'il n'y a pas tout un arsenal de lois pénales pour réprimer ces délits et ces crimes ? Ce que je réclame au nom des principes, c'est l'application du droit commun à tout le monde.

Le journal le *Courrier de France*, il est vrai, paraît ignorer complétement la différence qu'il y a entre un délit d'opinion et un délit de droit commun. Cela prouve qu'il n'est pas fort au courant de notre législation sur la presse. Il semble avoir oublié tout à fait certain petit article de la loi de 1819, concernant l'outrage à la morale publique et religieuse et qui permet d'atteindre, par son vague effrayant, tout écrit de nature à déplaire à un gouvernement fort.

C'est ainsi que, en vertu de cet article, j'ai été poursuivi il y a près de vingt ans pour une histoire du conventionnel Saint-Just où je défie bien qu'on trouve une ligne qui ne soit pas conforme à la plus pure morale.

C'est ainsi qu'ont été poursuivis Béranger, Lamennais, Pelletan, Prévost-Paradol, Bougeard, Vacherot et tant d'autres, tous assez honnêtes criminels, pour des délits de la pensée visés par des lois spéciales. Vous niez Dieu, outrage à la morale publique et religieuse, s'il plaît au parquet. Vous contestez la vérité des religions révélées, outrage à la morale publique et religieuse. Vous combattez au nom du droit, de la justice et de la raison un gouvernement établi... quand ce n'est pas le gouvernement républicain, encore un délit de presse et d'opinion. N'avons-nous pas vu, il n'y a pas très-longtemps, un tribunal de province condamner une feuille publique pour outrage au roy ?

Mais autre chose est d'attaquer, au point de vue scientifique, telle religion reconnue, ou d'exciter les citoyens à se livrer à des voies de fait contre ses ministres ; autre chose est d'attaquer, au nom des principes, telle ou telle forme de gouvernement, ou de prêcher ouvertement l'insurrection contre un gouvernement légalement établi ; autre chose est de recommander le repos du dimanche, ou de mettre en chartre privée un brave commerçant qui croit devoir vaquer à ses occupations ordinaires le dimanche aussi bien que les autres jours ; autre chose enfin est de discuter loyalement des opinions, ou de calomnier un honnête homme et d'appeler sur lui l'animadversion publique. Dans le second cas, il y a des délits de droit commun, et non pas de simples délits de pensée et d'opinion ; et il n'est pas besoin de lois spéciales pour les réprimer ; le Code pénal est, Dieu merci, assez richement doté.

Quant à l'étrange théorie du *Courrier de France*, à savoir qu'il est inadmissible qu'on ne frappe pas l'instrument en même temps que celui qui s'en est servi, il nous permettra de trouver à notre tour qu'elle a tout l'air d'une plaisanterie. La presse ne constitue pas de délit par elle-même. Un écrit n'est pas plus un crime que ne l'est le poignard d'un assassin. L'épée qui a servi à frapper criminellement un homme peut aussi bien servir ensuite à sauver la patrie ; et le journal, à l'aide duquel un délit de droit commun aura été commis, peut contribuer à servir le progrès, le droit et l'humanité.

Non, dans un pays libre, il ne saurait y avoir de délits ou crimes d'opinion, délits imaginaires inventés par le génie de l'inquisition ; il n'y a que des crimes et délits de droit commun, qu'on peut commettre par la voie de la presse, mais qui se trouvent prévus et atteints par le Code pénal. Écrivains, nous ne réclamons, je le répète, ni monopole ni privilége ; nous repoussons l'impunité qui nous mettrait au-dessus des autres citoyens ; nous ne voulons que l'égalité, rien que l'égalité.

Nous ne serions pas dignes de la liberté, si nous prétendions échapper à la responsabilité de nos actes.

CRIMES ET LIVRES

Un jour, au spectacle de la dépravation à laquelle était en proie la haute société de son temps, Jean-Jacques Rousseau, dans une boutade célèbre, lança contre les sciences et les arts une véritable excommunication ; et il se prit à regretter le temps où les peuples, préservés de la contagion des vaines connaissances, fondaient leur bonheur uniquement sur la vertu.

Mais il faut tout dire. Ce qui lui inspirait cette boutade, c'était de voir la science et les arts, concentrés en un petit nombre de mains, servir à l'oppression des masses. Aussi ne manquait-il pas d'ajouter que tant que la puissance serait toute d'un côté, les peuples continueraient d'être vils, corrompus et malheureux. Ce qui revenait à dire, en définitive, que l'ignorance était la génératrice principale de tous les maux et de tous les vices.

C'est là une vérité absolue, et que ne mettent que trop en lumière les statistiques criminelles de notre époque.

Fouillez dans nos prisons et dans nos bagnes, et vous verrez que l'immense majorité de ceux

qui les peuplent est absolument dénuée d'instruction,
ne sait ni lire ni écrire. D'où il résulte que les crimes
chez une nation sont en raison directe de l'ignorance
qui y règne. Plus vous ouvrirez d'écoles, et plus vous
aurez de bagnes à fermer. L'antidote du crime, c'est
le livre.

Et lorsque je parle du livre, il va sans dire que
j'entends le livre dont la morale est austère et qui
n'offre qu'une fortifiante lecture. Je ne croyais pas
qu'on pût se méprendre sur ma pensée; je me trom-
pais.

La *Défense*, organe de M. Dupanloup, institue que
l'*Homme libre* demande la liberté absolue des livres
« afin que les âmes puissent être plus vite dégradées
et perverties. » Aimable *Défense!* Elle oublie seulement une chose, c'est que, avec tous les grands esprits de ce siècle, avec tous les véritables écrivains
français, j'ai demandé la libre circulation des livres
qui n'étaient point frappés par la justice *pour crimes
de droit commun* et non pour d'imaginaires délits de la
pensée.

Dans le même numéro où le pieux journal jette à
la tête de l'*Homme libre* cette accusation quelque peu
calomnieuse, je trouve une citation d'un article du
Temps où l'on reproche aux romanciers de ne pas se
douter de l'influence fatale de leur œuvre sur le *gros
public*, et où certains romans, « lus par des millions
de lecteurs », sont regardés comme les pourvoyeurs
de la prison et de l'échafaud.

Je commence par déclarer que j'ai pour cette littérature de bagne et de tripot la plus profonde aversion. Mais je ferai remarquer à la *Défense* que ce

n'est pas le livre qui est le véhicule de cette sorte de
littérature, mais bien le petit journal à un sou, la presse
à bon marché qui circule librement et qui va partout.

Maintenant l'écrivain du *Temps* est-il bien sûr que
ce soit parmi les lecteurs de ces romans malsains que
se recrutent les malfaiteurs dangereux ? Il se trompe
manifestement, puisque des statistiques, brutales
comme un chiffre, démontrent que les trois quarts
des misérables appelés à comparaître devant la justice
criminelle ne possèdent aucune notion d'instruction.

Je n'en déplore pas moins les tendances fâcheuses
de certaines œuvres qui sont à la littérature ce que de
grossières peintures d'enseignes sont à l'art. Mais c'est
au père de famille à faire lui-même la police du journal et du livre et à ne pas admettre au foyer domestique tout ce qui est de nature à blesser la pudeur de
sa femme et de sa fille ou à vicier l'esprit de ses fils.
Et si la *Défense* voulait se livrer avec moi à un travail
d'investigation, elle se convaincrait de cette vérité à
savoir que les feuilles et les livres à scandale sont
beaucoup plus recherchés dans les classes prétendues
dirigeantes que dans les classes ouvrières.

« La liberté de s'expliquer par des livres est une
des prérogatives les plus inviolables, s'écriait Voltaire
au siècle dernier. Imprimez tout ce qu'il vous plaira,
sous peine d'ennuyer, ou d'être puni, si vous avez
trop abusé de votre droit naturel. »

Voltaire, comme toujours, parlait d'or.

La *Défense* ne veut pas que le gouvernement auto-
rise la presse licencieuse et scandaleuse. Nous dirons
à la *Défense* que ce n'est point là l'affaire du gouvernement. Au temps béni, regretté par le journal de

M. Dupanloup, sous l'ancien régime où rien ne pouvait s'imprimer qu'avec la permission du roi, il se commettait cent fois plus de crimes que de nos jours. C'est l'instruction et le livre plus répandus qui ont moralisé les masses.

Et puis, qui décidera si le livre est mauvais ou bon? Je crains bien, par exemple, que pour la *Défense*, toute œuvre qui préconise le progrès, le libre examen, la morale indépendante, qui rétablit la vérité sur les choses et les hommes de la Révolution française, ne soit une œuvre damnable; elle nous le donnait, Dieu merci! suffisamment à entendre l'autre jour.

Mais que pense-t-elle de la *Bible*, que Chatillon a traité d'ouvrage scandaleux, et que Théodore de Mopsueste, visant le cantique des cantiques, appelait un recueil d'impuretés? Il n'est pas une âme chaste qui ne s'effarouche des détails qu'y a relevés Grotius. La *Bible* est pourtant le livre chrétien par excellence.

Laissons donc à chacun le droit de choisir ses lectures. Les choix ne seront pas si mauvais que vous paraissez le craindre.

Lorsque j'étais conseiller général de la Somme, j'ai été assez heureux pour provoquer la fondation de près de six cents bibliothèques communales dans le département. Eh bien! mes anciens collègues pourraient témoigner avec moi du discernement rare avec lequel les conseillers municipaux des plus petites communes savaient composer leur bibliothèque.

Ayons donc plus de confiance dans la sagesse, dans le bon sens et la moralité des hommes. L'esprit comme le corps a besoin d'air et d'espace pour se développer. Ce qu'il faut à tous c'est la liberté !

LE COLPORTAGE

I

La liberté de la presse ne serait qu'un vain mot si le livre ne jouissait pas d'immunités égales à celles du journal.

Or, il s'en faut de beaucoup qu'il en soit ainsi, à l'heure même où j'écris ces lignes. Tandis que les feuilles publiques jouissent d'une liberté presque illimitée de circulation, le livre est encore en état d'interdit, puisqu'il ne peut être colporté librement.

On sait que, sous l'ancien régime, un livre ne pouvait paraître que sous le bon plaisir administratif. *Cum approbatione et privilegio regis.* Aussi la plupart des productions qui honorent le plus l'esprit français ont-elles été publiées, au siècle dernier, tout autre part qu'en France. La Révolution affranchit le livre comme toutes choses. Mais l'Empire et la Restauration ne pouvaient laisser circuler librement ce puissant véhicule de la pensée humaine. Sous le régime du sabre comme sous le régime du goupillon, les faiseurs de livres devaient être traités en ennemis.

Si dans la vallée de silence que l'on traversait, un cri de liberté venait à se faire entendre ; si de sourdes protestations s'élevaient çà et là contre le despotisme clérico-royaliste auquel on était soumis, la faute en était à Voltaire, à Rousseau, aux idéologues, c'est-à-dire à tous ceux qui tenaient une plume et qui s'en servaient pour rappeler aux hommes que la liberté est le premier des biens.

La Révolution de 1830 délivra, pour un moment, le journal et le livre. La pensée, tenue esclave depuis trente ans, se donna largement carrière. De là, une explosion magnifique et quelque peu désordonnée d'œuvres impatientes de voir le jour. Romans, nouvelles, poésies, drames, livres de politique et de philosophie transcendante prirent leur vol au soleil comme un essaim d'oiseaux à qui on vient d'ouvrir les portes de leur prison. Il y avait du bon, il y avait du mauvais ; le public, notre souverain juge, faisait son choix ; ce qui ne surnageait pas retombait dans l'éternel oubli, et tout était dit.

Le régime que les orléanistes de nos jours se plaisent encore à regarder comme la meilleure des Républiques maugréait bien contre la large licence octroyée au livre par la victoire populaire ; comme tout bon régime monarchique, il eût volontiers, lui aussi, rogné les ailes à la pensée, mais il n'osait, au début surtout.

Il y eut seulement vers la fin de l'année révolutionnaire une petite tentative de réglementation pour la vente des livres ; c'était bien modeste encore. En effet, la loi du 10 décembre 1830 se contentait d'exiger du colporteur l'indication de son domicile devant l'autorité municipale et la déclaration des livres et écrits imprimés qu'il se proposait de vendre ou de distribuer.

Mais quelques années après, alors que déjà La-fayette avait demandé pardon à Dieu et aux hommes d'avoir contribué à réédifier un trône au profit du fils de Philippe-Égalité, parut une loi, qui n'avait l'air de rien, sur les crieurs publics, et aux termes de laquelle nul ne pouvait vendre ou distribuer de livres ou écrits imprimés sur la voie publique sans une autorisation préalable de l'autorité municipale, autorisation qui pouvait toujours être retirée. Telle est la disposition de la loi du 16 février 1834.

On sent la progression. Il ne s'agit plus pour le col-porteur d'une simple indication de domicile et de la déclaration des livres qu'il se propose de vendre ; il lui faut une autorisation formelle de l'autorité muni-cipale.

Les choses durèrent ainsi jusque vers le milieu de l'année 1849, époque de réaction violente, où déjà l'ordre moral florissait dans toute sa beauté, et où sous l'étiquette républicaine, on ne se gênait nulle-ment pour commettre contre la liberté de la presse de véritables attentats législatifs.

La loi du 27 juillet 1849 sur la presse est assurément une des entraves les plus lourdes et les plus vexatoires qui aient été apportées aux productions de l'intelli-gence, surtout en raison des conséquences abusives qu'on en a tirées.

En vertu de l'article 6 de cette loi, les colporteurs de livres, écrits, imprimés et brochures doivent être pourvus d'une autorisation délivrée par le préfet de police pour le département de la Seine, et par les préfets pour les autres départements, autorisation que l'autorité qui l'a délivrée a toujours le droit, naturellement, de retirer, en ne consultant que son bon plaisir.

Le lecteur a déjà saisi sans doute l'aggravation : ce n'est plus de l'autorité municipale, mais du seul représentant du pouvoir central que dépend l'autorisation. C'est-à-dire que la vente des livres par voie de colportage était entièrement à la discrétion de l'administration.

Eh bien! cette dure contrainte ne parut pas suffisante encore au régime impérial. Au mois de juillet 1852, une circulaire ministérielle soumit à la formalité de l'estampille tous les livres et écrits imprimés, destinés à être colportés, et un peu plus tard une commission dite de colportage fut instituée au ministère de l'intérieur, pour accorder ou refuser cette estampille après examen plus ou moins sommaire.

Ainsi ce fut en vertu d'une simple circulaire ministérielle que fut établi ce mécanisme de l'estampille qui frappe si arbitrairement les œuvres de l'esprit.

Plusieurs écrivains distingués avaient consenti, au début, à faire partie de cette commission, dont les membres recevaient des jetons de présence. Ceux qui avaient au cœur le sentiment de la dignité des lettres ne tardèrent pas à comprendre combien la tâche qu'on exigeait d'eux était contraire à leurs devoirs professionnels.

Une telle réprobation poursuivit dès lors quiconque, parmi les écrivains, consentait à se charger d'une si vilaine besogne, que la proposition formelle fut faite à la Société des gens de lettres de bannir de son sein ceux de ses membres qui accepteraient de faire partie de la commission de colportage.

Eh bien! aujourd'hui, après six années de République, cet état de choses dure encore.

Je dirai combien un tel état est préjudiciable aux lettres françaises, autant sous le rapport matériel que sous le rapport moral, et l'on verra qu'il est grand temps que la Chambre des députés mette fin à un abus si contraire aux notions les plus élémentaires de la liberté.

II

Qu'est-ce que le colporteur de livres? C'est l'auxiliaire indispensable de la librairie ; c'est un libraire ambulant ; c'est le plus puissant agent de propagande des œuvres de l'intelligence.

C'est par lui que, dans les campagnes où il n'y a point de librairie, peuvent se répandre ces productions de l'esprit, devenues, par ce temps de suffrage universel et de souveraineté populaire, des objets de première nécessité.

On comprend que les gouvernements monarchiques et personnels, qui aiment l'instruction à peu près comme les hiboux la lumière, tiennent colporteurs et livres en éternelle suspicion ; mais il est inadmissible que la République continue, par l'autorisation préalable et par l'estampille, à mettre l'embargo sur la pensée.

J'ai dit comment avait été organisée, en vertu d'une simple circulaire ministérielle, une des institutions les plus effroyablement arbitraires qui se puisse imaginer. Si encore la commission de colportage avait eu pour mission unique d'interdire la circulation des livres obscènes, on eût pu, jusqu'à un certain point, tenter d'en expliquer l'existence par des raisons d'ordre moral; mais non. Sa préoccupation constante semble avoir été de proscrire systématiquement tous les ouvrages entachés de libéralisme, toutes les œuvres dont l'esprit, les tendances paraissaient trop favorables à l'expansion de l'idée républicaine.

C'est ainsi que, tandis que des livres d'une moralité douteuse trouvaient grâce devant la commission de colportage, les écrits les plus purs, les plus élevés, étaient impitoyablement frappés d'ostracisme; c'est ainsi qu'à cette heure encore nombre d'ouvrages, traduits et admirés à l'étranger : romans, livres d'histoire, de science, livres de philosophie, livres d'art, sont privés du droit de circulation en France, comme si la commission de colportage, gardienne jalouse des ténèbres et de l'obscurité, eût craint de laisser pénétrer au milieu de nos communes françaises les œuvres les plus capables d'élever les cœurs et d'agrandir les intelligences.

Et voilà vingt-cinq ans que la pensée, en France, est soumise à un pareil régime ! Nulle garantie pour l'écrivain. Il est frappé sans être entendu. Son travail est à la merci de membres d'une commission sans responsabilité, et qui n'ont d'autres règles que leur bon plaisir, leurs impressions personnelles, leurs préférences et leurs antipathies. Quelquefois c'est le directeur du bureau de la presse au ministère de l'intérieur qui se charge tout seul d'opposer son *veto* à la circulation d'un livre qui n'a pas l'heur de lui plaire.

Je pourrais citer telle œuvre historique, écrite d'après les sources officielles et avec la plus incontestable impartialité, qu'on persiste à frapper d'interdit, M. Jules Simon étant ministre de l'intérieur et président du conseil, uniquement parce que l'auteur, sans autre préoccupation que celle de la vérité, a cru devoir, en racontant l'épisode avant-coureur de la chute de l'Empire, critiquer la marche fatale de M. le maréchal de Mac-Mahon de Châlons sur Sedan. On voït que si les rois ont leurs flatteurs, les dieux n'épargnent pas non plus ce présent funeste aux présidents de République.

N'était-ce pas hier qu'un ministre, jouissant pourtant d'une certaine réputation de libéralisme, M. de Chabaud-Latour, répondait à Mme de Gasparin, qui se plaignait que la commission de colportage eût refusé l'estampille à un livre de son mari : Sans doute ce livre est remarquable sous tous les rapports ; il est d'une haute moralité, d'une philosophie austère, plein d'aspirations élevées, il honore son auteur ; mais ce n'est pas un livre à la portée du peuple; voilà pourquoi nous ne pouvons en autoriser la circulation.

Ainsi une œuvre honnête, austère, morale, honorable sous tous les rapports, était, aux yeux de la commission de colportage, d'une lecture dangereuse pour le peuple.

Quand un ministre en est réduit à de telles explications pour justifier une mesure injustifiable, un système est jugé.

Il n'est pas possible que les productions de la pensée restent plus longtemps sous le poids d'une législation exceptionnelle et sous le coup d'un arbitraire intolé-

rable. On ne saura jamais, au point de vue économique, le tort irréparable fait aux lettres françaises
par cette législation et par cet arbitraire, ni le préjudice causé à l'industrie de nos imprimeurs, relieurs,
brocheurs et fabricants de papier.

Ceux qui excipent des nécessités de la morale publique pour essayer de justifier le droit de veto que
l'administration s'est arrogé sur les livres, ne disent
pas, n'osent pas dire tout le fond de leur pensée. Quoi
de plus ridicule d'ailleurs que cette prétention du pouvoir de mesurer lui-même aux habitants des campagnes la nourriture intellectuelle ? Cela est d'autant
plus outrecuidant que, ainsi que je l'ai fait remarquer
plus haut, et comme il serait facile de l'établir par
une statistisque des livres autorisés ou défendus, ce
sont précisément les œuvres les plus austères et les
plus morales qui sont frappées d'interdiction.

Les écrivains français ne veulent ni monopole ni
privilége, ils n'entendent se soustraire à aucune responsabilité ; je ne réclame pour eux, pour le livre
comme pour le journal, que le droit commun, rien
que le droit commun. Tant qu'une œuvre n'est pas
frappée par la justice, nul pouvoir public au monde ne
doit l'empêcher de circuler partout, partout. Ainsi le
veut la liberté.

C'est ce qu'a parfaitement compris la commission
parlementaire chargée d'étudier la question du colportage. Dans le rapport qu'elle a déposé à la veille
des vacances, elle conclut à la suppression de l'estampille et à celle de l'autorisation préalable. C'est fort
bien. Mais, mon Dieu, pourquoi avoir attendu si longtemps ?

Que du moins à son retour, l'Assemblée hâte l'heure de la délivrance des lettres.

La Chambre des députés n'oubliera pas que si, après nos malheurs et nos désastres, la France est restée grande et respectée au dehors, c'est surtout par la puissance de l'idée, par le génie de ses écrivains, et elle tiendra à honneur d'en finir, à bref délai, avec un système qui interdit, dans notre pays, la libre circulation d'une foule d'œuvres qui en sont la gloire.

LA TOLÉRANCE

Il y a quelque temps, le *Français*, journal de sacristie, qui a appris l'histoire de la Révolution dans ses livres, dans quels livres, grand Dieu! et de la bouche de ses grands-parents — est-ce de celle de l'ancien président de la Commune? — applaudissait fort, en compagnie de quelques feuilles de même farine, à la mesure par laquelle il avait plu à M. le ministre de l'intérieur ou à son subordonné M. Voisin, d'interdire en réunion publique une conférence que nous nous proposions de faire sur la mission à jamais glorieuse de Saint-Just en Alsace.

La conférence a eu lieu en réunion privée, comme nous l'avions annoncé. L'affluence a été tout aussi considérable, plus considérable peut-être que si aucune entrave n'avait été apportée à la réunion. Nous avons montré comment un homme, tout jeune encore, — celui dont Michelet a dit : la France ne se consolera jamais d'une telle espérance, — avait pu, par la seule force de son génie et de son caractère, comprimer la contre-révolution frémissante et refouler au delà de nos frontières l'Allemagne humiliée et vaincue.

La société n'a pas été ébranlée sur ses bases, et aucune menace n'est encore venue de Berlin. Il y a mieux. La *Gazette de Francfort*, qui a rendu compte de notre conférence, s'est montrée fort étonnée de l'espèce d'ostracisme dont nous avons été frappé, et elle n'a pu s'empêcher de rappeler à M. Jules Simon l'époque, lointaine déjà, où il paraissait défendre avec tant de sincérité la liberté de la parole.

Le journal de M. Beslay fils n'en a pas moins récriminé, avec son acrimonie habituelle, contre la tolérance grande du gouvernement. A l'en croire, notre réunion privée n'était qu'une réunion publique déguisée. On aurait, pour ainsi dire, pris les passants de force en leur fourrant des cartes d'entrée dans la main. Bref, la conclusion logique de tout cela, c'est qu'on aurait dû nous envoyer les gendarmes.

O tolérance des feuilles ultramontaines !

Mais voilà qu'aujourd'hui ces feuilles sont punies par où elles ont péché. Depuis six jours, l'air retentit de leurs lamentations, parce que M. le préfet de police a dissous l'association dite Comité catholique, qui avait été autorisée à se constituer et à fonctionner sous le régime de l'ordre moral.

On connaît la théorie de MM. les cléricaux en matière de liberté. Tout pour eux et rien pour les autres. Après avoir si aigrement pris à partie M. le ministre de l'intérieur pour n'avoir pas empêché *manu militari* la réunion privée organisée par la chambre syndicale des ouvriers papetiers, sous la présidence de Louis Blanc, ils trouvent tout naturel, en dépit de l'arrêté de dissolution du congrès catholique, de tenir, en réunion privée, l'assemblée annuelle de ce congrès. Dignes disciples de Loyola !

Quand nous nous réunissons en réunion privée ou
publique, nous réclamons la liberté pour tous,

Qu'on puisse aller même à la messe.

Eux, ne veulent la liberté illimitée que pour eux.
Ils injurient Lockroy et sa jeune femme parce qu'il a
plu à ces derniers, en se mariant, de se passer des bénédictions salariées de l'Église; ils jettent l'insulte et
l'outrage aux libres-penseurs, qui, ne voulant pas donner par leur mort un démenti à leur vie, tiennent à
être conduits sans aucune cérémonie religieuse au
champ de l'éternel repos. Est-ce que nous injurions,
nous, les croyants ou les indifférents qui ne peuvent
se passer des prières du prêtre?

Quand nous parlons ou quand nous écrivons, c'est,
invariablement, pour réclamer le droit de tous à la lumière, à la justice, à la liberté.

En est-il de même chez nos adversaires? Voyez ce
qui vient de se passer au Congrès catholique. M. Chesnelong, devenu le bras droit du comte de Chambord
et le porte-glaive du pape, après avoir officiellement
affirmé tour à tour son dévouement à la République et à l'Empire, s'est livré à une violente et ridicule diatribe contre les institutions nées de la Révolution, et sur lesquelles repose aujourd'hui la société
française.

M. Guibert, archevêque de Paris et cardinal par-
dessus le marché, est parti en guerre contre les feuilles démocratiques avec toute la fougue d'un sectateur
de Pierre l'Ermite. Il faut voir comme il dit son fait au
gouvernement qui se montre insensible aux outrages

dont, à l'entendre, ces feuilles se rendent coupables. C'est afin de lui être agréable sans doute que, pour une plaisanterie, des poursuites viennent d'être intentées contre le *Radical.* Que ne peut-il faire rouer les rédacteurs de journal, comme on a fait jadis du jeune La Barre ?

O charité évangélique !

Est-il donc vrai que la religion chrétienne, qui devrait inspirer le plus de tolérance, est celle qui en use le moins ? Hélas ! oui. Et pourquoi ?

Pourquoi ! c'est que les grands-prêtres de cette religion, dont le berceau est une étable, n'ont en réalité d'autre dieu que leur intérêt.

PEUPLES ET ROIS

« Sire, disait à Louis XV enfant le vieux maréchal de Villeroy, en lui montrant la foule amassée sous les fenêtres du palais, tout ce peuple est à vous. »

De temps immémorial, cette parole de courtisan a été considérée comme un axiome absolu par tous les porte-sceptre que le droit de conquête ou celui de naissance a mis à la tête des peuples, et que ceux-ci ont supportés trop longtemps avec la docilité des troupeaux qui se laissent indifféremment tondre ou mener à la boucherie sans la moindre résistance.

Étonnez-vous donc que des rois et empereurs, pénétrés de cette conviction, et habitués à avoir sans cesse à la bouche ces mots : « Mon peuple, mes sujets, » n'aient jamais hésité à sacrifier le sang ou l'argent d'une nation à leurs caprices, à leurs fantaisies, à leur ambition et à leurs convoitises.

Aussi disions-nous avec raison, avant-hier : « Supprimez les rois et vous serez bien près d'avoir supprimé toutes les causes de guerres. »

Nous savons bien que tel n'est point l'avis de Grotius, qui s'est efforcé d'établir le droit par le fait, et qui par ses tristes maximes a favorisé de tout son pouvoir le despotisme et l'esclavage. Nous n'ignorons pas que Grotius a fait école, et qu'il a aujourd'hui encore dans la presse française de fervents disciples, qui, pour n'avoir peut-être jamais lu ses écrits, sont des défenseurs tout aussi ardents de ce qu'on regardait autrefois comme un droit régalien. Mais la vérité que nous énoncions n'en demeure pas moins incontestable.

Il y a cent et quelques années, Voltaire définissait admirablement en ces termes toute la caractéristique des guerres modernes :

Un généalogiste prouve à un prince qu'il descend en droite ligne d'un comte dont les parents avaient fait un pacte de famille il y a trois ou quatre cents ans avec une maison dont la mémoire même ne subsiste plus. Cette maison avait des prétentions éloignées sur une province dont le dernier possesseur est mort d'apoplexie : le prince et son conseil voient son droit évident. Cette province, qui est à quelques centaines de lieues de lui, a beau protester qu'elle ne le connaît pas, qu'elle n'a nulle envie d'être gouvernée par lui, que pour donner des lois aux gens il faut avoir au moins leur consentement, ces discours ne parviennent pas seulement aux oreilles du prince dont le droit est incontestable. Il trouve incontinent un grand nombre d'hommes qui n'ont rien à perdre ; il les habille d'un gros drap bleu à cent dix sous l'aune, borde leurs chapeaux avec du gros fil blanc, les fait tourner à droite et à gauche, et marche à la gloire. Les autres princes, qui entendent parler de cette équipée, y prennent part, chacun selon son pouvoir, et couvrent une petite étendue de pays de plus de meurtriers mercecenaires que Gengis-Kan, Tamerlan, Bajazet n'en traînèrent à leur suite.

Voilà, nous le répétons, résumé en quelques mots humoristiques d'une vérité frappante tout l'historique des principales causes de nos guerres modernes.

Veut-on l'opinion d'un publiciste de nos jours qui, n'appartenant pas comme nous à cet affreux parti républicain, coupable de vouloir éviter les ruines et les immolations que toute guerre entraîne à sa suite, sera peut-être moins suspect aux feuilles d'ordre moral ? Voici ce que M. de Monglave écrivait sous le règne relativement pacifique du roi Louis-Philippe :

« La guerre est une voie de contrainte exercée par une nation contre une autre, dans le but de faire décider par la force un différend qui divise plus souvent deux princes que deux peuples. Presque toujours, en effet, les parties belligérantes n'ont aucun motif de s'en vouloir. Il serait bien temps cependant que cette *ultima ratio regum* essât d'être *l'ultim ra tio populorum.* »

Nous mettons nos contradicteurs au défi de nous citer une guerre, une seule, qui, depuis trois cents ans en Europe, n'ait pas eu pour cause efficiente, pour cause unique le caprice, l'ambition ou la convoitise de quelque souverain.

Prenons pour exemple le règne de Louis XIV, depuis la minorité de ce prince jusqu'à sa mort. On se battait quand son père mourut, on continua de se battre comme pour inaugurer son règne par un large baptême de sang. Cela dura dix ans sans qu'on sût au juste pourquoi l'on faisait la guerre. Et à quoi servit d'avoir fait tuer tant de braves gens, ravagé et ruiné tant de provinces, puisque la cession de l'Alsace ne s'obtint qu'à prix d'argent? Il eût été bien plus simple de commencer par là.

La guerre de Flandre eut lieu uniquement parce que, d'après les prétentions de Louis XIV, cette province et le Brabant devaient revenir à sa femme, malgré sa renonciation. L'affaire eût été plus que douteuse, a judicieusement observé un grand philosophe, si les causes des rois se jugeaient par les lois des nations à un tribunal désintéressé. Mais on n'a pas pour rien le droit canon pour soi. La guerre de Hollande fut tout aussi juste que l'agression dont la République batave devait être victime quelque cent ans après de la part de Napoléon Ier. Un peu plus tard, pour venger son orgueil irrité, le grand roi jurait de faire un désert du Palatinat, et l'on garde encore à Heidelberg le souvenir des horreurs accomplies en son nom. Que dire maintenant de la guerre de la succession d'Espagne, qui mit notre pays à deux doigts de sa perte? Mais qu'importait que la France pérît, pourvu qu'un Bourbon pût s'asseoir sur le trône de Charles-Quint !

Est-ce que la République, après avoir jeté la royauté aux gémonies, eût jamais songé à s'attaquer aux peuples si les rois de l'Europe ne l'avaient pas odieusement provoquée? Quant aux guerres de l'Empire, la postérité n'aura jamais assez de malédictions pour le maniaque qui les a déchaînées.

Supposez maintenant qu'avant le mois de juillet 1870, l'Allemagne et la France se fussent débarrassées de leurs glorieux souverains ; d'effroyables ruines n'eussent pas été infligées à notre pays, la Lorraine et l'Alsace n'eussent pas été arrachées de notre sein meurtri, et des centaines de mille hommes seraient encore debout, qui ne demandaient qu'à travailler, qu'à vivre heureux et tranquilles.

Aujourd'hui encore, à propos du fameux protocole qui tient depuis six semaines l'Europe en suspens, s'inquiète-t-on de savoir ce que nous pensons ? Ah bien oui ! Nos bons empereurs et rois ont bien d'autres chiens à fouetter. Inclinons-nous, mes frères. Il dépend du caprice de deux ou trois potentats que le monde soit demain à feu et à sang.

Peuples qui mendiez des rois, Dieu vous bénisse !

LA QUESTION MUNICIPALE

I

Le gouvernement se propose de présenter prochainement une loi sur les attributions municipales. Cette loi, jointe à la loi sur les maires provisoirement votée par les deux Chambres à la fin de leur dernière session, constituera la nouvelle organisation communale.

Il est à peine besoin de dire combien la loi sur les maires est défectueuse.

Elle a d'abord le tort inexcusable de violer le grand principe d'égalité qui doit régner entre toutes les communes d'un même pays ; ensuite, par un étrange renversement de la logique et du bon sens, elle enlève le droit d'élire leur premier magistrat à celles qui sont déjà pourvues, dans une mesure plus ou moins large, de fonctionnaires choisis par l'autorité centrale. Notre espérance est qu'elle sera réformée dans le sens de la liberté ; autrement il faudrait désespérer de voir jamais se fonder des institutions libres dans notre pays.

La Chambre républicaine de 1876, nous le constatons avec un véritable chagrin, s'est montrée en cette occasion moins libérale que ne l'avait d'abord été sa

devancière, l'Assemblée clérico-royaliste de 1871.
Nous savons bien que de ce chef il n'y a pas lieu de
tresser à celle-ci la moindre couronne civique. Trom-
pée par les élections étranges d'où elle était sortie
« un jour de malheur », comme l'a si bien dit un de
ses plus tristes membres, elle s'était imaginée que
toutes les municipaliés de France allaient être peuplées de ses créatures et qu'elle n'aurait plus qu'à
dire un mot pour faire la monarchie. Ce fut le contraire qui arriva.

Aussi l'Assemblée s'empressa-t-elle de se donner à
elle-même un éclatant démenti. On eut le lamentable
spectacle d'hommes qui, après s'être insurgés, moralement bien entendu, contre le despotisme césarien au
nom des libertés communales, et avoir fait contre la
centralisation administrative le serment d'Annibal, se
montrèrent les dignes successeurs de l'Empire en rendant au gouvernement le droit abusif de nommer les
maires et de les prendre même en dehors des conseils
municipaux. Oh! non, nous ne tresserons pas de
couronnes civiques à cette Assemblée fatale.

Reconnaissons-le, toutefois, il y eut une heure,
une heure seulement, hélas ! où, involontairement,
il est vrai, et, comme nous venons de le dire, croyant
à un tout autre résultat, elle rendit hommage au
principe républicain : ce fut quand elle décida que,
dans toutes les communes de France, sans exception,
les maires seraient élus par les conseils municipaux.
Si ce vote avait été maintenu, l'insurrection communale, qui n'en était qu'à sa première période, eût
été obligée de désarmer, la Commune de se dissoudre;
c'est du moins notre conviction. Et alors que de dé-

sastres, que de ruines, que d'immolations eussent été évités ! que de pages sombres nous n'aurions pas à ajouter au livre de notre histoire !

On sait comment M. Thiers est intervenu. Partisan obstiné de la centralisation administrative restaurée par le régime de Brumaire, il crut qu'il lui était impossible de gouverner si on ne lui laissait au moins la nomination des maires dans les chefs-lieux de département et d'arrondissement et dans les villes d'une population supérieure à 20,000 âmes, et, sous la menace de sa démission, l'Assemblée se déjugea avec une docilité qui témoignait du peu de consistance de ses principes. Elle commit une faute irréparable.

Il s'agit aujourd'hui d'organiser la commune conformément à l'esprit des institutions républicaines, c'est-à-dire de sortir des vieux errements monarchiques pour rentrer tout à fait dans les voies de la démocratie, il s'agit en un mot de récupérer ce que l'on est convenu d'appeler les franchises municipales. La nomination des maires par les communes elles-mêmes ou par les conseils municipaux n'est qu'une portion de ces franchises ; il faut que, dans la sphère des attributions qui lui sont propres, toute commune puisse se mouvoir en dehors de l'action du pouvoir central. Or, nous sommes loin de l'idéal rêvé.

Que sera le nouveau projet de loi municipale élaboré par le gouvernement ? Nous n'en savons rien ; mais nous n'étonnerons aucun de nos lecteurs en manifestant, par avance, la crainte que ce projet ne soit guère conforme aux principes inscrits sur notre drapeau. La dernière circulaire de M. de Marcère ne nous laisse aucune illusion à cet égard. Non, nous ne croyons pas le ministère à la tête duquel est placé M. Dufaure capable de revendiquer pour nos communes un véritable régime d'indépendance et de liberté. Comment ! arracher ces malheureuses communes à la tutelle administrative ! mais ce serait l'abomination de la désolation. Qui ne sait que les gouvernements ont une tendance fatale à considérer le pays comme leur propre chose et à regarder comme un acte de rébellion toute résistance à leurs volontés, d'où qu'elle vienne ?

Quant à nous, qui tenons à justifier notre titre l'*Homme libre*, nous défendrons résolûment les franchises municipales, attendu que la liberté individuelle est intimement liée, comme on le verra, à l'indépendance de la commune.

Et en défendant ces franchises municipales, pour lesquelles battent en France tant de cœurs généreux, nous défendrons du même coup la liberté générale, car tout se tient et s'enchaîne dans un état démocratique.

L'indépendance communale peut être regardée comme l'étalon de la liberté dans un pays. Là, où la commune est esclave, une nation ne saurait être vraiment libre, et il nous est impossible de considérer comme complétement affranchi un peuple qui n'est pas en pleine possession de ses franchises municipales.

Qu'est-ce, en effet, que la commune ? C'est la patrie en raccourci. C'est là, en général, que les hommes naissent, vivent, travaillent et meurent. Et qui ne sait, quand on vient à s'éloigner de cette patrie primitive, quel doux souvenir on en conserve, et avec quel charme infini on se reporte par la pensée vers cette terre sacrée où l'on a vécu son enfance et où dorment les ossements des aïeux ?

Il est donc de toute nécessité que la commune soit libre pour que l'homme fasse, de bonne heure, l'apprentissage de la liberté. On a dit avec raison que les institutions communales sont à la liberté ce que les écoles primaires sont aux lettres et aux sciences ; elles en enseignent à l'homme les premiers éléments et l'instruisent par l'expérience.

Un grand État peut avoir un gouvernement libre à la rigueur, sans que ses communes soient tout à fait affranchies ; mais la liberté dont jouit la nation dans ce cas ne saurait être qu'une liberté de mauvais aloi. Habitué à vivre dans une étroite dépendance au milieu de sa commune, le citoyen sait à peine faire usage de la liberté politique, et quand, par un guet-apens quelconque, la tyrannie vient à reparaître à la surface, il s'y soumet sans grande difficulté, y ayant été façonné en quelque sorte dès le berceau par le despotisme communal auquel il s'est trouvé assujetti.

Imaginez, au contraire, une commune s'administrant librement, nommant ses magistrats municipaux, réglant elle-même ses propres affaires sans aucune intervention des fonctionnaires de l'État, croyez-vous que l'homme habitué à vivre dans ce milieu d'indépendance et de liberté se soumettra docilement au joug du premier aventurier qui tentera de violer la Constitution du pays ?

C'est dans la commune libre qu'un État libre prend son point d'appui le plus solide. La liberté générale sera la résultante de toutes les libertés particulières propres à chaque communauté. Toutes ces communes intéressées à se garantir mutuellement contre les invasions d'un pouvoir arbitraire deviendraient autant de citadelles sous la protection desquelles un État libre serait inexpugnable.

Il est bien entendu, le lecteur nous aura compris sans doute, qu'il ne s'agit ici ni de rompre l'unité nationale ni de fédéraliser la France. Nous laissons à l'État ce qui est national, au département ce qui est départemental, à la commune ce qui est essentiellement communal. Non, nous ne songeons point à toucher à la centralisation politique, que l'on confond si souvent à tort avec la centralisation administrative, cette création de l'ancien régime restaurée par le législateur de Brumaire. Non, il ne saurait entrer dans notre esprit de défaire l'œuvre de la Révolution qui, en affranchissant les communes dans une très-large mesure, comme nous le prouverons, a fondé en même temps notre admirable unité politique.

Toute notre pensée en matière de décentralisation se résume dans ces paroles de Robespierre : « Fuyez la manie ancienne des gouvernements de vouloir trop gouverner ; laissez aux individus, laissez aux familles le droit de faire ce qui ne nuit point à autrui ; laissez aux départements, laissez aux communes le droit de régler eux-mêmes leurs propres affaires en tout ce qui ne tient point essentiellement à l'administration générale de la République. En un mot, rendez à la liberté individuelle tout ce qui n'appartient pas naturellement à l'autorité publique, et vous aurez laissé d'autant moins de prise à l'ambition et à l'arbitraire. »

Nous ajouterons même que l'indépendance commu-

nale n'a pas de meilleure sauvegarde que l'unité politique, qui seule peut préserver les citoyens de la tyrannie locale, laquelle est assurément de toutes les
tyrannies la plus effroyable.

Mais commençons par avoir cette indépendance
communale, qui a disparu entièrement, depuis
soixante-seize ans, du sol de notre pays; c'est là une
des plus précieuses conquêtes que nous ayons à faire,
et il n'y a point de question qu'il importe de résoudre
plus promptement. Car, sous ce rapport, nous sommes
loin, bien loin d'être dans une situation satisfaisante.
Il n'y a guère de nation en Europe où l'on con-
naisse la véritable liberté communale ; mais, de tous
les pays du monde, il n'y en a peut-être pas où la
pression administrative soit plus lourde que dans le
nôtre, où l'administration soit plus tracassière, où le
citoyen ait moins de liberté d'action, où il soit plus
tenu en lisière.

C'est ce que nous démontrerons par des faits irré-
fragables, en étudiant ce qu'a été la Commune autrefois, en disant ce qu'elle est aujourd'hui, et ce qu'elle
devrait être. Mais ce dont nos lecteurs peuvent être
certains d'avance, c'est que nous saurons toujours
concilier les franchises municipales avec l'unité et la
grandeur de la France.

II

La liberté d'un pays, avons-nous dit, se juge au
plus ou moins d'indépendance de ses communes. Nous
le répétons, là où la commune est asservie, il n'est

guère possible qu'on soit libre dans l'État. Et comme il suffit d'examiner les institutions municipales d'un peuple pour connaître le caractère de son gouvernement, l'observateur étranger, un citoyen des libres États-Unis d'Amérique, par exemple, doit avoir une médiocre opinion du régime gouvernemental auquel est soumise cette France, qui depuis plus de quatre-vingts ans fait tant de sacrifices pour la cause sacrée de la liberté.

On sait comme, de sa nature, le pouvoir est envahissant ; aussi ne rabattra-t-on jamais assez de ses attributions. Il met l'embargo sur la presse, violente le droit de réunion, vicie l'institution du jury, confisque les libertés communales, tout cela pour augmenter sa force ; et malgré les leçons du passé, il ne paraît pas s'apercevoir qu'en s'engageant dans cette voie fatale il multiplie les difficultés, accroît les désaffections et nous prépare un avenir toujours plus sombre et plus menaçant.

M. Thiers nous a-t-il assez parlé des libertés nécessaires ! Or, s'il y a une liberté nécessaire, primordiale, c'est à coup sûr la liberté communale, puisque la commune est la base même de l'édifice social. La logique la plus élémentaire indique donc qu'avant de songer à mettre la liberté au sommet, il faut la placer à la base. Eh bien ! M. Thiers est un des adversaires les plus fougueux de la liberté communale.

Ce ne sont pas les occasions pourtant qui ont manqué de restituer aux communes leurs franchises municipales. Mais les révolutions ont eu beau se succéder les unes aux autres, on s'est bien gardé de porter la main sur une organisation qui fait absorber toute la force vitale du pays par le gouvernement. Il est si doux et si commode d'être obéi sans contestation. C'est ainsi que les décentralisateurs de la veille sont devenus les centralisateurs du lendemain. Nous avons même entendu ce raisonnement spécieux : « Gardons-nous de toucher au système administratif actuel, à présent que nous sommes au pouvoir et que nous pouvons mettre nos créatures partout. » Et l'on se figure qu'on va rester éternellement maître des destinées du pays.

Voilà le malheur en France : on a la déplorable habitude de sacrifier les principes aux faits. Le raisonnement précité est d'ailleurs un pur sophisme. L'institution étant mauvaise, elle se retourne, au premier choc politique, contre celui qui voyait en elle une garantie de sa puissance. C'est un glaive à deux tranchants. Nous ne l'avons que trop vu au 24 Mai. Le mieux est donc de s'en tenir aux principes. Les mœurs aidant, — et les mœurs finiront par se modeler sur les institutions républicaines, quand nous serons en possession de ces institutions, — ce sont encore les principes, lorsque nos lois en seront fortement imprégnées, qui fermeront le plus sûrement la porte aux révolutions nouvelles et aux coups d'État.

Un de nos anciens amis, que le hasard des choses a mis, pendant un temps, au gouvernement, et qui en a peut-être gardé la nostalgie, nous disait tout récemment : « Comment ! vous songez encore aux libertés communales. Mais il n'y a pas moyen de gouverner avec cela. Ah ! si vous aviez été au pouvoir ! » voilà bien l'éternelle chanson. Si vous aviez été au pouvoir ! N'est-ce-point là cet empoisonnement dont parle Tacite, l'empoisonnement du pouvoir ?

« Vous voulez, ajoutait cet ancien ami, réagir contre votre propre principe, contre l'idée de centralisation, contre ce qui est votre force et votre honneur ! »

C'est là un de ces préjugés que la simple étude des faits suffirait à mettre à néant. Malheureusement, en France, nos hommes d'État ne se donnent guère la peine d'étudier. Un orateur s'est écrié un jour, du haut de la tribune, en parlant de la centralisation administrative : « Cette belle conquête de la Révolution ! » Et depuis on l'a cru sur parole. Ne voyons-nous pas tous les jours des publicistes, appartenant à toutes les écoles, mettre sur le compte de la Révolution, soit pour l'en blâmer, soit pour l'en louer, le principe d'autorité poussé à outrance ? « C'est l'idée jacobine, » disent-ils et ils croient avoir tout dit.

Il n'y a qu'un mot à répondre à cela. C'est du club des Jacobins que sont sorties les deux constitutions les plus décentralisatrices que nous ayons eues, nous pouvons même dire les deux seules, celle de 1791 et celle de 1793. Ces deux constitutions, si empreintes du génie de la liberté, y ont été élaborées et longuement discutées avant de passer par la sanction de la Constituante et de la Convention. Lorsque, dans une mesure bien faible encore, on en revint aux idées d'autorité ; lorsque, par la Constitution de l'an III, on commit la faute inexcusable de mutiler le suffrage universel et de rétablir le cens, la fameuse Société n'existait plus, elle avait été tuée par la réaction thermidorienne.

C'est donc le cas de rendre à César ce qui appartient à César, et à la Révolution ce qui est bien à elle, ce qui est son honneur et sa gloire : l'affranchissement de la commune dans la mesure compatible avec l'unité nationale. Quant à la centralisation administrative, c'est purement et simplement une institution de l'ancien régime, comme nous allons le démontrer par une étude rapide de l'état de nos communes avant la Révolution.

Il était fort de mode, du temps que florissait cette fameuse ligue de Nancy où les Buffet et les de Broglie avaient fait alliance avec quelques républicains douteux, de parler avec enthousiasme des antiques franchises de nos provinces. On ne tarissait pas en éloges sur les quelques pays d'État où des assemblées locales avaient conservé le privilége de voter les impôts. Mais en examinant de près les choses, on est obligé de rabattre singulièrement de ses illusions, surtout quand on voit qu'il suffisait d'un arrêt du Conseil pour annuler toutes les délibérations de ces fictions d'assemblées.

Ce qui était vrai, c'est qu'il y avait dans la constitution politique du pays une véritable cacophonie. De province en province, de ville en ville, les formes variaient, les pouvoirs locaux changeaient de nom; mais partout même servitude et même dépendance. Il y avait dix Frances dans la France, avons-nous écrit quelque part : celle du droit romain et celle du droit coutumier ; celle des pays d'obédience et celle du concordat papal ; il y a avait la France des pays d'États et celle des pays d'élection ; la France des gabelles et la France rédimée. L'étranger qui voyageait dans notre France du dix-huitième siècle, soumise à tant de juridictions diverses, coupée de tant de douanes intérieures, ne pouvait certainement s'imaginer, en parcourant nos provinces hétérogènes,

qu'elles formassent la même nation. De village en village, de province en province, les lois, les mœurs, les
coutumes et la langue changeaient ; seules, nous le
répétons, la servitude et la dépendance étaient les
mêmes partout. Voilà la vérité.

Le temps était loin des fortes communes du moyen
âge, qui s'administraient librement, même au point
de vue politique. Elles avaient disparu, les unes
noyées dans le sang, les autres sous l'action lente et
dissolvante du pouvoir central. Depuis Louis XI les libertés communales n'étaient plus qu'un mot. Il y avait
des franchises nominales, voilà tout. Le roi Louis XIV
finit même par abolir un jour toutes les élections,
pour mettre les fonctions municipales en offices et
vendre à certains habitants le droit de gouverner les
autres. Plus tard, ayant besoin d'argent, il revendit
aux villes, moyennant finances, le droit d'élire leurs
magistrats, droit qu'il n'hésitait pas à leur reprendre,
pour le leur vendre de nouveau, quand il était pressé
d'argent, ce qui lui arrivait souvent. Sept fois, durant
son règne, il recommença ce manége.

Mais tout cela ne donnait aucune liberté communale
réelle. Les corps élus étaient une sorte d'oligarchie,
dure souvent au pauvre peuple, mais d'une servilité
à toute épreuve à l'égard du pouvoir central ou de ses
représentants.

« Nous n'avons jamais résisté à vos volontés, monseigneur, écrivaient des officiers municipaux à nous
ne savons plus quel intendant.

« Nous vous prions très-humblement, monseigneur,
de nous accorder votre bienveillance et votre protection. Nous tâcherons de ne pas nous en rendre indi-

gnes par notre soumission à tous les ordres de Votre Grandeur...» Ne dirait-on pas d'un conseil municipal du premier empire, à genoux devant le préfet impérial.

En résumé une commune, ou plutôt une paroisse, comme on disait alors, n'était, suivant l'expression de Turgot, qu'un assemblage de cabanes et d'habitants non moins passifs qu'elles. Organes du conseil et des ministres, les intendants exerçaient un pouvoir discrétionnaire, et la main de fer du gouvernement se faisait sentir partout.

Les habitants avaient bien le droit d'élire leurs magistrats ; seulement, c'était l'intendant qui recommandait le candidat agréable à l'autorité. Ne reconnaissez-vous pas là les pratiques du second empire ? Il y avait mieux : c'est que, lorsque le candidat élu déplaisait à l'administration, l'intendant cassait l'élection et nommait lui-même un officier municipal de son choix. C'était charmant !

Il n'était si petite affaire dans laquelle l'État n'intervînt d'une façon souvent ridicule. Rien ne pouvait se faire sans un arrêt du conseil ou une autorisation de l'intendant. Aucun bourg, ville ou village ne pouvait vendre, affermer, hypothéquer des biens communaux, établir une contribution, réparer une école, une route, une église, sans y être dûment autorisé. Et Dieu sait quelles étaient les lenteurs administratives ! Tel bâtiment dont la réparation aurait coûté une centaine de livres, d'après les devis primitifs, exigeait quelquefois une dépense de plus de quatre cents livres quand l'autorisation arrivait, parce que les dégâts s'étaient accrus dans l'intervalle. C'était absolument comme de nos jours.

Voulez-vous savoir comment on traitait les officiers municipaux de l'époque, lorsqu'ils faisaient mine de résister aux moindres caprices du dernier agent des l'autorité centrale, du subdélégué par exemple, qui s'appelle aujourd'hui le sous-préfet? lisez ces quelques lignes écrites en 1750 par un intendant à poigne : « J'ai fait mettre en prison quelques principaux des communautés qui murmuraient, et j'ai fait payer à ces communautés la course des cavaliers de la maréchaussée, — comme qui dirait des gendarmes. — Par ce moyen, elles ont été facilement matées. » N'y a-t-il pas là de quoi faire mourir de jalousie quelque Ducros de nos jours ? Il nous serait facile de multiplier ces exemples. Qu'on cesse donc de nous vanter nos antiques franchises provinciales.

Nous le répétons, les franchises municipales étaient devenues pour la monarchie un objet de trafic, et le roi, dans l'intérêt de ses plaisirs, pouvait en tirer parti à son aise, attendu quelles n'étaient jamais que nominales. On n'appelait pas encore cela de la tutelle administrative, mais si le mot n'y était pas, la chose y était, et le poids d'une administration paperassière, tatillonne, jalouse de la moindre de ses prérogatives, pesait sur nos villes, bourgs et villages tout aussi lourdement qu'aujourd'hui.

Toute la vie nationale était en quelque sorte concentrée dans le cabinet du contrôleur général. Il était temps que la Révolution intervînt.

Nous dirons comment de ces diverses provinces, qui avaient l'air d'être étrangères les unes aux autres, mais qui gémissaient toutes sous le même despotisme écrasant, elle sut faire la France, constituer la patrie, et comment aussi elle brisa cette centralisation administrative qui absorbait toutes les communes et paroisses de France. Ce sera sa gloire suprême et son honneur éternel d'avoir décrété les franchises municipales, en créant l'unité française, et d'avoir compris que la commune libre était une des premières conditions de la liberté d'un peuple.

III

On vient de voir ce que valait le régime municipal en France sous l'ancien régime.

Au moment où la Révolution, préparée de longue date par les esprits supérieurs du dix-huitième siècle, éclata tout à coup comme un coup de tonnerre, la France était certainement le pays où la vie politique était le plus complétement éteinte, tant le gouvernement avait pris l'habitude de penser et d'agir pour tout le monde.

Dans les derniers temps de la monarchie, un édit royal avait créé des assemblées paroissiales et municipales, des assemblées de district et des assemblées provinciales dans toutes les généralités du royaume. Les défenseurs du trône et de l'autel ne se sont pas fait faute de revenir à satiété sur cet édit, devenu presque légendaire, pour essayer de prouver que la vieille monarchie française, au moment de sa chute, était toute disposée à entrer d'elle-même dans les voies les plus libérales.

Eh bien ! il n'y avait là qu'un trompe-l'œil, une hypocrisie de la liberté.

En veut-on l'irréfragable preuve? D'abord, l'ancienne séparation des ordres et l'inégalité en matière d'impôts étaient précieusement conservées. Uniquement chargées de la répartition et de l'assiette des impositions foncières et mobilières, les assemblées provinciales ne pouvaient agir et délibérer que sous le bon plaisir du roi et l'autorité de son Conseil, et la présidence en était exclusivement confiée à un membre du clergé ou de la noblesse. Quant à l'assemblée paroissiale ou municipale, elle était sous la domination à peu près absolue du seigneur, qui, ainsi que le curé, en faisait partie de droit. De plus, assemblées provinciales et paroissiales ne pouvaient être formées que de gros propriétaires,

C'en est assez, nous le supposons, pour réduire à sa juste valeur une institution si peu animée du souffle de la liberté, et qui n'avait donné aucun résultat satisfaisant quand se produisit le grand mouvement libérateur de 1789. Il n'existait plus alors, en réalité, aucune institution libre dans notre pays.

« Les municipalités sont d'autant plus importantes qu'elles sont la base du bonheur public, le plus utile élément d'une bonne constitution, le salut de tous les jours, la sécurité de tous les foyers, en un mot, le seul moyen d'intéresser le peuple tout entier au gouvernement et de préserver les droits de tous les individus. » Ces paroles de Mirabeau sont les premières qui aient été prononcées dans l'Assemblée constituante au sujet de la nouvelle organisation communale à donner au pays, organisation dont chacun comprenait la pressante nécessité.

Un des coryphées du parti qu'on appela le « parti

constitutionnel », de ce parti dont les membres pensaient que le gouvernement devait être le souverain dispensateur de toutes choses, Mounier, demanda tout effaré si on voulait créer des États dans l'État et multiplier les souverainetés. — Non, toute municipalité restera subordonnée au grand principe de la Représentation nationale, où elle trouvera sa sauvegarde et sa garantie. Seulement, les localités érigés en communes s'appartiendront tout entières en ce qui concerne leur administration particulière. — Tel fut le sens de la réponse du puissant orateur, qui venait de définir, en quelques mots, ce que devait être la commune sortie des entrailles de la Révolution.

Une considération de premier ordre frappa tout d'abord l'esprit des hommes chargés d'élaborer l'œuvre de la Constitution. Était-il prudent de prendre pour type de la nouvelle commune, l'ancienne circonscription paroissiale? Ne verrait-on point les municipalités être, comme l'étaient autrefois les administrations paroissiales, entièrement à la merci des seigneurs, des curés ou de quelques notables? » Qu'attendre de ces administrations trop faibles pour se conserver indépendantes? s'écriait Thouret, au nom du comité de constitution. Sous l'empire de cette crainte si justifiée, il proposa de diviser la France en sept cent vingt grandes municipalités et de remplacer toutes les administrations villageoises, alors existantes, par de simples agences municipales.

Si ce système présentait des avantages sérieux, il avait aussi de graves inconvénients : il plaçait le chef-lieu de la commune beaucoup trop loin de diverses sections dont elle se composait ; la famille communale se trouvait entièrement détruite. L'Assemblée, au lieu de prendre un terme moyen qui conciliât les avantages d'une administration municipale plus large et plus indépendante avec l'autonomie de la petite patrie communale, se borna à doter d'une municipalité chaque ville, bourg, village ou communauté de campagne.

Chacune de ces municipalités comprenait : 1° un corps municipal proprement dit, divisé lui-même en conseil et en bureau ; 2° un conseil général de la commune, formé d'un nombre de notables double de celui du corps municipal. Corps municipal et conseil général étaient nommés par les citoyens actifs de la commune. Auprès de ces municipalités, il y avait un magistrat tout spécial, également élu, qu'on appelait le procureur de la commune sans voix délibérative, et uniquement chargé de défendre les intérêts et de poursuivre les affaires de la commune.

Les attributions des nouveaux corps municipaux étaient doubles : les unes, propres au pouvoir municipal ; les autres, à l'autorité centrale, dont ces corps devenaient les délégués. Ils administraient, sous la surveillance et l'inspection des assemblées administratives du département, les biens de la commune, dirigeaient les travaux, étaient chargés de la police, répartissaient les contributions directes entre les citoyens de la communauté et en opéraient la perception. Comme on le voit, l'affranchissement n'était pas complet puisque les délibérations de l'assemblée municipale restaient soumises à l'approbation de l'administration élective du département ; mais enfin, la commune échappait à l'action directe dn pouvoir central; c'était un grand pas de fait vers l'indépendance et la liberté.

A la tête de ces municipalités dont le nombre ne s'élevait pas alors à moins de quarante-quatre mille, l'Assemblée plaça un magistrat revêtu d'un caractère double, comme la municipalité dont il était le chef, c'est-à-dire qu'il fut en même temps gérant des intérêts de la commune et délégué du pouvoir central. Ce magistrat reçut le nom de maire.

Il était à craindre qu'ayant à sauvegarder à la fois les intérêts particuliers de la commune et les intérêts généraux de l'État, il ne sacrifiât ceux-là à ceux-ci, étant donné cette tendance en quelque sorte fatale des hommes investis de quelque fonction à se laisser entraîner par l'esprit de domination et à trop pencher du côté de l'autorité centrale. Mais on avait sagement paré à ce danger en faisant sortir le maire de l'élection populaire, comme ses collègues du corps municipal. L'assemblée primaire de la commune demeurait toujours maîtresse de son choix; c'était là un correctif puissant.

Il y avait, à coup sûr, dans l'éparpillement de ces quarante-quatre mille municipalités, des inconvénients graves, dont le moindre n'était pas le recrutement du personnel. Tel était l'état d'ignorance où le pays se trouvait encore plongé par l'incurie des gouvernements monarchiques qui s'étaient succédé en France, que dans vingt mille communes il était impossible de rencontrer des officiers municipaux sachant lire et écrire.

Ne pouvait-il arriver que, dans la plupart de ces petites communautés, si arriérées encore, quelque

gros personnage, influent par sa fortune, ne s'érigeât
en dominateur et ne gouvernât despotiquement la
commune, à l'instar de l'ancien seigneur? Ce danger,
signalé à diverses reprises, devait nécessairement
attirer la sollicitude de la Convention nationale.

Voyons ce que fit l'immortelle Assemblée.

IV

La question des municipalités, à laquelle la liberté
communale est si intiment liée, fut de nouveau remise
sur le tapis lors des discussions auxquelles donna
lieu, à la Convention nationale, la Constitution de 1793,
qui ne fut jamais appliquée, comme on sait.

Un certain nombre d'orateurs critiquèrent vivement
l'œuvre de l'Assemblée constituante, parce qu'ils
voyaient dans l'éparpillement d'un si grand nombre
de municipalités une cause de faiblesse pour la République, et qu'il leur semblait difficile de rencontrer
au sein d'une foule de communes si peu peuplées un
personnel suffisant d'administrateurs capables.

D'autres, au contraire, engagèrent avec non moins
d'énergie la Convention à respecter la petite famille
communale, à la laisser telle que sa devancière l'avait
constituée. L'instruction n'était pas encore très-répan-
due, disaient-ils ; mais le patriotisme en tenait lieu ;
et ils s'efforcèrent de démontrer que depuis la Révolution, les esprits s'étaient singulièrement éclairés dans
les campagnes. Si l'instruction laissait encore beaucoup à désirer, l'éducation civique était faite.

Et, de fait, il n'y eut jamais autant de vie dans nos

communes rurales que depuis les jours de la Fédération de 1790 jusqu'en 1794.

La Constitution de 1793 se borna à laisser les choses dans l'état. Elle maintint une administration municipale dans chaque commune de la République, sans rien innover à l'égard de la commune. Elle réalisa toutefois un grand progrès en rendant publiques les séances des municipalités ; progrès qui, du reste, est resté lettre-morte jusqu'a ce jour.

Quoi qu'il en soit, la question d'une nouvelle division communale était toujours en suspens lorsque la Convention tomba en pleine réaction thermidorienne. L'organisation municipale fut profondément modifiée par la constitution de l'an III.

Excepté dans les villes de 5,000 à 10,000 habitants, qui conservèrent une administration particulière, la municipalité fut transférée au canton. Dans chaque commune ayant moins de cinq mille habitants, il n'y eut plus qu'un simple agent municipal. La municipalité cantonale se trouva formée de la réunion des divers agents communaux du canton.

Avec la constitution de l'an III, qui avait mutilé le suffrage universel, consacré par la Constitution de 1793, nous voyons déjà reparaître les tendances autoritaires. Les nouvelles municipalités ne sont plus seulement subordonnées aux administrations électives du département ; le Directoire a le droit d'annuler leurs actes et de les destituer. Toutefois, le principe de l'élection était soigneusement maintenu ; chaque municipalité élisait son président pour deux ans. Le pouvoir central entretenait seulement, auprès de chacune d'elles, un agent chargé de veiller à ce qu'il ne fût pas porté atteinte aux prérogatives du gouvernement.

Un tel état de choses, après le coup d'État de Brumaire, parut trop conforme encore au génie de la liberté.

Les légistes malhonnêtes, qui avaient préparé de longue main le guet-apens dont le général Bonaparte se trouva appelé à recueillir les plus gros profits, comprirent parfaitement qu'il n'était possible de rendre la dictature durable qu'à la condition de détruire, de fond en comble, les institutions libérales sur lesquelles reposait notre organisation départementale et municipale et de mettre à la discrétion absolue du pouvoir central l'administration tout entière du pays.

Les rédacteurs de la loi du 28 pluviôse an VIII, qui rétablit en France la centralisation administrative de l'ancien régime, commencèrent par restituer à toutes les villes, bourgs et villages, une administration municipale particulière. Mais, au lieu de la tirer de l'élection, ils en firent une simple délégation de l'autorité centrale. Les membres des conseils municipaux furent nommés pour trois ans par les préfets, véritables pachas renouvelés des intendants, chargés d'administrer désormais le département. La loi du 16 thermidor an X modifia sensiblement cette nouvelle organisation, mais nullement dans le sens de la liberté ; au contraire. Renouvelés tous les dix ans par moitié, les conseils municipaux ne furent plus qu'une fiction dérisoire de la représentation communale.

Le gouvernement né du crime de Brumaire voulut avoir de plus, dans chaque ville, bourg et village, un agent direct, entièrement à sa dévotion. Cet agent, ce fut le maire, devenu entièrement l'homme-lige du pouvoir central, de qui il tenait toute son autorité, et que l'on vit dès lors administrer la commune, non comme le mandataire de confiance de ses concitoyens, mais comme un véritable tyran au petit pied.

Telle fut cette merveilleuse organisation communale due au génie de Napoléon, disent les adorateurs serviles de la force et de l'autorité, organisation que les autres nations nous envient, à les en croire, mais qu'elles se gardent bien d'appliquer chez elles.

Cette organisation fut simplement la destruction de la commune.

Et savez-vous ce qui en résulta? C'est que toutes les communes de France, qui, pendant les premières années de la Révolution, étaient en quelque sorte revenues à la vie, où l'on avait senti passer comme le souffle ardent des libres communes du moyen âge, tombèrent tout à coup dans une léthargie profonde.

Tout est mort jusqu'à nouvel ordre ; l'originalité native, les aspirations généreuses, la fierté civique, la dignité humaine, plus rien. Chacun est courbé, plié, rampant.

Courtisans, gens en place, fonctionnaires de tout ordre, se vengent de leur platitude en écrasant à leur tour de tout leur poids les masses redevenues plus que jamais taillables et corvéables à merci. La France, mise en coupe réglée, a disparu tout entière dans un homme.

On ne dira jamais assez ce que ce fatal régime de l'Empire a fait de mal à la France. Nous en subissons encore aujourd'hui la désastreuse influence, car, ainsi que nous le démontrerons, la liberté municipale n'a guère avancé depuis soixante-dix-sept ans.

Il est temps, il est temps, comme le demandait M. Jules Simon avec nous, d'affranchir la commune.

V

Aux termes de la loi du 28 pluviôse au VIII, complétée par le sénatus-consulte du 16 thermidor an X, les municipalités ne furent plus, à proprement parler, qu'une sorte d'annexe des administrations préfectorales.

Le principe électif, consacré par la Révolution, a complétement disparu. La nomination des maires et des adjoints appartient désormais au gouvernement; les conseillers municipaux eux-mêmes sont, en réalité, nommés par les préfets. En un mot, la commune est tout entière dans les mains de l'État.

Aussi vit-on, pendant toute la durée du premier Empire, les conseils municipaux, dociles au moindre signe ministériel, se traîner de platitude en platitude, de bassesse en bassesse. Les communes rurales, notamment, ne furent plus, comme au temps de Turgot, qu'une agglomération de cabanes, de chaumières, sans lien, sans force, sans vie.

Partout l'inertie et le silence. Voilà pourtant ce que les théoriciens du principe d'autorité ont appelé « rétablir l'ordre comme par enchantement, et faire de la France le pays le mieux administré et le plus civilisé du monde entier. » *Ubi solitudinem faciunt pacem appel-*

lant. Ce qu'ils baptisent du nom de paix n'est que la tranquillité des tombeaux.

Deux ordonnances de la Restauration détendirent légèrement l'abrutissant système imaginé par les législateurs du premier Empire ; mais il fallut arriver jusqu'à la Révolution de 1830 pour se rapprocher, de très-loin encore, des véritables principes.

Les lois du 21 mars 1831 et du 18 juillet 1837 rendirent aux électeurs de la commune la nomination des membres des conseils municipaux, et augmentèrent les attributions de ces assemblées ; mais avec quelle parcimonie !

Ainsi, le droit électoral n'était accordé qu'aux citoyens les plus imposés et à certaines catégories de personnes pourvues d'un diplôme ou pouvant justifier de services, soit militaires, soit administratifs. Quant au citoyen pauvre et intelligent, il ne comptait pas ; c'était une non-valeur.

Le pouvoir central conservait dans ses attributions la nomination des maires et des adjoints ; seulement, il était astreint à les choisir parmi les membres du conseil municipal.

Cet état de choses dura jusqu'à la Révolution de 1848. A cette époque, le principe du suffrage universel, récemment décrété, fut appliqué aux élections des conseils municipaux. De plus, l'Assemblée constituante enleva à l'autorité supérieure, pour la remettre au Conseil municipal lui-même, la nomination des maires et des adjoints, excepté dans les chefs-lieux de département et d'arrondissement et dans les communes de plus de 6,000 âmes. La sollicitude pour les franchises municipales ne s'étendit guère au delà, et ce fut à peine si l'on songea à retirer les communes de l'étroite dépendance où elles étaient plongées.

Le système inauguré par l'Assemblée constituante parut beaucoup trop libéral au second Empire. Après le coup d'État de Décembre, on se hâta d'en revenir à la loi de 1831 aggravée. Les maires et adjoints durent être nommés désormais par le chef de l'État dans les chefs-lieux de département et d'arrondissement, ainsi que dans toutes les communes d'une population supérieure à trois mille habitants, et par le préfet dans toutes les autres communes. Maires et adjoints pouvaient être pris en dehors du conseil municipal. Quant au suffrage universel, il fut respecté, sûr qu'on était de le faire manœuvrer avec la régularité d'un feu de peloton.

Nous avons dit comment cet état de choses avait été modifié par l'Assemblée de 1871 et par la Chambre des députés actuelle. Aujourd'hui, en vertu de la loi provisoire qui régit la matière, le gouvernement nomme les maires dans tous les chefs-lieux de département, d'arrondissement et de canton. Il est seulement obligé de les prendre dans le conseil municipal. Partout ailleurs, c'est-à-dire dans toutes les petites communes, le conseil municipal choisit lui-même dans son sein le premier magistrat de la commune. Et cela semble encore diabolique aux théoriciens farouches du principe d'autorité.

Aux termes de la loi, le maire est investi d'attributions doubles : il est à la fois le représentant de la commune et l'agent du pouvoir central. Mais, n'en déplaise à la théorie exposée dernièrement par M. de Marcère, qui mettait la charrue avant les bœufs, il est, avant tout,

le représentant de la commune, ce qui ne l'empêche
pas, d'ailleurs, d'être en même temps sous la dépendance de l'État comme délégué de l'autorité centrale et
sous sa surveillance comme gérant des affaires de la
commune. Aussi est-il en réalité peu de chose. Il a bien
le droit de prendre, de son propre mouvement, certains arrêtés, comme ceux qui concernent la police municipale ; mais ces arrêtés, le préfet peut toujours les
annuler. Dans la plupart des cas les arrêtés du maire
ne sont exécutoires qu'à la condition d'avoir été ap-
prouvés par le préfet. Il n'est pas jusqu'au simple
garde champêtre de la commune dont la nomination
ne soit subordonnée à l'agrément de l'administration
supérieure. Le véritable maire d'une commune, dans
l'état actuel, c'est le préfet.

Voilà pour les maires.

Mais, comme nous avons eu soin de le faire remarquer, ce n'est là qu'un des côtés de la question. Le
point important, c'est celui des attributions du Conseil municipal, et c'est là que se découvre dans toute
sa splendeur l'asservissement où sont plongées nos
communes.

S'agit-il du mode d'administration des biens communaux, de baux à terme ou à loyer d'une durée de
dix-huit ans au plus pour les biens ruraux et de neuf
ans pour les autres, des affouages, en se conformant
aux lois forestières, et de la jouissance et répartition
des pâturages et fruits communaux autres que les
bois ? le Conseil municipal a un droit de réglementation ; mais sa délibération ne devient exécutoire qu'au
bout d'un mois, si, dans cet intervalle, il n'a point
plu au préfet de l'annuler.

S'agit-il, au contraire, du budget et des revenus de la commune, des acquisitions, aliénations, échanges et améliorations des propriétés communales, de la délimitation ou du partage de biens indivis, des baux à ferme ou à loyer de plus de dix-huit ans pour les biens ruraux et de plus de neuf ans pour les autres, des gros travaux à entreprendre dans la commune, de l'ouverture des rues et des plans d'alignement, du parcours et de la vaine pâture, de l'acceptation des dons et legs à la commune ou aux établissements communaux, des actions judiciaires, de tout ce qui, en un mot, constitue la vie communale? oh! alors, le Conseil municipal a les mains complétement liées. Il ne peut rien, si ce n'est prendre une délibération qui ne devient exécutoire qu'après avoir été approuvée, selon les cas, par le préfet, le ministre compétent ou le chef de l'Etat.

Enfin, dans une foule d'autres cas d'intérêt local et où l'existence même de la commune n'est pas moins intéressée, circonscriptions relatives au culte ou à la distribution des secours publics, acceptation de dons et legs aux établissements de bienfaisance et de charité, etc., etc., le Conseil municipal n'a le droit que de donner un simple avis. Quelle dérision !

Il y a peu de pays où la commune soit soumise à de semblables humiliations et tenue dans un pareil esclavage.

Citons quelques faits pour édifier complétement nos lecteurs sur l'absolue nécessité d'une refonte complète de nos institutions municipales.

La liberté individuelle, avons-nous dit au commencement de ce travail, est intimement liée à la liberté communale. Un préfet tient à la fois dans ses mains le sort de l'individu et celui de la commune.

L'habitant d'une commune française veut-il ouvrir un débit de boissons? Il lui faut l'autorisation préfectorale. Question de faveur. Aussi avons-nous vu, en temps d'élection, sous le dernier Empire par exemple, les autorisations pleuvoir, comme par enchantement, sur telle commune bien pensante, tandis que dans telle autre commune, soupçonnée d'être favorable au candidat de l'opposition, certains débits de boissons étaient impitoyablement fermés. Car, en vertu d'un décret de 1851, un préfet a droit de vie et de mort sur ces sortes d'établissements.

Nous savons une commune d'un de nos plus importants départements où deux jeunes gens, nouvellement mariés, avaient ouvert à grands frais un café. Ils y avaient mis tout ce qu'ils possédaient, une vingtaine de mille francs. Ils étaient de mœurs irréprochables, jouissaient de la meilleure réputation.

Un jour leur établissement fut brusquement fermé. Qu'était-il donc arrivé? Avaient-ils commis quelque contravention? Nullement. Leur maison avait-elle été le théâtre de quelque rixe? En aucune façon. La femme avait simplement eu maille à partir, pour affaire toute privée, avec une femme du pays à laquelle le maire portait quelque intérêt. Et il avait suffi d'un mot de ce maire, gros propriétaire, personnage titré, pour que l'établissement fût fermé par un arrêté du préfet. C'était la ruine pour ces malheureux jeunes gens.

Vainement le Conseil municipal tout entier avait réclamé contre cet acte arbitraire, l'autocrate départemental s'était montré inflexible. Il y avait dix-huit mois que cet état de choses durait quand nous eûmes l'occasion de visiter la commune où s'était passé ce fait incroyable.

Voilà pour la liberté individuelle et le respect de la propriété.

Quant à l'association communale, comme on le verra, elle n'est guère plus favorisée que l'individu.

VI

« Après la famille, ce que nous aimons le plus c'est la commune », a dit le sénateur Batbie, à une époque où il ne songeait pas encore à devenir un des piliers de l'ordre moral.

La commune, en effet, c'est, comme nous l'avons dit, la patrie en raccourci. Eh bien ! il n'y a pas de pays au monde où la législation ait plus fait que dans le nôtre pour supprimer la vie communale.

Nous aimons la liberté, nous croyons l'aimer, et nous n'avons pas su la fonder encore à la base même de l'édifice social, là où elle est indispensable.

La petite patrie communale est tenue sous un joug de fer, soumise à une servitude véritablement honteuse.

Rien de piteux comme la destinée faite à la commune française.

Veut-elle réparer ses édifices, bâtir une école, ouvrir un chemin, élargir une rue, établir une place publique, accepter un legs de quelque donateur généreux, il lui faut, suivant les cas, comme on l'a vu plus haut, l'autorisation du préfet, du ministre compétent ou celle du chef de l'Etat.

De par la sagesse de nos classes dirigeantes, tous les administrateurs élus de nos communes de France, depuis la moindre bourgade, jusqu'à la ville la plus importante se trouvent *à priori* frappés d'incapacité administrative, Il a été admis que certains personnages, qui vivent parfois à deux ou trois cents lieues de telle ou telle commune, sont plus aptes du fond de leurs bureaux et les pieds sur leurs chenets, à décider des destinées de cette commune que les administrateurs locaux appelés par la confiance de leurs concitoyens à veiller sur ses intérets. Impossible de fouler plus insolemment aux pieds la raison, le bon sens et l'équité.

Aussi qu'est-il arrivé ? c'est que généralement les choses ont été tout de travers.

Comment! les administrateurs élus d'une commune, quelle que soit d'ailleurs l'ignorance que vous leur supposiez, ne seraient pas plus capables de décider en dernier ressort des propres affaires de la patrie communale que tel préfet ou tel chef de bureau qui n'y entend rien et qui, la plupart du temps, y est fort indifférent?

Allons donc! Cela est inadmissible.

Vous craignez que ces administrateurs ne gèrent mal, ne compromettent les intérêts communaux! En quoi cela vous regarde-t-il du moment où il ne s'agit que d'une question purement locale? C'est affaire aux électeurs communaux. A eux de mieux choisir leurs mandataires. Mais non : cette tendre sollicitude ne sert qu'à dissimuler les âpres convoitises du pouvoir et son désir immodéré de ramener tout à lui. Vos vues ne vont pas au delà de l'intérêt gouvernemental électoral. C'est pour cela qu'il vous faut la commune esclave. Vous avez peur de la liberté comme les hiboux ont peur de la lumière.

Si encore l'administration supérieure s'entendait à bien conduire les affaires communales! Malheureusement certaines influences particulières pèsent trop souvent sur ses décisions, quand ces décisions ne sont pas abandonnées à la nonchalance et à l'indifférence de quelque subalterne.

Veut-on un exemple frappant des abus de notre admirable centralisation administrative?

Il y a quatre ans, un riche banquier d'une de nos plus importantes communes de la région du Nord laissait en mourant, un legs considérable à sa ville natale. Pour une foule de raisons, dont il serait superflu d'entretenir ici nos lecteurs, ce legs devait être sacré! Le Conseil municipal de la commune. en question l'accepta par une délibération fortement motivée. Notez que ce conseil est composé d'hommes éclairés, irréprochables; il compte dans son sein des députés et des conseillers généraux; il offre toutes les garanties possibles d'indépendance, de désintéressement et d'impartialité; et sans aucun doute, il aurait repoussé un legs qui n'eût pas présenté un caractère absolument légal ou qui eût été préjudiciable à la famille du donateur.

Eh bien! malgré tout cela l'intérêt individuel a été plus puissant que l'intérêt général. Grâce à de hautes influences particulières, le pouvoir central, se moquant absolument des volontés sacrées d'un mourant,

a refusé net de ratifier la délibération portant acceptation de ce legs. Et voilà comment, de par le bon
plaisir de l'administration supérieure, une commune
a été frustrée d'une libéralité sur laquelle elle comptait pour améliorer ses écoles et donner plus d'exten-
sion à ses établissements de bienfaisance.

Citons encore, dans un autre ordre d'idées, un
exemple non moins frappant des vices et des inconvénients de notre système administratif.

Pendant la dernière guerre, la petite ville de Péronne, perdant, hélas ! un surnom qu'elle avait de
commun avec notre Jeanne Darc, était occupée par
l'ennemi, après avoir vu une partie de ses maisons et
ses hospices entièrement détruits par les bombes allemandes.

La guerre finie, il s'agissait de la relever de ses
ruines. Pour les propriétés particulières, nulle difficulté, si les intéressés avaient entre les mains des
avances qui leur permissent d'attendre les indemnités
auxquelles ils avaient droit. Mais il n'en était pas de
même pour les édifices communaux. Impossible, sans
une permission de l'administration supérieure, de
toucher à une pierre des hospices écroulés. Or, nous
avons dit les lenteurs désespérantes des formalités
administratives. Qu'allaient devenir de nombreux
malades soignés dans les hospices de la ville, en attendant qu'il plût à l'autorité centrale d'envoyer l'autorisation de les reconstruire ?

Péronne avait alors un maire bonapartiste, très-
réactionnaire, mais habile administrateur. Connaissant, pour l'avoir pratiquée depuis vingt ans, l'administration supérieure, ce maire prit un parti héroïque.

Fort de l'assentiment de son conseil municipal, il adressa à l'autorité compétente la demande d'autorisation, et, sans attendre la réponse, il mit tout de suite les maçons à l'œuvre.

Dix-huit mois après, alors que les hospices étaient réédifiés, les malades réintégrés dans leurs lits, arriva un inspecteur attaché au ministère des travaux publics.

— Monsieur, dit-il au maire, vous avez demandé l'autorisation de reconstruire les hospices de la ville. Je viens m'enquérir des travaux à exécuter et prendre connaissance des devis.

— Ah ! fort bien, monsieur l'inspecteur, répondit en souriant notre maire, et il le mena sur les lieux voir les hospices de la ville se dressant tout flambant neufs sur des ruines accumulées par la guerre. — Si j'avais attendu votre autorisation, ajouta-t-il, nous en aurions eu pour deux ans encore, et pendant près de quatre ans nos malades seraient restés sans asile.

L'inspecteur ne put s'empêcher de rire du bon tour que le maire de Péronne avait joué à l'administration. C'était un homme d'esprit.

Quant au maire, reçut-il les félicitations de ses supérieurs hiérarchiques ? Nous n'en savons rien. Mais il est à croire qu'il eût été vertement tancé, et peut-être poursuivi, s'il n'avait pas été aussi bien en cour.

Les deux exemples que nous venons de citer prouvent, mieux peut-être que toutes les dissertations du monde, l'état de servitude et, disons le mot, d'avilissement dans lequel sont tenues nos communes.

Comment voulez-vous que les hommes qui vivent toute leur vie au fond des campagnes, dans ces communes esclaves, aient eux-mêmes une notion bien nette de la liberté ?

— Ah ! nous disait un jour un citoyen d'un pays vraiment libre, devant lequel nous venions de tracer le tableau sombre de l'oppression où végètent nos communes, je ne vous comprends pas, vous autres Français. On dit que vous êtes ingouvernables. Vos communes ont une patience d'ange. Mais nous qui passons pour des hommes doux et tranquilles, nous mettrions tout à feu et à sang si nous étions traités comme vous l'êtes.

Cette longue patience de nos serfs modernes n'empêche pas nos prétendus libéraux de pousser des cris d'effroi quand on leur parle de l'émancipation des communes. Ce n'est pas un ministre sorti de nos classes dirigeantes qui s'exprimerait comme le ministre de l'intérieur du gouverneur britannique, M. Cross, vient de le faire dans un meeting à Birmingham :

« Je suis partisan déclaré du self-government des municipalités ; je crois que c'est la meilleure sauvegarde pour la liberté. » C'était parler d'or.

L'égoïsme des classes dirigeantes et la passion féroce de gouverner dont sont saisis la plupart de ceux qui en France, arrivent au pouvoir ont été, jusqu'ici, l'insurmontable obstacle au triomphe des franchises municipales. C'est cet obstacle qu'il faut briser.

La liberté communale, nous le répétons, est le corollaire indispensable de la liberté nationale.

Nous n'aurons pas de peine à prouver que ces deux libertés sont faites pour vivre ensemble, et que seules, appuyées l'une sur l'autre, elles peuvent assurer la grandeur et la durée de la République.

9

VII

Qui va doucement va sainement, dit le proverbe italien.

Si ce proverbe est vrai, la Chambre des députés actuelle nous ménage une saine existence, car on ne lui reprochera pas de brusquer les choses.

Il y a plus d'un an qu'elle est en fonction, et c'est hier seulement que la commission chargée par elle d'examiner le projet de loi sur l'organisation municipale a distribué son rapport sur la première partie de son travail, c'est-à-dire sur celle qui a trait aux élections municipales, à la composition des conseils municipaux et aux assemblées de ces conseils. C'est la matière des deux premiers titres. Quant au reste, c'est-à-dire tout ce qui concerne la nomination des maires et des adjoints et leurs attributions, les attributions des conseils municipaux, la formation des communes, l'administration des biens et des revenus communaux, tout cela est encore dans les limbes et viendra quand il plaira aux travailleurs acharnés de nos commissions parlementaires.

En attendant, il y a encore de beaux jours pour cette centralisation administrative contre laquelle le rapporteur du projet de loi concernant les élections municipales et les conseils municipaux avait fait autrefois le serment d'Annibal. Mais on sait ce que valent les serments, d'où qu'ils viennent.

Vainement objectera-t-on que la matière est importante, qu'on ne saurait la traiter avec trop d'attention, qu'à aller trop vite en besogne on risquerait d'étrangler la question et de compromettre les intérêts de nos communes.

Ce serait là une objection dérisoire. Ce qui est énervant pour nos communes, ce qui est compromettant pour leurs intérêts, c'est l'incertitude qui pèse sur leurs destinées, c'est l'état de servage où elles sont toujours maintenues, c'est la perspective peu riante de demeurer éternellement soumises à la tutelle administrative et à l'arbitraire préfectoral.

Nous avons longuement étudié déjà cette grave question municipale, la plus importante peut-être de toutes les questions auxquelles est intéressée la vie des peuples, puisque, nous le répétons, la liberté d'un pays est en raison directe de celle dont jouissent ses communes. Nous avons dit ce qu'avait été notre organisation municipale sous l'ancien régime ; dans quelles mesures nos communes avaient été affranchies par la Révolution ; comment elles étaient retombées sous le joug impitoyable de l'administration avec le rétablissement du pouvoir personnel ; ce qu'était aujourd'hui leur organisation, et nous avons donné à entendre ce qu'elle devrait être chez une nation où la liberté ne serait pas un vain mot.

Il n'y a rien de nouveau sous le soleil, surtout en matière d'organisation communale. Il n'y avait qu'à emprunter des anciennes lois et des anciennes discussions, où tous les systèmes ont été élaborés, ce qui était favorable à la liberté, et à laisser de côté ce qui y était contraire. Pour cela, il ne fallait ni des années ni des mois ; quelques semaines suffisaient. Que

notre Chambre des députés actuelle ne s'inspire-t-elle
un peu plus de la grande Assemblée constituante de
1789, qui, en deux ans, a renouvelé la face du
monde ?

Les membres de la commission municipale parlementaire ont d'ailleurs si peu cherché à faire du nouveau, que leur timide élucubration, faite de pièces et
de morceaux, est presque tout entière tirée de nos
lois anciennes, dans un sens qui ne saurait avoir rien
de désagréable aux de Broglie et aux Buffet. On y voit
notamment qu'ils visent encore certains articles du
décret organique du 2 février 1852, consacrant ainsi,
en quelque sorte, la légalité d'un décret qui prend sa
source dans ce coup d'État de Décembre que M. Pascal Duprat, dans son rapport sur la proposition Mar-
cou, vient de déclarer le plus grand crime qui jamais
ait été commis. Comme c'est logique ! Si le coup d'État
de Décembre est en effet un attentat monstrueux contre
la justice éternelle, il ne faut pas viser ses décrets
dans vos lois.

La lecture des deux premiers titres de la loi nouvelle sur l'organisation municipale n'est pas de nature
à inspirer beaucoup de confiance aux amis de la liberté communale sur le reste du travail de la commission, dont M. Ferry se trouve être rapporteur. Ceux
qui complimentent cette commission d'avoir uniquement puisé aux sources libérales, sont en vérité d'un optimisme à rendre des points à Candide.

Quelle innovation sérieuse apporte-t-elle en faveur
des franchises municipales ? Nous serions curieux de
le savoir.

Elle consacre d'abord le principe de la gratuité des

fonctions municipales, éloignant forcément ainsi des conseils les électeurs trop pauvres pour consacrer pour rien leur temps aux affaires publiques ; elle étend à quatre années la durée des pouvoirs du conseil, mettant en oubli le principe salutaire et démocratique du renouvellement fréquent des assemblées électives ; elle maintient entre les sessions ordinaires et les sessions extraordinaires cette distinction si funeste à l'action et à l'initiative des conseils municipaux ; enfin, et c'est là surtout qu'éclate dans toute sa beauté le libéralisme de cette commission, les assemblées communales pourront être, comme par le passé, suspendues par un arrêté préfectoral et dissoutes par un décret du président de la République.

L'Assemblée monarchique de 1790 n'accordait ce droit exorbitant qu'à la Représentation nationale.

Ce serait à désespérer de la liberté dans notre pays si la Chambre des députés ne modifiait pas radicalement le projet bâtard de sa commission.

Maintenant, que cette commission monte au Capitole et rende grâce aux dieux ; c'est son affaire ; mais, à coup sûr, le pays ne lui tressera pas de couronne civique.

DE L'INCONNU EN POLITIQUE

Où allons-nous? demandais-je ici même, il y a quelques mois.

M. Jules Simon n'était pas encore président du conseil, et son prédécesseur flottait irrésolu, affirmant dans ses discours une politique nettement républicaine, mais la niant en quelque sorte dans la plupart de ses actes ou ne la pratiquant qu'avec une excessive timidité.

En voyant arriver au pouvoir l'auteur de la *Politique radicale*, l'immense majorité du pays, qui a voté pour des candidats dévoués à la République, a éprouvé un tressaillement d'aise. On allait donc sortir de l'inconnu. On ne se flattait pas assurément de voir le nouveau président du conseil appliquer, du jour au lendemain, les principes qu'il avait défendus avec une conviction si ardente. Volontiers tout le monde, dans la démocratie, lui faisait crédit pour quelques mois. On ne lui demandait que d'épurer tout de suite, dans une large mesure, le personnel de l'administration et celui de la magistrature, de casser aux gages, en un mot, tous les fonctionnaires qui s'étaient compromis dans la conspiration monarchique que l'ordre moral avait tendrement abritée.

Les précédents ne manquaient pas. La Restauration, le régime de Juillet, le second Empire et le 24 Mai lui avaient montré la voie à suivre.

On ne peut faire une république sans républicains et sans institutions républicaines. Le tenter, c'est s'exposer aux plus amers mécomptes. L'expérience a coûté cher à M. Thiers.

Que M. Jules Simon y prenne garde. Les retards qu'il apporte à la préparation des réformes nécessaires, la mollesse avec laquelle il a procédé à l'épuration des fonctionnaires hostiles à la République ne sont pas sans jeter l'inquiétude dans une foule d'esprits. L'inaction de la Chambre n'est pas faite pour diminuer le trouble. Il semble qu'on replonge dans l'inconnu, dans l'inconnu en politique, ce terrible malaise qui arrachait, il y a quelque quarante ans, à Lamennais ces paroles si bien applicables à la situation actuelle :

« Lorsqu'une transformation sociale est devenue nécessaire, la vie se retire de ce qui était et se transporte dans ce qui sera, dans ce qui existe au fond des esprits et des mœurs. La sagesse politique commande alors d'oublier ce qui n'est plus, *ce qui ne peut plus être*, pour s'appliquer uniquement à seconder le développement de cet indestructible germe. Combiner le passé avec l'avenir, c'est mélanger la vie et la mort, c'est violer les lois de la nature, par et par conséquent créer un état de malaise et de souffrance en détournant l'humanité de sa voie. Qu'est-ce qui a rendu inévitable les changements qu'on reconnaît devoir s'accomplir tôt ou tard ? L'incompatibilité des principes respectifs de l'ancienne société et de la nouvelle. Aussi longtemps donc que ces principes fondamentalement opposés seront en présence dans les institutions et dans les lois, aussi longtemps la société, tiraillée en des sens divers, sera intérieurement en proie à une guerre désastreuse. Vous aurez prolongé la Révolution, voilà tout.

« Et n'est-ce pas, en effet, ce que prouve l'expérience? Partout où de semblables transactions ont été essayées, qu'ont-elles produit? qu'une lutte perpétuelle et des catastrophes successives. Il se fait chez le peuple ainsi constitué un travail interne pour expulser l'un des principes contraires, dont le combat trouble l'harmonie des fonctions vitales et leur exercice régulier. Chacun d'eux voulant prévaloir, nul repos que l'un ou l'autre n'ait effectivement prévalu. Entre eux, il faut opter; mais opter, on ne le peut, car les besoins sociaux, qu'un avenir plus ou moins prochain devra nécessairement satisfaire, assurent la victoire du principe dont ils relèvent en quelque façon. Que gagne-t-on à la retarder? On y gagne des agitations, des craintes et des maux sans nombre, la longue et inquiète attente d'une sécurité toujours désirée et qui fuit toujours. »

Je ne saurais trop engager M. le président du conseil à méditer cette admirable page de Lamennais.

Dans la lutte engagée entre le passé et l'avenir, entre les ténèbres et la lumière, entre le mal et le bien, entre l'arbitraire et le droit, entre l'ignorance et l'instruction, entre le bon plaisir et la liberté, l'issue ne saurait être douteuse. Le triomphe définitif restera à l'avenir, à la lumière, au bien, au droit, à l'instruction et à la liberté, toutes choses qu'implique la véritable République.

Pourquoi donc retarder l'heure de ce triomphe? Pourquoi ceux qui ont si longtemps défendu les doctrines et les principes que nous défendons, n'y poussent-ils pas de toutes leurs forces, de toutes leurs influences?

On assure, il est vrai, que derrière le cabinet Simon, il y a un cabinet occulte, dont les fortes têtes sont MM. de Broglie et Buffet, et que M. le président de la République a l'oreille beaucoup plus complaisante pour le ministère de fantaisie que pour le ministère légal. Il nous répugne de croire à cette violation du régime parlementaire.

Mais, en tous cas, M. Jules Simon a toujours le droit de faire appel à la Chambre des députés, qui seule représente véritablement le pays. J'ajouterai qu'il en a le devoir.

Un éclat vaudrait mieux, à mon sens, que cette politique de l'inconnu qui ronge le corps social.

L'ATTENTE

Il n'y a vraiment pas de situation plus cruelle que celle de ce pauvre pays de France.

Voici bientôt un an, il a nommé une assemblée de représentants composée en grande majorité de républicains. Qui ne se rappelle les belles promesses des candidats sortis vainqueurs des urnes du 20 février?

On allait voir disparaître à bref délai les lois draconiennes du régime césarien, précieusement maintenues ou rétablies par l'Assemblée de malheur. Plus d'entraves à la pensée; reconnaissance du droit de réunion; établissement des franchises municipales; diminution des charges publiques par la suppression de toutes les fonctions inutiles; transformation de l'impôt sur des bases plus conformes à la justice et à l'équité; abrogation de la loi de confiscation, qui met entièrement à la discrétion administrative tous les cafés, cabarets et débits de boisson; substitution d'un personnel franchement républicain à tous les fonctionnaires bonapartistes et royalistes dont l'administration, la magistrature et l'armée sont encore encombrées; enfin, création de solides institutions démocratiques afin que la République ne fût pas un vain mot:

telles devaient être les conséquences immédiates de ces élections républicaines qui arrachèrent au pays un long cri d'espérance.

Hélas ! de toutes ces belles promesses, combien y en a-t-il eu de réalisées jusqu'à ce jour ? Aucune. La France attend, et se demande avec une impatience fiévreuse : Sera-ce pour demain ?

Or, qui ne sait combien l'attente est cruelle quand on attend... des lois qui doivent assurer le bien-être, le progrès, la justice, la liberté ?

Attendez, attendez toujours, ne précipitons rien, nous disaient les satisfaits du jour, les partisans des compromis à outrance qui nous ont fait à une voix de majorité la République que nous avons. Tout vient à point à qui sait attendre. Arrive à la tête du cabinet un ministre républicain, tout changera comme par enchantement, et vous serez récompensés au centuple de vos longs jours d'attente.

Le ministre est arrivé, et quel ministre ! le théoricien de la politique radicale, l'homme qui, en de si beaux discours, a réclamé avec tout autant d'insistance que nous autres, affreux radicaux, les réformes et les institutions sans lesquelles la République ne saurait être qu'un leurre et qu'un trompe-l'œil. Qu'a-t-il fait depuis un mois et plus qu'il est au pouvoir ? Rien, ou presque rien.

A part quelques préfets révoqués, l'administration française est encore entre les mains des ennemis de la République. La magistrature est en hostilité déclarée contre le gouvernement établi. Et, Dieu merci, elle use assez largement du droit qu'elle a encore, par une sanglante ironie, de frapper avec les lois de l'empire les journaux qui défendent la République.

Le pays attend toujours que cette comédie finisse.

Quelques feuilles républicaines ont violemment reproché à M. le ministre des affaires étrangères Decazes d'avoir retardé la publication des dépêches annonçant le renversement de Midhat-Pacha. Elles ont eu raison assurément. Et nous-même, qui n'avons pas aidé à la nomination de M. Decazes comme député, qui avons fait au contraire tout notre possible pour l'empêcher, nous avons, les premiers, il y a plus d'un mois, dénoncé les tendances de ce ministre à modérer, à sa guise, la rapidité des transmissions télégraphiques.

Mais enfin, c'est là un intérêt d'un ordre secondaire ; c'est chose qui intéresse surtout les gens de bourse ; c'est affaire entre haussiers et baissiers, disons le mot, entre tripoteurs.

Quant au pays, la moindre réforme dans le sens républicain ferait bien mieux son affaire.

Aussi nous est-il avis que les feuilles qui, d'un cœur si ardent et si convaincu, viennent d'entrer en campagne contre M. le ministre Decazes, résidu quelque peu gênant des ministères de Broglie et de Buffet, devraient bien unir leurs efforts aux nôtres pour secouer la torpeur de M. Jules Simon, qui nous paraît singulièrement s'endormir dans les délices de Capoue.

La situation de M. Jules Simon est présentement semblable à celle d'Hercule ayant à choisir entre deux routes, l'une riante, commode et facile, mais menant droit au mal ; l'autre semée de difficultés, mais conduisant au bien et à la gloire. Pour avoir préféré la seconde, Hercule a laissé dans la mémoire des hommes un souvenir immortel, et la légende a fait de lui un demi-dieu.

Deux voies bien différentes s'ouvrent également devant M. Jules Simon. La première, celle des concessions et des compromis à outrance, est assurément la moins laborieuse. A la suivre, M. le président du conseil gagnera les félicitations des de Broglie, des Buffet et des Dupanloup, peut-être même un sourire des frères Veuillot. Mais il compromettrait sûrement les institutions républicaines, et recueillerait infailliblement les malédictions de tous ceux dont, par son éloquence persuasive, il avait su faire des adeptes de la politique radicale.

La seconde voie est plus ardue, sans aucun doute. Tous les obstacles que peuvent créer la coalition des intérêts et l'égoïsme des classes dirigeantes, M. Jules Simon les rencontrerait sous ses pas.

Mais quelle gloire aussi d'affronter ces obstacles et d'en triompher ; de marcher, à travers mille périls, à la conquête du droit; de compter parmi les fondateurs de la liberté ! Et quelle satisfaction de pouvoir se dire, en cas d'échec : Je suis resté fidèle aux engagements solennels que j'avais pris jadis à la face du pays ; j'ai fait mon devoir.

Un républicain n'hésiterait pas.

Que M. Jules Simon choisisse donc. Il est grand temps ; car, à force d'attendre, la France finirait par désespérer.

MAUVAISES RAISONS

Ils se sont mis trois, avant-hier, à combattre l'idée de la séparation de l'Église et de l'État et à défendre, *unguibus et rostro*, le budget des cultes ; trois, entendez-vous, et tous trois faisant profession d'appartenir à l'opinion républicaine, ou soi-disant telle.

Voici d'abord un républicain nuance rose pâle, M. Bardoux, qui a été sous-secrétaire d'État sous M. Dufaure, au ministère de la justice ; voici M. Pascal Duprat, dont on était peut-être en droit d'attendre quelque chose de mieux ; voici, enfin, un républicain-clérical-orléaniste, un réactionnaire de la pire espèce, M. Dufaure, pour tout dire en un mot, ministre de la justice et vice-président du Conseil.

A eux trois ils ont fait toute la besogne ; et les généraux de la droite et de l'extrême droite n'ont pas eu à donner. M. Dupanloup doit être content, et nous nous étonnerions fort si d'innombrables cierges ne brûlaient pas en leur honneur aujourd'hui dans toutes les églises de France ; cela, en attendant qu'on rallume les bûchers, pour apprendre à vivre aux hérétiques.

Examinons donc rapidement les raisons principales alléguées par ces trois champions du budget des cultes, et voyons si elles sont conformes à l'état général des esprits en France.

M. Bardoux a ouvert le feu contre les partisans de la libre conscience. Il a commencé par demander quelle était la nation qui, jusqu'à ce jour, « avait pu pratiquer complétement la suppression du budget des cultes. » Singulier argument! Parce que, autour de nous, on ne comprendrait pas la pratique de la liberté, s'en suivrait-il que nous dussions y renoncer? Pourquoi, à ce compte, ne nous avoir pas vanté les douceurs du césarisme en Allemagne et en Russie? C'eût été une invitation à revenir au régime impérial. Pitoyable, pitoyable raison!

D'autant plus pitoyable que M. Bardoux reconnaît, immédiatement après, que la doctrine de la séparation de l'Église et de l'État est celle de la grande République américaine. Seulement, il n'y a selon lui, aucune comparaison à établir entre les États-Unis et un vieux pays comme le nôtre, où les traditions ont constitué un sol spécial, touffu et plein d'obstacles. Nous lui rappellerons que c'est également l'argument dont se servait M. Buffet dans l'ancienne Assemblée, lorsqu'il répondait aux républicains qui, réclamant la liberté et l'égalité pour la France, invoquaient l'exemple de la grande République américaine. Pas heureux, M. Bardoux!

Pas plus heureux en s'appuyant sur l'autorité de ce Concordat de 1801, qui a remis la France sous le joug de l'Église.

M. Bardoux ne s'est donc pas souvenu qu'à l'époque où ce contrat a été passé, la suppression de l'Église et de l'État existait en fait et en droit depuis sept ans, et que la Convention nationale avait solennellement déclaré, au mois de septembre 1794, que la République française ne salarierait plus désormais aucun culte ?

Est-ce que la France a été partie contractante dans cet acte ? Est-ce qu'elle a été consultée ? Depuis quand les fantaisies d'un usurpateur peuvent-elles enchaîner éternellement un pays ? En vérité, nous nous étonnons qu'un légiste de la force de M. Bardoux puisse considérer comme sacré un contrat dû au bon plaisir du spoliateur des libertés publiques et du violateur de toutes les lois.

M. Bardoux estime qu'avant de demander, en France, la séparation de l'Église et de l'État, il conviendrait de compléter la liberté religieuse. Autant que lui nous souhaitons ce complément. Mais il est bien étrange qu'il ne se soit pas aperçu d'une chose, à savoir que le meilleur moyen d'avoir la liberté religieuse complète dans notre pays, c'est de séparer l'Église d'avec l'État et de supprimer le budget des cultes.

Passons à M. Pascal Duprat.

Chose assez singulière, ce radical, adouci au contact des puissances de la terre, a commencé par se déclarer partisan de la séparation de l'État et des Églises ! Vous croyez peut-être qu'il a conclu dans ce sens, comme l'aurait voulu la logique la plus élémentaire ? Point.

M. Pascal Duprat a peur que la suppression du budget des cultes n'entraîne pour le clergé le droit d'acquérir sans qu'il soit posé aucun frein à des empiétements qui pourraient devenir désastreux. Nous lui ferons remarquer que ces empiétements se produisent aujourd'hui sur une formidable échelle, et que, par des voies plus ou moins détournées, le clergé, les congrégations, et particulièrement les jésuites, acquièrent, acquièrent tous les jours. Nous pourrions lui citer certaines régions où ils possèdent plus de biens qu'ils n'en avaient au moment de la Révolution.

Cette première raison est donc détestable. C'est précisément en supprimant le budget des cultes qu'il sera opportun de prendre d'efficaces mesures contre les empiétements dénoncés par M. Pascal Duprat, et qui portent, selon lui, un trouble profond dans notre vie économique.

M. Pascal Duprat appréhendant qu'on ne dise aux paysans : « C'est la République qui vous oblige à payer ces cérémonies religieuses que vous tenez de vos pères ; » a conclu au maintien du budget des cultes, tout en se déclarant, comme au début, partisan de la séparation des Églises et des États. M. Pascal Duprat aurait bien dû mettre sa conséquence d'accord avec ses prémisses.

Nous arrivons à M. Dufaure.

Évidemment les lauriers de M. Buffet empêchaient M. le garde des sceaux de dormir. Comme son prédécesseur, il s'est efforcé, par ses sarcasmes prémédités, de provoquer les gauches. Les républicains ne connaissent pas la France, ils ne savent rien de rien. Comment ! ils veulent affamer ces pauvres curés de campagne !

M. Dufaure n'a pas pris garde qu'il calomniait ici les catholiques de France qui forment, à l'en croire, une légion innombrable. Eh quoi ! ces millions de catholiques auraient le cœur de laisser mourir de faim les ministres du culte qui leur est cher? Non, cela n'est pas possible, ou alors nous serions loin, bien loin d'être cette nation religieuse si complaisamment dépeinte par M. le garde des sceaux.

M. Dufaure oubliant, comme M. Bardoux, que la suppression du budget des cultes a été prononcée par la Convention nationale, a déclaré, de son ton le plus narquois, qu'une-seule autorité « bien précaire, bien usurpée » avait jusqu'ici prononcé la séparation de l'Église et de l'État, et, ne se sentant pas de joie,il a donné lecture du décret de la Commune de Paris qui supprimait le budget des cultes et séparait l'Église d'avec l'État, par les motifs invoqués aujourd'hui.

Voyez-vous d'ici la petite malice de cet aigrefin? Par les mêmes motifs! Eh! sans doute, les motifs doivent être les mêmes, parce que la vérité n'a qu'une face. Notre ami Georges Périn s'est fait l'interprète d'un sentiment légitime en disant à M. Dufaure qu'il fallait que sa thèse fût bien mauvaise, pour qu'il eût recours à de pareils moyens oratoires.

M. Dufaure ne sait ce que c'est que le cléricalisme. Cela n'existe pas.

A l'en croire, le clergé inféodé au Syllabus n'est nullement en révolte contre nos institutions modernes. Enfin, tous ses prêtres sont autant de petits agneaux, ne s'étant jamais mêlés d'élections, n'ayant jamais commis de délits en chaire. *Ses* procureurs généraux l'ont complétement rassuré là-dessus. Eh bien! nous dirons, nous, à M. le garde des sceaux que nous avons vu des curés s'en allant de maison en maison semer la calomnie et la diffamation contre les candidats républicains, sans que le ministre des cultes ait sourcillé.

Mais où M. Dufaure a commis une de ces bourdes — qu'on nous passe l'expression — dont rien n'approche, c'est lorsqu'il a eu l'idée absolument grotesque d'assimiler les cultes aux services publics que rémunère le budget, et dont, quoi qu'il en ait dit, personne ne peut se passer. Écoutez-le : « Demandez à ce pauvre cultivateur pourquoi il est appelé à payer les frais de toutes les Facultés, Universités, Écoles secondaires... » Là, vraiment, c'est par trop naïf !

Il n'est personne qui ose soutenir sérieusement que le service des cultes est indispensable. Mais qui osera dire que la France peut se passer d'ingénieurs, de jurisconsultes, de médecins ? Est-ce que le plus humble des cultivateurs ne profite pas, comme les autres, de la science puisée dans nos facultés ?

Et puis, est-ce que l'instruction secondaire et l'instruction supérieure ne sont pas payées en grande partie par ceux qui les reçoivent ?

En vérité, quand on n'a que des arguments de cette force pour soutenir une cause, on ferait mieux de se taire, si avocat qu'on soit.

M. Dufaure se serait tu, d'ailleurs, que le résultat du scrutin eût été absolument le même. Nous ne nous étions pas fait illusion à cet égard. Mais, Dieu merci ! nous sommes armés de patience. La vérité triomphe rarement du premier coup ; son triomphe n'en est pas moins certain.

LES GENS DE FINANCE ET L'ÉTAT

De tout temps les finances du pays ont été une proie sur laquelle les faméliques des classes dirigeantes se sont jetés avec une effroyable avidité.

Qui ne se rappelle les traitants, les fermiers généraux, les financiers officiels de l'ancien régime? Le nom de sangsues du peuple leur est resté dans l'histoire.

Un savant magistrat de la Cour des comptes, M. le procureur général Petit-Jean, a tout récemment, dans son discours de rentrée de la Cour, tracé d'une manière saisissante les mœurs financières de l'ancienne monarchie. « La brigue et la faveur emportaient tout, a-t-il dit; de là un système de corruption, de fraudes et de brigandages qui n'avait pas de limite. »

Quand nous mettons à nu ces plaies de l'ancien régime, nous historiens de la démocratie, tous les publicistes de la réaction ne manquent pas de pousser les hauts cris et de nous taxer d'exagération; mais, tombant d'une bouche autorisée auprès des classes dirigeantes, comme peut l'être celle d'un magistrat haut placé, la dénonciation a une portée qui n'échappera à personne. Aussi les feuilles honnêtes et religieuses ne peuvent-elles s'empêcher de manifester contre l'honorable magistrat un dépit profond. Le doux *Univers* ne l'accuse-t-il pas d'avoir fourni des armes aux radicaux, dont la science historique est toujours courte, suivant le dévot journal? On sait que les historiens de sacristie ne connaissent guère d'autre science historique que celle qu'on puise à l'école du père Loriquet.

Toujours est-il que pour donner satisfaction aux haines traditionnelles du peuple contre les gens de finance, la monarchie laissa accrocher aux gibets de Montfaucon les six premiers surintendants des finances, lesquels, assure M. Petit-Jean, n'étaient pas toujours innocents des crimes dont ils étaient accusés.

Mais l'âpreté au gain a toutes les bravoures, et la peur du gibet n'arrêtait guère nos hommes de proie. Pierre Rémy, général des finances sous Philippe de Valois, trouva moyen d'amasser, en très-peu de temps, vingt millions de notre monnaie. Vingt millions! cela valait bien la peine de courir le risque d'être pendu.

Parfois les innocents payaient pour les coupables. Enguerrand de Marigny fut, dit-on, victime des jalousies de la haute noblesse. Quant à Samblançay, qui fut, comme lui, pendu au gibet de Montfaucon, après avoir été surintendant des finances sous François Ier, on lui reprochait, entre autres choses, d'avoir versé entre les mains de la duchesse d'Angoulême, mère du roi, une somme de quatre cent mille écus, destinée à payer l'armée d'Italie qui opérait dans le Milanais sous les ordres de Lautrec. C'était un virement de l'époque. Cela n'empêcha pas la reine-mère de poursuivre jusqu'a la mort le malheureux surintendant.

On peut dire qu'elle tressa de ses mains la corde de son gibet.

On sait qu'il s'en fallut de très-peu que le surintendant Fouquet ne fût également livré au bourreau. C'était un homme aimable, prodigue à l'excès, comme la plupart de ceux qui amassent beaucoup d'argent sans peine ; mais assurément il n'avait pas les mains très-pures. Et jusqu'à la Révolution, le nombre n'est pas bien grand de ceux qui, ayant manié les finances de l'Etat, ne se sont pas enrichis aux dépens du Trésor.

La Révolution se montra dure aux traitants et aux concussionnaires. Combien moururent entre les Tuileries et les Champs-Élysées pour avoir malversé des deniers publics !

Il ne saurait y avoir, contre les déprédations des fonctionnaires publics, de meilleur préservatif que la liberté de la tribune et la liberté de la presse.

Au mois de juillet 1847, un ancien ministre des travaux publics, devenu pair de France et président à la Cour de cassation, était condamné à trois ans d'emprisonnement par la Chambre haute, comme concussionnaire. Il n'avait pourtant point trafiqué des deniers de l'État ; mais il avait accepté d'un banquier malhonnête une somme de cent mille francs pour une promesse de concession de mines de sel.

Si la presse, avertie au bout de quatre ans, n'avait pas dévoilé ce scandale, M. Teste eût vraisemblablement continué à passer pour le plus intègre des hommes, et toutes les voix de la réaction eussent, à sa mort, entonné ses louanges.

Que de déprédations n'ont-elles pas été autorisées

sous le second Empire par le long silence de la tribune et de la presse? Comment savoir à quel prix la durée des concessions de chemins de fer aux grandes Compagnies, pour quelques-unes desquelles le privilége serait à la veille d'expirer aujourd'hui, a été prolongée jusqu'à quatre-vingt-dix-neuf ans? Qui dira enfin tous les trafics et les virements opérés au détriment de nos finances et dont quelques-uns seulement ont été révélés?

Toutes ces réflexions nous sont venues naturellement à l'esprit à propos de l'incident soulevé il y a trois jours à la Chambre des députés dans la discussion du budget de la marine.

On connaît les faits; nous n'y insisterons pas. De la discussion il est résulté que M. Benoist-d'Azy, directeur des colonies, a fait profiter d'un crédit de 60,000 fr. la Société dite des Comores, qui a pour principal intéressé et pour gérant M. Benoist-d'Azy, son père.

Le *Français* et *l'Univers*, journaux religieux par excellence, ont pris très-vivement la défense de M. le directeur des colonies, lequel, au dire du *Français*, « a victorieusement réfuté les accusations dont il a été l'objet. »

La seule explication donnée par M. Benoist-d'Azy sur le fait qui lui était personnellement reproché est que tous les propriétaires des plantations de l'île de Mayotte auraient pu profiter comme la Société des Comores de la libéralité ministérielle. Eh bien! voici la réponse du rapporteur de la Commission, M. Raoul Duval, qui n'est pas un républicain:

« Une seule demande a été faite, et par qui? par le gérant de la Compagnie des Comores. Par quelle opération du Saint-Esprit a-t-il pu être autorisé en temps utile ? Il avait donc eu connaissance des propositions qui devaient être faites... Malgré toute son ardeur, M. le directeur des colonies n'a pas expliqué comment les délais, insuffisants pour tout le monde, avaient été suffisants pour un seul. »

M. le directeur des colonies n'a rien répondu. Si, après cela, le *Français* trouve qu'il est sorti victorieux de la discussion, le *Français* n'est pas difficile. Il aura beau dire et beau faire, il n'empêchera pas que le vote de la Chambre n'ait atteint en pleine poitrine M. le directeur des colonies.

Le sentiment public ne s'y est pas trompé. Dès hier, le bruit courait que M. Michaud, sous-directeur des colonies au ministère de la marine, était appelé à la direction de ce service en remplacement de M. Benoist-d'Azy. C'eût été la conséquence toute naturelle du vote d'avant-hier.

Nous avons vainement cherché, dans *l'Officiel*, la démission de M. le directeur des colonies. Satisfait sans doute d'avoir été matériellement couvert par son chef immédiat, M. le ministre de la marine, M. Benoist-d'Azy tient à rester, contre vents et marées, dans une place qu'il occupe si bien. « J'y suis, j'y reste. »

Cependant la nomination de M. Benoist-d'Azy fils, il y a quatre ans, a été presque un scandale ; c'était le résultat d'une sorte de compromis entre M. Thiers et l'orléanisme, et l'on n'a pas oublié les protestations énergiques auxquelles cette nomination a donné lieu de la part de toute la presse républicaine. Comme les heureux des classes dirigeantes, M. Benoist-d'Azy arrivait à ce poste par la violation de toutes les lois hiérarchiques et en passant par-dessus la tête de fonctionnaires qui y avaient droit.

L'occasion se présente aujourd'hui de réparer ce qui a été une criante injustice. En profitera-t-on ? Nous osons à peine le croire.

Nous ne sommes pas encore arrivés au temps où les mœurs républicaines feront au gouvernement une loi de donner à l'opinion publique les satisfactions auxquelles elle a droit.

CES PAUVRES TRÉSORIERS GÉNÉRAUX !

I

Ce qu'il y a de plus difficile à extirper dans notre pays ce sont les abus, surtout les abus dont vivent une foule de parasites, sous tous les gouvernements.

Les rois s'en vont, les princes, le empereurs/ rentrent dans le néant d'où ils n'auraient jamais dû sortir; mais les abus restent, éternellement à l'abri des torrents révolutionnaires qui emportent les couronnes et les dynasties.

Quand donc nos hommes d'État, ou prétendus tels, se décideront-ils à mettre leurs actes d'accord avec leurs principes ?

Depuis quatre-vingts ans, le budget de la France est dévoré par cinq cents familles dont les appétits voraces vont en grandissant au fur et à mesure que le budget augmente. Le pays est littéralement écrasé d'impôts. On chercherait aujourd'hui vainement la matière imposable : tout est grevé. Et, par un étrange renversement de toutes les notions du juste et de l'injuste, c'est sur les petites bourses que l'on pratique les plus larges saignées, puisque l'impôt indirect,

si cher à M. Thiers et aux économistes de son école,
est un impôt progressif à rebours.

Aussi, comme on se propose de changer tout cela,
tant qu'on n'est pas aspirant-gouvernement ! On
pleure sur les misères du pauvre peuple! Ah ! que
d'économies on réaliserait si l'on était une bonne fois
au pouvoir !

Enfin, il arrive un jour où, séduite par tant de
belles promesses, la France se décide à nommer une
Chambre dont la grande majorité est républicaine.
On va donc les voir s'accomplir ces réformes si longtemps attendues ! car il y a dans cette majorité une
foule d'hommes de bonne volonté. Mais on a compté
sans les habiles, qui trouvent qu'il ne faut pas brusquer les choses.

Quoi ! déranger les vieilles habitudes de nos budgé-
tivores ! Mettre à la portion congrue un certain nombre d'entre eux ! Supprimer une foule de sinécures
dont s'accommodent tant de braves gens ! Ce serait
de la cruauté.

Et puis n'a-t-on pas des amis à pourvoir ? N'est-on
pas à la veille de prendre possession du gouvernement ? Et alors ? Alors, ce qui est bon à prendre est
bon à garder.

N'entendions-nous pas, l'autre jour, M. Léon Say
gémir sur le sort de ces pauvres sous-préfets, dont il
ne comprenait pas l'utilité lorsqu'il figurait, simple
mortel, dans les rangs de l'opposition ?

L'année dernière, on réclamait le maintien de postes
consulaires *in partibus*. Il y a quelques semaines, on
allait jusqu'à demander, implicitement, la création
de mouchards diplomatiques. Quelle belle institu-

tion républicaine ! Ces jours-ci, c'était une obole de 300,000 fr., qu'on jetait à la tête du président de la République. Trois cent mille francs à un fonctionnaire qui en touche déjà neuf cent mille ! c'est une misère. Il semble qu'il n'y ait qu'à puiser dans la poche des contribuables.

Et pourtant la plupart des membres de la commission du budget sont animés des meilleures intentions. Que serait-ce s'il en était autrement ?

On a toujours d'excellentes intentions ; mais trop souvent on s'en tient là, quand on ne se repent pas d'avoir réalisé par hasard une ou deux des belles promesses d'autrefois.

Voyez plutôt M. Léon Say, qui restera sans doute ministre des finances. C'est un fort aimable homme, et assurément il avait le plus grand désir de bien faire. Eh bien ! il s'est conduit absolument comme s'il eût été un collègue de M. de Broglie.

La plupart de ses employés supérieurs sont entièrement dévoués à la réaction. Nous ne l'avons que trop vu aux dernières élections générales. Si parmi les percepteurs ruraux il se trouvait quelque républicain, il n'avait qu'à se bien tenir, qu'à faire le mort. Malheur à lui s'il eût été soupçonné d'appuyer un candidat tout dévoué à la République !

Nous parlerons plus longuement, un autre jour, de ces percepteurs ruraux ; disons cependant tout de suite qu'au ministère des finances, ils sont cotés, non d'après leurs services, mais selon l'influence des gens qui les ont recommandés. Dis-moi qui te protége, je te dirai ce que tu vaux. Et les protecteurs influents appartiennent toujours à la fine fleur de la réaction.

S'il y a dans l'administration de nos finances un effroyable abus, un de ces abus auxquels il fallait apporter un remède immédiat, c'est le coût exagéré de la perception de nos contributions. Deux cent cinquante millions, rien que cela! Il y avait à supprimer la plus grande partie des collecteurs d'impôts. On a même fait un pas dans cette voie. La suppression des perceptions de ville a été décidée en principe.

Mais il faut voir le déluge de réclamations dont le ministère des finances a été inondé depuis. Plus de perceptions de ville! Comment satisfaire la bande des affamés bien soutenus qui sont habitués à considérer comme leur proie le budget de l'État! Plus moyen d'être agréable aux amis! Et les influences ministérielles, sur quoi vont-elles désormais s'appuyer? Qui sait? une bonne perception, adroitement donnée, peut avoir son poids dans la balance parlementaire.

M. le ministre des finances s'était sans doute préoccupé beaucoup plus de ces diverses considérations que de l'intérêt des contribuables, lorsque, répondant à M. Leroyer, dans la séance du Sénat du 6 juillet dernier, il affirmait, un peu légèrement, que la suppression des perceptions de ville n'avait pas donné de résultats satisfaisants et n'avait produit aucune économie.

M. Léon Say a fait fond sur la naïveté ou sur la complaisance de MM. les sénateurs; mais ce n'est pas au pays qu'il fera prendre des vessies pour des lanternes.

Si la suppression des percepteurs de ville n'a amené ni bon résultat, ni économie, cela tient d'abord à ce que, trop souvent, les trésoriers généraux et les receveurs de finances sont tout à fait incapables d'être percepteurs; ensuite à ce qu'on leur a alloué, bien gratuitement, des indemnités auxquelles ils n'avaient aucun droit et qui ont rendu complétement nul l'effet de cette suppression.

Voilà ce que M. le ministre aurait dû dire ; et il le sait mieux que personne, lui qui nomme avec tant de complaisance aux fonctions de trésoriers généraux des hommes d'une incompétence absolue en matière de finance. Quelques-uns des blessés du 24 Mai y ont trouvé leur Hôtel des Invalides. Hier, c'était un député qu'on appelait à ce poste. Aujourd'hui, il est question d'y mettre un préfet que ses opinions ultra-réactionnaires empêchent de laisser à la tête de son département.

Plus on est hostile à la République, et plus on a de chance d'être pourvu de cette haute charge financière si enviée.

Et pourtant, si nous en croyons le rapport de M. Cochery, ils seraient dans un état voisin de la pénurie, ces infortunés trésoriers généraux, qui nous apparaissaient comme des Crésus. Nous ne savons où M. Cochery a puisé ses renseignements. Toujours est-il qu'il a presque l'air de se lamenter sur la parci-monie avec laquelle ils sont payés. C'est ce que nous examinerons prochainement.

En attendant, tâchons de ne pas rire, et donnons une obole à ces pauvres trésoriers généraux.

II

Nous avons dit combien les lecteurs du rapport de M. Cochery avaient dû se lamenter sur la situation précaire de ces infortunés trésoriers généraux.

Qui donc, nous demandions-nous, a pu fournir à l'honorable député les renseignements sur lesquels il a édifié son rapport! Serait-ce le directeur général de la comptabilité publique, M. de Roussy, conseiller d'État en service extraordinaire, qui, si nous sommes bien informé, a pour gendre un trésorier général? Serait-ce le directeur du mouvement général des fonds, M. Collard-Dutilleul, dont le nom s'applique également au trésorier général du département d'Indre-et-Loire, lequel n'émarge pas moins de 55,000 francs de traitement? Quel est ce trésorier du même nom? Ce n'est pas lui, à coup sûr; c'est donc son frère, ou bien quelqu'un des siens: car on est bien apparenté dans le service de la Trésorerie.

Et dire que les malheureux qui y figurent n'ont qu'un traitement fixe de 6,000 francs par an, soit 516,000 francs pour la masse! C'est à fendre l'âme!

Il convient, il est vrai, d'y ajouter une remise sur les recettes, évaluée bon an mal an à 1 million 263,800 francs; une autre remise sur les payements, se soldant par 2 millions 81,400 francs et enfin une troisième remise sur les produits des forêts, montant à près de 100,000 francs. En chiffres ronds, quatre millions pour le tout. La moyenne des traitements de nos pauvres trésoriers est donc de 45,000 francs par trésorerie; mais ils varient, selon l'importance des départements, de 140,000 à 30,000 francs. Voilà déjà de quoi amplement nous consoler.

Aussi les publicistes officieux ou officiels s'élèvent-ils avec véhémence contre les esprits chagrins qui trouvent qu'on pourrait à bien meilleur compte percevoir les contributions, et qu'ils supposent dévorés du démon de l'envie.

Ecoutez, par exemple, M. le marquis d'Audiffret, ancien pair de France, ancien sénateur, qui trouve que tout est pour le mieux dans la meilleure des administrations financières possible :

« Cette belle et utile organisation administrative est souvent exposée aux attaques des esprits superficiels et novateurs présomptueux qui, par leurs préventions jalouses ou par des théories inapplicables, s'efforcent de la discréditer en l'accusant à tort d'être compliquée et dispendieuse. C'est ainsi qu'ils taxent d'exagération les émoluments des trésoriers généraux... » Et le noble marquis de se lamenter à son tour sur le préjudice qui leur est causé par la retenue de 2 0/0, qu'ils subissent sur les intérêts de leurs cautionnements.

C'est parler d'or, n'est-ce pas? Mais M. le marquis d'Audiffret est quelque peu orfévre, comme M. Josse; car nous voyons figurer comme trésorier-payeur général du département du Var un comte d'Audiffret, qui doit le toucher de bien près, et qui n'émarge pas moins de 76,730 fr. de traitement. C'est un joli denier, on en conviendra, surtout quand on pense à la peine effroyable que se donnent MM. les trésoriers généraux pour gagner leur argent. Nous aurions tort de ne pas convenir, avec M. le marquis d'Audiffret, qu'il n'y a rien à changer à une aussi belle institution.

Songez donc! La Trésorerie générale est aujourd'hui l'une des branches les plus puissantes de la féodalité financière. Vous y voyez figurer les plus beaux noms de l'Armorial de la Noblesse française délicatement mariés à ceux des serviteurs les plus dévoués du régime de Décembre, qui se sont retirés là comme dans un fromage de Hollande. Jugez plutôt. Voici pour l'édification de nos lecteurs un échantillon fort instructif de nos pauvres trésoriers généraux, avec le chiffre de leurs traitements en regard de leurs noms :

Ain : marquis de Puy de Quinqueran-Beaujeu.	41.634
Aisne : Magne (fils de l'ancien ministre.) . .	74.060
Allier : Grandin de l'Eprevier.	59.579
Bouches-du-Rhône : Percheron.	136.772
Calvados : vicomte des Meloises-Frénoy.. .	55.500
Charente : comte de Talhouet.	50.400
Corse : Conti.	37.000
Côte-d'Or : baron de Gauville.	55.000
Côtes-du-Nord : marquis de Maupeou . . .	44.550
Eure : Rouland	61.522
Finistère : Leroy de la Brière.	73.900
Garonne (Haute) : baron de Bégouen. . . .	74.600
Gironde : Legrand de Villers.	138.700
Hérault : baron Gruyer.	73.900
Indre-et-Loire : Collard-Dutilleul	55.200
Jura : Worms de Rumilly.	45.670
Loire : Humann.	60.481
Haute-Loire : Dubreuil-Hélion de la Guéronnière	35.290
Loire-Inférieure : de Saint-Chamant. . . .	73.700
Loiret : marquis de Rochelambert	52.127
Marne : Baroche (fils de l'ancien ministre). .	59.700
Meurthe-et-Moselle : Imhauss.	71.042
Morbihan : de Matharel.	53.140

Nord : Akermann. 146.750
Orne : Tourangin. . . . . : . .   49.180
Rhône : comte Bouquet d'Espagny. . . .   130.320
Sarthe : comte Delpech de Saint-Guilhem. .   56.890
Seine : receveur central, Delvincourt. . . .   116.450
Seine-et-Oise : baron Portalis. 93 815
Seine-Inférieure : comte Ad. de Germiny.. .   133.290
Somme : de Nerville 75.000
Var : comte d'Audiffret. 76.730
Vienne : baron Lepic 46.107
Haute-Vienne : baron d'Arnoux.. . . . .   41.200
Vosges : de Guerle. 59.050
Yonne : de Bonardi. 48.770

En voilà assez, nous le supposons, pour l'édification complète de nos lecteurs. Si les noms que nous venons de transcrire, si les traitements dont nous avons donné les chiffres ne plongent pas nos législateurs dans un étonnement profond et ne leur indiquent pas les modifications urgentes que réclame l'administration de nos finances, il n'y a plus qu'à courber la tête et qu'à accepter docilement le joug de la féodalité financière.

Payez, payez, infortunés contribuables ! A quoi êtes-vous bons, si ce n'est à entretenir les loisirs dorés des classes dirigeantes ? Paye, pauvre peuple, toujours taillable et corvéable à merci, éternelle vache à lait, créée et mise au monde tout exprès pour les jouissances de quelques-uns !

Et notez que les traitements dont nous avons donné ici un aperçu sont indépendants d'une foule de retours de bâton et d'opérations financières qui viennent les grossir dans des proportions inconnues.

Un exemple entre mille : Vous avez, vous, brave

villageois, une trentaine de mille francs d'économies.
Vous consultez le percepteur de votre canton sur un
placement où vous n'aurez aucun risque à courir. En
homme prudent et désintéressé, il vous conseille d'a-
cheter de la rente française. Vous allez donc au chef-
lieu dans cette intention. Mais là le trésorier général,
ou son fondé de pouvoirs, car les trésoriers généraux
agissent beaucoup plus par des fondés de pouvoirs
que par eux-mêmes, fait miroiter à vos yeux les avantages qu'offrent les obligations foncières, et vous vous
laissez séduire. Ce que vous ignorez à coup sûr, c'est
que l'achat de la rente ne lui donne aucun bénéfice,
tandis que le Crédit foncier le bonifie de 6 francs
par obligation. Résultat : 360 francs de profit. Il peut
se dire comme Titus en se frottant les mains : « Je
n'ai point perdu ma journée. »

Il se trouvera peut-être encore de ces esprits mal
faits, qu'a morigénés d'importance le marquis d'Audiffret, pour s'étonner qu'un représentant de l'État
fasse mousser les valeurs d'un établissement de crédit au détriment des fonds d'État ; mais il paraît que
les choses se sont toujours passées ainsi. *E sempre
bene*, dirait Candide.

Ce n'est un mystère pour personne que les trésoriers généraux se livrent publiquement à toutes
sortes de trafics financiers. Cela ne touche pas directement aux intérêts des contribuables ; c'est vrai.
Mais cela porte gravement atteinte à certaines indus-
tries particulières. Un vaillant journal de province, la
Gazette de Péronne, annonçait même, il y a quelques
jours, que plusieurs banquiers du département de la
Somme ont adressé des pétitions à la Chambre des

députés, pour se plaindre de la concurrence à eux
faite par le trésorier payeur général, qui se livre à des
opérations de banque et de bourse.

Nous dirons à qu'elle minime proportion se rédui-
sent les services que les trésoriers généraux rendent
à l'Etat en comparaison des charges qu'ils imposent
aux contribuables. A plus forte raison nos critiques
s'appliqueront-elles aux receveurs particuliers, qui
s'ils coûtent moins cher, sont encore plus inutiles.

Et cela dit, on verra combien, avec un peu de
bonne volonté, il serait facile au législateur de mettre
un frein au gaspillage de nos finances rien que par
les économies à réaliser sur la perception de l'impôt.

LE JURY

I

Une des lois les plus importantes dont la Chambre des députés se trouve saisie en ce moment est une loi sur la réformation du jury.

Il nous paraît donc indispensable de dire un mot de cette grande institution du jury, une des plus précieuses conquêtes de la Révolution française.

Malheureusement, comme tant d'autres institutions dues au génie révolutionnaire, celle-ci n'est plus que l'ombre d'elle-même, un squelette informe. Ainsi que déjà nous l'avons déclaré ici même, le jury, tel qu'il existe en France, à cette heure, est une pure mystification. En cela, comme en tant d'autres choses, il est grand d'en revenir aux principes.

Lorsque dans la glorieuse année 1789, nos pères rédigèrent les cahiers à jamais fameux qui devaient former une sorte de contrat synallagmatique entre eux et leurs mandataires, ils ne manquèrent pas de recommander à ceux-ci l'établissement de la justice par jury.

« En matière criminelle, dit le tiers-état parisien, le jugement du fait sera toujours séparé du jugement du droit. L'institution du juré paraissant la plus favorable à la sûreté personnelle et à la liberté politique, les États généraux chercheront par quels moyens on pourrait adapter cette institution à notre législation. »

L'Assemblée constituante, en décrétant l'institution du jury, ne fit donc que se conformer à la volonté formelle du pays.

Toutefois, il s'en fallut de beaucoup que, dès le début, l'organisation du jury fût conforme à la déclaration des droits de l'homme et du citoyen. Le parti constitutionnel, sorte de centre gauche qui dominait dans l'assemblée, s'inspirant de la législation anglaise, imagina de confier pour quatre ans au procureur-syndic le soin de choisir arbitrairement les jurés dans une certaine classe de citoyens riches et puissants. Robespierre protesta vivement, dans la séance du 5 février 1791, contre une disposition qui investissait des administrateurs sans mandat du droit de désigner eux-mêmes les hommes chargés de prononcer sur l'honneur et la destinée des citoyens.

« Que ces hommes ne puissent être choisis que dans une classe particulière parmi les riches, s'écria-t-il ; que les législateurs descendent des principes simples et justes qu'ils ont eux-mêmes consacrés, pour calquer laborieusement un système de justice criminelle sur des institutions étrangères dont ils ne conservent pas même les dispositions les plus favorables à l'innocence, et qu'ils nous vantent ensuite avec enthousiasme la sainteté des jurés et la magnificence du présent qu'ils veulent faire à l'humanité, voilà ce qui me paraît incroyable, incompréhensible ; voilà ce qui me démontre plus évidemment que toute autre chose à quel point on s'égare lorsqu'on veut s'écarter de ces vérités éternelles de la morale publique qui doivent être la base de toutes les vérités humaines. »

Selon lui, c'était aux électeurs de chaque canton de désigner eux-mêmes les citoyens momentanément appelés à exercer les fonctions de jurés, et parmi lesquels on eût tiré au sort le jury d'accusation et le jury de jugement. Combien cette proposition était conforme au véritable esprit démocratique ! Mais les conservateurs de l'époque, qui étaient en nombre, se gardèrent bien d'y souscrire.

Il appartenait à la Convention nationale de faire disparaître une inégalité choquante, si contraire aux principes de la Révolution. Le 2 nivôse de l'an II (22 décembre 1793), sur la proposition de Merlin (de Douai), elle décréta l'admission de tous les citoyens aux fonctions de jurés ou plutôt l'obligation pour eux d'en remplir les devoirs, sauf les cas d'incapacité et d'indignité dûment constatés.

Mais ce retour au droit disparut avec le régime républicain. Sous l'Empire, sous la Restauration, sous le régime de Juillet, il n'y eut plus que des jurys soigneusement triés. Toute magistrature indépendante est incompatible avec la monarchie.

La Révolution de 1848 restitua, en principe du moins, la qualité de jurés à tous les Français jouissant de leurs droits civils et politiques. Mais qu'il y a loin de la coupe aux lèvres ! L'administration, à laquelle était confié le soin de confectionner les listes, s'arrangea de telle sorte qu'elle ne laissa guère figurer sur ces listes que des hommes dévoués à la réaction. Aussi vit-on, sous la présidence de Louis Bonaparte là plupart des journaux démocratiques condamnés les uns après les autres.

L'Empire venu, cela ne sembla pas encore une garantie suffisante à la tyrannie. Non content d'enlever au jury la connaissance des délits de presse, le nouveau régime césarien fit de cette institution une véritable dérision. Le nombre des jurés dans le département de la. Seine fut réduit à deux mille pour une population de deux millions d'âmes, et à trois cents dans les départements d'une population inférieure à deux cent mille habitants. Et le choix de ce jury fut confié à une commission composée du préfet ou du sous-préfet et des juges de paix de l'arrondissement.

Ce n'était pas tout. Les procureurs impériaux avaient encore un droit d'examen; ils pouvaient rayer de la liste quiconque ne leur paraissait pas avoir des aptitudes suffisantes. Du diable si après cela un seul juré indépendant pouvait être maintenu sur cette liste.

En réalité les hommes dont les noms s'y trouvaient inscrits, étaient plutôt des commissaires que des jurés, dans le sens véritable du mot. Ce qu'écrivait M. Bérenger (de la Drôme) sous la Restauration, était applicable sous le second Empire et l'est encore à l'heure où nous traçons ces lignes :

« Les rédacteurs de nos lois, en plaçant le jury sous l'influence immédiate du gouvernement, en ont fait une autre justice d'exception, qu'on pourrait regarder comme auxiliaire des précédentes, si elle n'était pas souvent plus dangereuse. Ils ont converti le jugement par jurés, en jugement par commissaires. »

Si un simple libéral de la Restauration jugeait ainsi

le mode de recrutement des jurés, quelle ne devrait pas être notre appréciation à nous qui stipulons au nom de la République !

Après la chute du second Empire, on en était revenu à la législation de 1848. Mais, des jurés impartiaux ayant acquitté un assez bon nombre de journaux républicains, M. Dufaure, bonhomme peut-être, mais surtout faux bonhomme, se trouva là à point nommé pour rétablir les affaires de la réaction.

Sa loi sur le jury a été, de la part de tous les esprits épris de justice et de droit, l'objet de la plus vive réprobation. Les conséquences en ont été désastreuses pour la liberté. Pour la peindre d'un mot, elle a dépassé celle de l'Empire. Elle a, du reste, l'approbation du *Français;* c'est tout dire.

Il n'est que temps d'arrêter le mal.

Le jury est une des pierres fondamentales de l'édifice républicain. Nous dirons prochainement ce que devrait être cette institution.

II

Quand on connaît, pour l'avoir pratiquée, ainsi que nous l'avons fait nous-mêmes, la loi de 1872 sur le jury, il est impossible, si l'on se place au point de vue des principes, de ne pas la juger avec une inexorable sévérité.

C'est une arme de parti, une loi de rancune et de vengeance, une loi d'amour, comme on aurait dit sous la Restauration. L'œuvre de M. Dufaure et de la dernière Assemblée n'est, nous le répétons, qu'une parodie du jury, une pure mystification. Et ce dont on est en droit de s'étonner, c'est qu'elle soit encore en vigueur alors que depuis une année déjà le pays est pourvu d'une Assemblée républicaine.

Un journal qui, par antiphrase assurément, s'appelle le *Français*, croit devoir apprendre à ses électeurs que si les journaux de la gauche, à Paris et en province, entreprennent une vigoureuse campagne contre l'organisation actuelle du jury, c'est parce que cette organisation leur paraît donner trop de garantie à l'ordre. Et il se lamente d'avance sur le sort réservé à l'œuvre « la plus importante de M. Dufaure. »

Aimable journal !

Nous aimons l'ordre autant et plus que les rédacteurs de la feuille de M. Beslay fils ; mais il y a ordre et ordre, comme il y a fagots et fagots. L'ordre pour nous, est inséparable de la justice et de la vérité. Mais là où règnent l'arbitraire et le bon plaisir, il ne saurait y avoir qu'un affreux désordre moral.

Rappelons comment les choses se passent sous l'empire de cette loi d'amour, œuvre de prédilection de M. Dufaure. Une première commission, composée de tous les maires du canton, se réunit au chef-lieu, sous la présidence du juge de paix, pour former une liste préparatoire. Nous laissons à penser ce que doit être cette liste confectionnée par des maires et un juge de paix de l'ordre moral.

Une seconde commission, comprenant les juges de paix et les conseillers généraux de l'arrondissement, et présidée par le président du tribunal, est appelée ensuite à choisir dans cette liste les jurés définitifs.

C'est une nouvelle épuration. Il est à peine besoin de faire remarquer que l'élément électif n'est ici que pour la forme ; les conseillers généraux ne remplissent qu'un rôle de comparses. La première liste est d'ailleurs déjà tellement restreinte, qu'il n'y a pas grand choix à faire. Et puis, les conseillers généraux, connaissant à peine les noms qui y figurent, sont absolument contraints et forcés de s'en rapporter aux juges de paix, qui sont en réalité les grands électeurs du jury selon le cœur de M. Dufaure.

Nous sommes donc fondés à dire que les membres d'un pareil jury ne sont point des jurés dans la pure acception du mot, mais, selon l'expression si juste de M. Bérenger (de la Drôme), de véritables commissaires. Étonnez-vous qu'avec un semblable jury on ait vu, sous un « gouvernement ennemi de la fraude » comme celui de l'ordre moral, les acquittements scandaleux que vous savez et des condamnations systématiques.

Un tel état de choses devait nécessairement attirer l'attention des membres d'une assemblée républicaine.

MM. Constans et de Ponlevoy ont déposé une proposition tendant à restituer à l'élément électif une prépondérance absolue dans les commissions inquisitoriales imaginées par le génie de M. Dufaure. Mais ce n'est là qu'un palliatif insuffisant. La loi n'est pas seulement à corriger, elle est à supprimer complétement. On n'améliore pas ce qui est mauvais, on s'en débarrasse.

Mieux inspiré, M. Boysset a demandé le retour pur et simple à la loi de 1848 sur le jury. Mais, comme on

pourra s'en convaincre bientôt, ce retour pur et simple
ne suffirait pas encore pour doter le pays du grand
et impartial jury qui doit fonctionner sous une République démocratique.

La commission parlementaire chargée d'examiner
la proposition de MM. Constans et de Ponlevoy a pris
d'ores et déjà d'importantes résolutions. Ainsi, elle
introduit dans la commission cantonale le conseiller
général et le conseiller d'arrondissement, et confère
au conseiller général la présidence dont le juge de paix
était précédemment investi. De même, dans la commission d'arrondissement, elle adjoint les conseillers d'arrondissement aux conseillers généraux, en
exclut le président du tribunal civil et donne la présidence au conseiller général le plus âgé. Certainement il y a un progrès; mais, nous le répétons, ce
n'est encore qu'un correctif insuffisant.

La loi de 1848 a également ce côté défectueux
qu'elle laisse à l'administration une influence trop
grande dans la confection des listes. Il faut donc
veiller attentivement à ce qu'une institution, uniquement fondée pour conserver la liberté et assurer le
triomphe de l'innocence, n'aille pas contre son but,
comme un fleuve qui remonterait vers sa source, et
ne soit pas transformée en instrument d'oppression.

M. Bérenger (de la Drôme) ne voulait pas que les
jurés fussent nommés par les colléges électoraux,
mais il voulait encore moins qu'ils émanassent d'une
commission soumise aux influences gouvernemen-
tales. S'il éprouvait pour les colléges électoraux une
répulsion profonde, c'est que, à l'époque où il écrivait (1818), ces colléges formaient de véritables corps

privilégiés, infestés de l'esprit le plus réactionnaire. Aussi demandait-il alors que la qualité de juré fût inhérente, en quelque sorte, à la personne, afin qu'un juré ne pût jamais devenir le mandataire d'une classe d'hommes ou d'une portion de la société.

Pour être juré, il fallait, selon lui, être âgé d'au moins trente ans ; ensuite être inscrit sur la liste électorale ou justifier d'une certaine capacité. Ainsi, les licenciés aux quatre Facultés de droit, de médecine, des sciences et des lettres, les patentés, commissaires-priseurs, les membres des Sociétés littéraires et savantes avaient parfaitement qualité à ses yeux pour être jurés, et le rôle de l'administration devait se borner, au commencement de chaque année, à dresser le tableau général des jurés, pour permettre à chacun de vérifier les erreurs et de réclamer s'il y avait lieu.

Mais on vivait alors, ne l'oublions pas, sous un régime où l'électorat était un privilége.

Aujourd'hui que tous les citoyens non privés de leurs droits civils et politiques sont électeurs, ils sont tous également jurés de droit.

Reste à savoir comment les listes de roulement doivent être formées, au commencement de chaque année.

C'est ce qu'il nous reste à examiner.

Mais posons en principe que le jury ne deviendra une vérité que lorsqu'il sera l'image fidèle, l'expression exacte du pays.

III

Le caractère essentiel de cette institution, dirons-nous avec un de nos ancêtres de la Révolution, c'est que les citoyens soient jugés par leurs pairs ; son objet est qu'ils le soient avec plus de justice et d'impartialité ; que leurs droits soient à l'abri des coups du despotisme judiciaire.

Le jury devrait connaître de tous les délits et crimes, de quelque nature qu'ils fussent, parce qu'en dehors de lui il est difficile de rencontrer des juges impartiaux. C'est le seul tribunal, a dit avec raison M. Béranger (de la Drôme), qui offre une véritable garantie.

Mais c'est surtout en matière de délits de presse, — jusqu'au jour où l'on reconnaîtra qu'il n'y a pas de délits d'opinion, — que la juridiction des jurés est de nécessité absolue. Aussi dirons-nous volontiers avec l'auteur de la *Justice criminelle en France :*

« L'institution du jury n'existât-elle pas dans notre législation, eût-elle été abolie en entier, il faudrait la faire revivre pour les délits de presse. Appliquée à ce seul cas, elle exercerait encore son influence sur tous les autres, parce qu'en protégeant la liberté de la presse, elle protégerait par contre-coup toutes les libertés. Et quelques juges qu'on donnât aux autres crimes, même à ceux dont le gouvernement pourrait le plus désirer la répression, la presse, mise sous la protection tutélaire du jury, parviendrait encore à prévenir les jugements iniques, les actes arbitraires et les abus d'autorité. »

Étant admise dans toute société la nécessité du jury, et dans notre société démocratique, tout Français non privé de ses droits civils et politiques devant être juré de droit, le problème à résoudre est celui-ci : trouver le meilleur mode de composition des listes où figureront chaque année les citoyens appelés à former, par la voie du sort, le jury de jugement de façon à ménager, avec des précautions égales, les intérêts de la société et ceux de l'accusé.

Nous avons précédemment démontré combien était défectueux le système des commissions, où, fatalement, finissait toujours par dominer soit l'influence administrative, soit l'influence judiciaire. Il faut donc chercher ailleurs. Comme nous l'avons dit hier, c'est du sein même de la nation que, pour être une vérité, le jury doit directement sortir.

M. Alfred Talandier, député de la Seine, vient de déposer sur le bureau de la Chambre des députés une proposition, signée de lui et de quelques-uns de ses collègues, tendant à la formation de la liste annuelle du jury, dans chaque département, par voie de tirage au sort, entre tous les citoyens inscrits sur les listes électorales.

Les signataires de la proposition voient dans ce système des avantages dont nous ne saurions méconnaître l'importance.

Le plus réel de ces avantages serait sans contredit l'impartialité absolue avec laquelle serait ainsi formée la liste annuelle du jury. Pourquoi d'ailleurs, disent-ils, ne procéderait-on pas de cette façon pour la confection de cette liste, alors qu'on n'use pas d'un autre moyen pour désigner les jurés appelés à fonctionner à chaque session de cours d'assises et que c'est également par voie de tirage au sort que l'on forme le jury de jugement?

On éviterait par là, pensent-ils, toute invasion de la politique dans le domaine judiciaire, chose extrêmement difficile pour ne pas dire impossible à empêcher, même en s'en rapportant à l'élection et, à plus forte raison, lorsque l'on confie à des commissions spéciales le soin de dresser elles-mêmes les listes de roulement annuel du jury.

Encore une fois, nous ne nions point les avantages de cette combinaison, mais nous y voyons des inconvénients qui nous engagent à donner la préférence au système préconisé par Robespierre à l'Assemblée constituante, et qui consiste à laisser à l'universalité même des jurés le soin de choisir les jurés appelés à figurer sur les listes annuelles.

Et d'abord, il n'est personne qui ne soit obligé de reconnaître *a priori* qu'il est matériellement et moralement impossible à tous les citoyens légalement inscrits sur les listes électorales de remplir les fonctions de jurés, bien qu'en étant virtuellement investis.

Ainsi, il va de soi que ces fonctions ne peuvent incomber à ceux qui ne savent ni lire ni écrire. Il est non moins évident qu'il est difficile d'en imposer la charge à ceux qui ne peuvent abandonner leurs travaux pendant toute une session sans courir risque de voir le pain manquer à la maison, l'indemnité allouée aux jurés étant tout à fait insuffisante pour subvenir aux besoins de toute une famille pendant une quinzaine de jours.

Il faut donc trouver un moyen qui permette, sans

qu'il soit touché au principe, de se passer des igno-
rants et d'exonérer les indigents ; ce moyen, c'est l'é-
lection, c'est-à-dire le recrutement du jury par les
jurés.

Le peuple, a dit Montesquieu, est admirable pour
nommer ses juges ; à plus forte raison est-il apte à
choisir les jurés. Son choix portera presque généralement, c'est incontestable, sur les plus capables, sur
les plus instruits, sur les plus honnêtes. Et quand le
sort aura à intervenir soit pour désigner les jurés de
session, soit pour former le jury de jugement, il n'y
aura pas à craindre de le voir s'égarer.

Quelques personnes appréhendent que ce mode de
formation des listes de jurés ne nous donne un jury
politique. Ces appréhensions ne nous paraissent pas
fondées. L'immense majorité de la France étant aujourd'hui républicaine, il est clair que les jurés devront être en majeure partie républicains.

Mais quoi de plus naturel ? Cela ne serait-il pas plus
logique que si le sort venait à jouer à un département
le mauvais tour de l'inonder de jurés hostiles aux institutions démocratiques ?

Et puis, nous est-il permis de faire, en quelque sorte,
un procès de tendance aux citoyens qui se trouve-
raient investis du redoutable mandat de prononcer
sur l'honneur, sur la liberté, sur la vie de leurs concitoyens ?

Nous avons, quant à nous, un amour assez profond
de la justice pour être certain que nul accusé, fût-il
le plus grand de nos adversaires politiques, n'aurait
à redouter la partialité de nos décisions.

Sans doute, il y a dans toutes les choses humaines

un côté défectueux ; mais, inconvénients pour inconvénients, c'est dans le système que nous proposons qu'il s'en rencontrera le moins.

Nous montrerons plus tard combien simple, commode et facile serait l'élection cantonale des jurés par les jurés.

Aujourd'hui, nous nous contentons d'établir le principe.

Le jury, dans notre pays, est encore à l'état d'enfance. Que la Chambre avise sans retard, car il n'y a pas d'institution plus nécessaire à la démocratie, et qui soit plus de nature à sauvegarder les grands intérêts de la République.

DES FONCTIONNAIRES PUBLICS

DÉDIÉ A LA COMMISSION DU BUDGET

I

Nous rencontrions hier un député de nos amis, qui fait partie de la commission du budget.

— Eh bien! lui dîmes-nous, vous êtes de ceux qui tiennent aujourd'hui le cordon de la bourse. J'aime à croire que vous allez enfin entrer résolûment dans la voie des économies. Mieux vaut tard que jamais.

— Des économies! nous répondit-il en hochant la tête, on n'y songe guère. Est-ce possible, d'ailleurs?

— Comment, si c'est possible? Et toutes ces dépenses inutiles, tous ces gros traitements, toutes ces sinécures dont nous réclamions si énergiquement la suppression? Est-ce que la République ne nous apparaissait pas comme le gouvernement à bon marché par excellence?

— Vous parlez des fonctions inutiles, dit-il en souriant avec quelque amertume. Mais tout le monde veut être fonctionnaire public.

Tout le monde veut être fonctionnaire public!

Cette assertion, trop vraie, hélas! nous rappelait les

lignes suivantes que nous écrivions sous l'Empire, et qui n'ont rien perdu, hélas ! de leur à-propos.

Une des plaies les plus vives de notre pays, c'est la manie des fonctions publiques. Il y a là comme un chancre qui menace de ronger le corps social, si nous n'y portons résolûment la main.

Le mal vient de loin ; il est dans le sang, et pour l'éliminer, ce n'est pas trop de toute la volonté, de toute l'énergie dont la démocratie est capable.

Nous sommes bien, sous ce rapport, les fils de l'ancien régime. La plupart des fonctions publiques étaient vénales alors. N'importe ! on ne s'y jetait pas moins à corps perdu. Les emplois les plus humbles, les plus modestes, trouvaient des acheteurs empressés, comme les plus brillants et les plus lucratifs. On y avait l'avantage de sortir de la foule, d'être quelque chose. Et puis, un grand nombre de ces charges conféraient soit la noblesse, soit des priviléges pécuniaires, et Dieu sait si c'était un appât puissant chez une nation comme la nôtre, où chacun veut toujours paraître plus que son voisin. Aussi, le gouvernement, spéculant sur la vanité commune, avait-il multiplié les fonctions publiques à l'infini et en trafiquait-il sans pudeur.

La Révolution coupa court aux abus. En supprimant les emplois inutiles, en détruisant la vénalité des charges, en les faisant dépendre presque toutes de l'élection populaire, elle réalisa un grand progrès et entra dans la véritable voie démocratique. Il faut bien reconnaître, en effet, que des administrateurs choisis par leurs propres concitoyens se montreront beaucoup plus dévoués à la chose publique que de simples agents du pouvoir qui, avant tout, ont soin de complaire au maître qui les nomme et qui tient dans sa main les grâces, les faveurs et l'avancement.

Malheureusement, l'œuvre de la Révolution, déjà fort ébranlée à la suite du 9 Thermidor, avorta presque complétement en Brumaire.

En confisquant toutes les libertés du pays, le premier consul jugea nécessaire, pour assurer sa domination, d'avoir les fonctionnaires publics à sa discrétion, et de s'isoler du reste des citoyens par un cordon sanitaire de personnages officiels. Les charges ne furent pas vénales comme sous l'ancien régime, mais, par une sorte de rapt à main armée, elles devinrent la propriété du chef de l'Etat, qui les distribua comme une manne céleste. L'Empire venu, on vit refleurir, comme sur leur sol naturel, les fonctions de chambellan, d'écuyer, de maître des cérémonies, et une foule d'autres, ayant plus ou moins un caractère de domesticité. C'était à qui endosserait la livrée du maître ; ce qui, plus tard, fit dire à Paul-Louis Courier que nous étions une nation de valets.

Une foule de fonctions inutiles, onéreuses, se trouvèrent rétablies, au grand dommage du pays et de la liberté. Seulement, il fallait au prince une proie à jeter à l'avidité des solliciteurs et de puissants moyens de séduction sur les familles. Tant que toutes les fonctions publiques seront à la merci du gouvernement, quel qu'il soit, ces fonctions serviront de monnaie courante pour acheter les consciences. Les gouvernements qui ont succédé à l'Empire n'ont fait que développer cette passion pour les emplois de l'État, qu'aucun peuple du monde ne possède au même de-

gré que nous. Une révolution vient-elle, en passant,
briser un trône, vite, faute de foi démocratique, nous
retombons dans les mêmes errements. Au lieu de
rompre avec des habitudes énervantes et sans dignité,
de compter sur nous-mêmes, nous tournons nos re-
gards vers le gouvernement qui surgit, nous l'invo-
quons comme une providence, et soudain le pays devient suivant l'expression du poëte, une halle cynique

> Où chacun cherche à déchirer
> Un misérable coin des guenilles sanglantes
> Du pouvoir qui vient d'expirer.

Hélas ! nous avons bien peur qu'il n'y ait un peu de
vrai dans l'anathème de Barbier.

Savez-vous combien nous possédons en France de
fonctionnaires publics directement salariés par l'État?
Deux cent soixante mille environ! Et dans ce nombre
ne sont pas compris, bien entendu, les agents à
la charge des communes. La seule perception de nos
impôts, directs ou indirects, occupe près de quarante
mille hommes, toute une armée! On serait fort em-
barrassé de dire ce qu'il y a de plus défectueux et de
plus déplorable, ou de notre système d'impôts, ou du
mode de les percevoir.

Il y a des fonctions utiles, d'autres qui ne le sont
pas; la démocratie doit ramener les premières à un
état tel qu'elles ne soient jamais un péril pour la liberté,
et supprimer impitoyablement les secondes.

Il est surabondamment démontré que la justice administrative est tout ce qu'il y a de plus contraire... à
la justice ; pourquoi alors un conseil d'État trop richement doté, et qui a le premier tort, étant une éma-

nation pure du pouvoir exécutif, de faire invasion dans le domaine législatif.

Le conseil d'État, tel qu'il est institué, n'a qu'une utilité réelle, celle de faire des positions grassement rétribuées à des personnages dont il faut utiliser le dévouement.

Pourquoi aussi un Sénat conservateur, — il s'agit de l'ancien Sénat impérial, — plus richement doté encore, véritable institution aristocratique, fourvoyée dans une société foncièrement démocratique, et qui n'a guère d'autre souci que celui de se conserver lui-même ?

Nous laissons pour mémoire les intendants ressuscités sous le nom de préfets, et mis à la place des administrateurs temporairement élus par le pays lui-même ; les sous-préfets, dont le rôle le plus actif consiste à servir d'agents électoraux, et qui suaient sang et eau, les malheureux ! pour la plus grande gloire des candidats officiels ; les secrétaires généraux, conseillers de préfecture, et la foule des sinécures offertes aux complaisants et aux amis, et nous arrivons à ce que coûte l'administration française, la première du monde... par sa cherté.

II

La manie des fonctions publiques que nous dénoncions sous l'Empire n'est donc pas moindre aujourd'hui, parce que nous n'avons pas encore d'institutions républicaines.

L'imagination est confondue, disions-nous, quand on suppute le chiffre des traitements arbitrairement dévolus à certains fonctionnaires, tandis que des employés laborieux et indispensables ont à peine le nécessaire.

Et qui paye cela, je vous prie ? Le peuple.

Il n'est pas mauvais qu'il en soit ainsi, allégueront des économistes à vue courte. Cela fait dépenser et donne de l'élan au commerce. Faux raisonnement, déplorable calcul. D'abord, il n'est pas bien que les administrateurs d'un grand pays donnent l'exemple des prodigalités et des folles dépenses. Nous n'avons à leur demander qu'une chose, à savoir, de faire de bonne besogne et d'administrer sagement.

Ensuite, c'est une erreur de croire que les sommes prises dans les poches des contribuables y retournent invariablement, en vertu d'une loi de circulation constante. Pour un fonctionnaire prodigue, on en citera dix qui thésaurisent.

Nous nous rappelons un mot féroce de Dupin. Cet homme avait eu dans sa vie un éclair de conscience. Conseil de la famille d'Orléans, il s'était démis volontairement de ses fonctions de procureur général à la Cour de cassation, le lendemain du jour où avait paru le décret de confiscation des biens de cette famille. Mais, à peine rentré dans la vie privée, il se sentit pris de la nostalgie de ses fonctions, et surtout des émoluments qui y étaient attachés. On le voyait se promener mélancolique et désespéré, comme une âme en peine. Il n'y tint plus, et un jour, se donnant à lui-même un démenti honteux, il remonta au siége d'où l'avait banni un scrupule d'une heure. Comme un de ses amis ne pouvait s'empêcher de lui témoigner son étonnement d'une évolution si rapide : « Eh! mon cher, répondit ce Perrin Dandin doublé d'Harpagon, j'étais obligé de vivre sur mon revenu. » Il était riche à millions.

Laissons donc aux citoyens le plus d'argent possible ; ils sauront bien le dépenser eux-mêmes.

Le malheur de notre pays, répéterons-nous, c'est que chacun veut être fonctionnaire du gouvernement, et que de jeunes gens, au sortir du collége, n'ont pas d'autre ambition ! C'est, en effet, si commode et si agréable à la fois pour les pères de caser leurs fils sans bourse délier et d'être débarrassés du souci de leur avenir ; pour les fils, d'avoir une position où l'on peut, sans grande dépense de talent, de travail et d'intelligence, arriver parfois à la fortune et aux honneurs.

Pas n'est besoin, comme dans les lettres, la médecine, le barreau, le commerce ou l'industrie, d'une volonté tenace, d'un labeur continuel, d'une somme plus ou moins forte d'esprit et d'intelligence ; non : du zèle et de la docilité, et puis encore de la docilité et du zèle, et l'on peut, sans trop d'efforts, gagner son bâton de maréchal. Notez qu'il ne s'agit ici que des fonctions distribuées par la voie gracieuse, et non de celles qu'il faut conquérir par des concours sérieux, comme dans la carrière de l'instruction publique, et qui sont, hélas ! si parcimonieusement appointées. Mais, en général, dans l'administration, les hauts traitements sont en raison inverse de l'utilité des emplois.

Les fonctions publiques, telles qu'elles sont organisées aujourd'hui, n'ont pas seulement le tort de grever lourdement le budget, d'habituer les esprits à la servitude et d'étouffer les mâles vertus du citoyen, elles ont le tort plus grand encore de constituer un État dans l'État, une nation dans la nation. On dit : le monde officiel ; et le chef de l'État lui-même ne voit la France qu'à travers ce monde de convention. Ajoutez qu'il y règne un népotisme effrayant, scandaleux, ce qui est ce qu'il y a de plus contraire aux principes de l'égalité. L'administration française tend à devenir le patrimoine de certaines familles.

Et, comme pour tracer entre cette aristocratie nouvelle et le reste des citoyens, une ligne de démarcation plus profonde, on a eu l'idée de l'affubler d'un costume à part. Ceux qui s'imaginent que, dans un siècle comme le nôtre, le costume exerce quelque influence, sont, en vérité, de bien pauvres esprits. On peut avoir du respect et des égards pour le mérite du fonctionnaire, jamais on n'en aura pour sa défroque. Sans parler des robes crasseuses de nos avocats, y a-t-il rien de plus ridicule que le costume de nos magistrats ? Nos hauts fonctionnaires, couverts de broderies, chamarrés et empanachés ne ressemblent-ils pas, à s'y méprendre parfois, à des marchands d'orviétan ou de vulnéraire suisse ?

Les premiers rendent-ils une justice meilleure, et les seconds administrent-ils mieux nos affaires sous ces accoutrements grotesques ? Nous n'aimons pas ces apparences extérieures du pouvoir, inventées, sans doute, pour frapper les imaginations, comme certains peuples habillaient leurs soldats d'une façon bizarre, dans l'idée de terrifier leurs ennemis. Nous avons

même peur que l'uniforme n'ôte à nos magistrats et à
nos administrateurs un peu de cette bienveillance et
de cette attention scrupuleuse qu'ils sont tenus d'apporter dans l'exercice de leurs fonctions. « Quand je
vois, parmi nous, — a dit M. de Tocqueville, — certains magistrats brusquer les parties ou leur adresser
des bons mots, lever les épaules aux moyens de la défense, et sourire avec complaisance à l'énumération
des charges, je voudrais qu'on essayât de leur ôter
leur robe, afin de découvrir si, se trouvant vêtus
comme de simples citoyens, cela ne les rappellerait
pas à la dignité naturelle de l'espèce humaine. »
M. de Tocqueville avait raison.

La démocratie doit donc effacer ces distinctions pué-
riles, et surtout faire table rase de toutes les fonctions
qui n'ont pas une utilité essentielle. Elle doit également supprimer les différences exorbitantes existant
entre les divers traitements alloués aux employés de
l'État, et qui font que les uns sont gorgés et repus
outre mesure, tandis que les autres ont à peine le
nécessaire.

Ici, comme en toutes choses, il faut en revenir aux
principes proclamés et appliqués par la Révolution.
Que les fonctions publiques, réduites au strict nécessaire, dérivent de l'élection et du concours, et que
ceux qui en sont investis vivent au milieu de la foule,
sans gardes, sans palais, sans costume, et soient,
comme les autres citoyens, soumis au droit commun.
Plus de cumuls, plus de gros traitements, plus de
sinécures.

N'ayons dans l'État que des employés indispensables, mais astreignons-les à un labeur régulier et sé-

rieux, et donnons-leur un salaire qui assure leur existence et celle de leur famille. Voilà ce qu'exige la démocratie.

De cette façon nous éloignerons des emplois publics les oisifs qui ne visent qu'à un titre et veulent avoir l'air de *faire quelque chose;* nous habituerons les citoyens à compter davantage sur eux-mêmes et à ne plus regarder l'État comme une providence universelle; nous leur restituerons le caractère d'indépendance qu'ont si déplorablement effacé en eux les institutions monarchiques, et la France guérira de la manie du *fonctionnarisme.*

Nos amis de la commission du budget ne s'étonneront pas que nous réclamions aujourd'hui ce que nous demandions déjà avec tant d'insistance sous l'Empire, et M. Jules Simon avouera avec nous que la suppression des fonctions inutiles est une des nécessités de la politique radicale.

PRÉFETS ET SOUS-PRÉFETS

La suppression du traitement alloué aux sous-préfets de Sceaux et de Saint-Denis, votée par la Chambre des députés, et qui implique celle de ces deux sous-préfectures, nous amène naturellement à dire un mot de nos institutions administratives, si coûteuses et si contraires au génie de la liberté.

L'institution des préfets et des sous-préfets doit-elle être conservée dans un état démocratique et républicain? Il n'est pas, je ne dirai point seulement de démocrate, mais de libéral sincère qui, à cette question, ne réponde sans hésiter : Non.

Chose étrange! trois révolutions ont passé sur nos têtes, depuis que Bonaparte a étouffé sous sa botte éperonnée les principes de 1789, et la déplorable organisation administrative, née du crime de Brumaire, a été précieusement respectée.

La révolution de 1830 n'a guère été qu'un changement de dynastie, passons.

Mais la révolution de 1848, qu'a-t-elle modifié au point de vue de notre administration? Rien. A des préfets royalistes elle a substitué des préfets réputés républicains, et mis M. Ollivier à la place de nous ne savons quel administrateur. Cela rendait-il l'institution meilleure ? Non, hélas !

La révolution de 1870, qui, elle, n'a pas eu la gloire de fonder le suffrage universel, n'a pas été mieux inspirée sous ce rapport. Elle a dépeuplé la salle des Pas-Perdus pour peupler les préfectures; voilà tout. Mais le merveilleux mécanisme d'arbitraire et de bon plaisir, restauré par le législateur de Brumaire, est resté intact.

Ainsi, nous avons la République de nom, et nous sommes encore à la merci de tous les agents du despotisme ! Et nous conservons comme une arche sainte l'organisation administrative d'un régime qui a été le fléau du pays ! Il y a là un danger sérieux.

Et ce danger, sommes-nous les seuls à le signaler, nous républicains démocrates, qui ne luttons que pour la grandeur et l'émancipation de notre pays? Écoutez ce que disait en 1818, c'est-à-dire en pleine Restauration, M. Bérenger (de la Drôme), mort, depuis, président à la Cour de cassation, et qu'on n'accusera pas de passion révolutionnaire.

« Le monument de notre liberté politique a été placé sur un piédestal qu'éleva naguère le despotisme, de sorte qu'on en est séparé par un obstacle qui ne permet presque jamais d'y atteindre.

« Lorsque la forme du gouvernement a changé, ses agents, ses représentants immédiats dans les provinces sont demeurés organisés de la même manière que sous le gouvernement impérial; ils ont conservé la même autorité, les mêmes habitudes; ils ont eu la même facilité de se livrer à l'arbitraire... On a vu une chose monstrueuse : les préfets se permettre

dans leurs départements ce que les ministres constitutionnels n'auraient pas osé faire à Paris...

« Tels étaient les préfets sous le pouvoir absolu,
tels ils ont été conservés sous la monarchie constitutionnelle. Ainsi, notre organisation politique ressemble à un corps qui serait surmonté d'une tête majes-
tueuse et douce, mais dont les membres difformes
seraient constitués pour faire le mal. »

Ne dirait-on pas que ces lignes ont été écrites pour
le temps où nous vivons ?

Qu'est-ce qu'un préfet? qu'est-ce qu'un sous-préfet?

Le préfet n'est autre chose, sous un nom différent,
que l'intendant de l'ancien régime.

Le sous-préfet est aux préfets actuels ce que le
subdélégué était aux anciens intendants.

La Révolution avait affranchi la commune et le département. Aux intendants, organes exclusifs du gouvernement et instruments complaisants de servitude
et de tyrannie, elle avait substitué des assemblées
administratives, tirées du sein même du pays. La
constitution de 1793, en rendant publique les séances
des corps administratifs et des municipalités, donnait
à la vie communale et départementale un souffle, un
essor que la France ne connaissait plus depuis des
centaines d'années.

Un pareil système était trop favorable à la liberté
pour être maintenu après le coup d'État de Brumaire.
On se hâta de retirer aux départements la nomination
de leurs administrateurs, et d'en revenir aux intendants de l'ancien régime, que l'on baptisa d'un nom
romain pour sauver les apparences.

Dès lors, le pouvoir exécutif, comme une pompe aspirante, amena à lui toutes les forces vives de l'État. Le pays se trouva pris dans un engrenage tel, qu'il ne put se mouvoir désormais qu'en vertu d'une impulsion partie du centre. Toute vie propre lui fut retirée. Dépositaires de la puissance exécutive, instruments dociles des volontés du pouvoir, les préfets sont les cent bras du monstre-gouvernement qui tient comprimée sous ses pieds la nation frémissante.

Sommes-nous les seuls à penser ainsi ? Citons de nouveau M. Bérenger (de la Drôme) :

« L'autorité des préfets est si étendue, leurs pouvoirs si divers, et en même temps si confusément déterminés, ils sont eux-mêmes soumis à une telle dépendance envers le gouvernement, que ce genre d'administration est tout à fait incompatible avec un régime constitutionnel. L'autorité administrative fut établie dans le même but que l'autorité judiciaire; on en fit plus encore un instrument de despotisme. »

Préfets et sous-préfets, si favorables à l'arbitraire et au bon plaisir, sont donc beaucoup plus nuisibles qu'utiles à une bonne administration.

Qu'est-ce que c'est que ces administrateurs qu'on envoie, suivant les caprices et les variations de la politique, diriger les affaires d'un département dont ils ne connaissent ni les habitants, ni le tempérament, ni les besoins ? au grand détriment de nos finances, ils touchent de magnifiques appointements, jouissent d'honneurs extraordinaires et ont un palais pour résidence. Cela est sans doute fort agréable pour eux ; mais quel profit en retire le pays ?

Voulez-vous, non pas seulement notre avis sur ces

fonctionnaires funestes, mais aussi celui d'un simple libéral ? écoutez encore M. Bérenger (de la Drôme) :

« Si l'on énumérait les attributions d'un préfet, on serait effrayé de leur nombre... Un préfet réunit dans sa main des pouvoirs qui en remontant plus haut, sont divisés entre plusieurs ministères. Espionnage général, puissance judiciaire, autorité militaire, administrative et civile ; voilà ses attributions. Elles ressemblent beaucoup à celles des proconsuls dans les provinces romaines.

« Si, après cet aperçu général, on voulait examiner de plus près la physionomie de cette espèce de magistrature, on trouverait de nouveaux sujets de la redouter... Les préfets sont dans la dépendance même des honneurs et des richesses dont on les accable. Une destitution les menace toujours, c'est par cette crainte continuelle qu'on parvient à obtenir d'eux l'obéissance la plus parfaite... Toute leur crainte est de se compromettre...

« Un administrateur prend-il possession de sa préfecture ? Il y trouve sur le champ une cour toute formée ; il s'y trouve de ces hommes qu'on peut avec raison regarder comme faisant partie du mobilier de la préfecture... Auprès d'un préfet, ils approuvent tout ; ils louent sans réserve, se constituent ses flatteurs les plus dévoués. Ils sont de tous les dîners ; leurs femmes et leurs filles sont de toutes les fêtes. Distribue-t-on des grâces ? elles pleuvent sur eux ; des croix d'honneur ? ils sont les premiers décorés. Ils font partie de toutes les commissions. On les distribue dans toutes les administrations des hospices et des établissements publics, et, par leur moyen, on s'assure la direction de tout ce qui devrait être à l'abri des entreprises de l'autorité. »

Quiconque connaît de près nos administrations départementales avouera avec nous que rien n'a été changé en France, depuis le premier Empire, sous le rapport administratif, et que les choses se passent de nos jours, dans les préfectures, absolument comme en 1818.

« Je ne crains pas de le dire, ajoute M. Bérenger (de la Drôme), ce sont les préfets qui, par leur immense autorité, et par l'usage qu'il leur était permis d'en faire, ont le plus contribué à servir les desseins de Bonaparte; mais aussi, c'est par eux qu'il mécontenta le plus la nation et qu'il lui rendit son joug insupportable... Le despotisme qui comprime tout de son bras de fer, peut bien pour un temps mépriser l'opinion publique; mais, sous la monarchie constitutionnelle et tempérée, on suit d'autres règles, on se dirige d'après d'autres principes, et l'on sent que pour durer il faut marcher avec les peuples. »

On ne saurait mieux dire. En voilà assez, pensons-nous, pour démontrer irréfragablement combien cette inutile et coûteuse institution des préfets et des sous-préfets est antipathique et contraire à un gouvernement libre. Ce n'est pas nous seulement qui le disons, c'est un simple libéral de la Restauration. Il est temps d'aviser.

La République n'existera sérieusement que lorsqu'elle sera fondée sur des institutions républicaines, et nous ne croyons pas nous montrer trop exigeants, en demandant aujourd'hui pour elle ce que M. Bérenger (de la Drôme) réclamait en 1818 pour la monarchie constitutionnelle.

II

« Plus d'intendants vice-despotes ! » s'écriait Camille Desmoulins en 1789, à l'heure sacrée où la France se disposait à faire l'apprentissage de la liberté. Ah ! c'est que les intendants étaient en matière administrative ce qu'étaient les fermiers généraux en matière de finance : un objet d'exécration générale.

Un jour, Law disait au marquis d'Argenson : « Jamais je n'aurais cru ce que j'ai vu quand j'étais contrôleur des finances. Sachez que ce royaume de France est gouverné par trente intendants. Vous n'avez ni Parlement, ni États, ni gouverneurs ; c'est de trente maîtres des requêtes, commis aux provinces, que dépend le malheur ou le bonheur de ces provinces, leur abondance ou leur stérilité. »

Eh bien ! les préfets d'aujourd'hui sont exactement ce qu'étaient les intendants d'autrefois. Ils ont la même autorité, les mêmes habitudes, la même facilité de se livrer à l'arbitraire. Ce sont les bras très-actifs, les yeux très-vigilants d'un pouvoir qui veut tout connaître et tout diriger.

Il n'est pas jusqu'à leurs rapports aux ministres actuels qui ne soient identiques à ceux que nos anciens administrateurs provinciaux adressaient au contrôleur général. Comme ceux-ci, ils sont les agents tout-puissants de la police générale. Ils ont des espions publics et secrets, et leur correspondance, « aussi active que dangereuse pour leurs administrés, » dit

M. Bérenger (de la Drôme), semble calquée sur la correspondance des intendants. C'est à s'y méprendre.

L'atroce pouvoir des intendants allait jusqu'à répandre le sang des populations soumises à leur despotisme. N'a-t-on pas vu un Lamoignon de Basville diriger lui-même les bandes armées qui décimèrent les protestants du Languedoc, à ce point que Villars disait de lui qu'il était plus fait pour commander à des soldats que pour administrer une province?

Qui ne se souvient des atrocités commises par certains préfets au lendemain du coup d'État de Décembre? Tantôt des exécutions sommaires, tantôt des proscriptions en masse. Ils ne faisaient en cela, d'ailleurs, que suivre les errements de quelques-uns de leurs prédécesseurs de 1815. M. Bérenger (de la Drôme) raconte qu'il a vu un préfet remplir sa province d'exils, d'emprisonnements et de destitutions, après avoir provoqué lui-même des troubles par les excès auxquels il se livrait dans son administration, et violé toutes les lois les plus saintement garanties.

Ce sont là des choses accidentelles, soit ; mais ce qui a un caractère permanent, ce sont les habitudes de tyrannie, d'arbitraire et de bon plaisir inhérentes à l'institution même.

Un administrateur du département de Seine-et-Marne, sous le dernier Empire, n'a-t-il pas eu l'inconvenance de pénétrer de vive force du côté des dames dans un établissement de bains, en excipant de son titre de préfet? Un satrape asiatique n'eût pas mieux fait.

Que d'exemples d'arbitraire semblable on pourrait

relever à la charge de ces fonctionnaires, dont l'existence jure d'une si criante façon avec celle de la **République**? Peut-on oublier les récents exploits des préfets de l'ordre moral?

Ici, c'étaient des journaux proscrits selon les caprices et les rancunes de tel ou tel administrateur ; là, c'étaient les cadavres des libres-penseurs condamnés à une sorte d'enfouissement clandestin, de par la volonté d'un préfet fanatique ou bigot. Est-ce que, tout dernièrement encore, un administrateur départemental, du nom de Delmas, ne jetait pas l'interdit sur le *Lion amoureux*, de Ponsard, dont la censure impériale ne s'était pas effarouchée?

Le pouvoir discrétionnaire des préfets n'a d'autre limite que celle qu'ils veulent bien y apporter par leur modération personnelle. Toutes les volontés locales s'effacent devant la leur. Ils font dans les départements où ils trônent en dominateurs, ce qu'un ministre n'oserait jamais faire à Paris. Et trop souvent leur outrecuidance à l'égard de leurs administrés, n'a d'égale que leur humilité devant le pouvoir central·

Écoutez là-dessus M. Bérenger (de la Drôme) :

« La position de ces administrateurs est singulière. Dans leurs provinces, ils gouvernent en potentats ; leur volonté fait la suprême loi ; tout tremble devant eux, et l'importance que la plupart se donnent ajoute à la puissance dont ils sont investis. Devant le ministère, ils sont humbles, soumis ; leur appréhension d'une défaveur est continuelle, la correspondance de quelques-uns d'entre eux, mise au grand jour dans les derniers temps, a fait connaître avec quel ton impérieux on leur commande, avec combien peu de ménagement on les traite ; il faut qu'ils obéissent, et leur prompte destitution est le prix de leur hésitation ou de leur négligence. C'est donc le plus souvent par des humiliations qu'ils achètent leur autorité. »

De tout ce que nous avons dit, il résulte que notre organisation administrative est tout à fait en désaccord avec les principes républicains.

On a souvent prétendu que la puissance de concentration, inhérente à cette organisation, était une garantie de sécurité intérieure et extérieure pour notre pays. Erreur profonde. L'histoire prouve absolument le contraire.

Tandis qu'en 1792, alors qu'il n'y avait ni intendants, ni préfets, nos pères ont su se concerter, se réunir, à la voix d'administrations électives, et déployer une énergie suprême contre les ennemis du dedans et du dehors, il est arrivé, en 1814 et en 1870, que les administrations préfectorales se sont montrées complétement au-dessous de leur tâche. Elles sont jugées maintenant au point de vue de la défense du pays.

Ce sont, nous le répétons, de purs instruments de despotisme, plus propres à diviser les citoyens, à raviver les haines, à irriter les esprits, à répandre le mécontentement dans toutes les classes du peuple, en multipliant les vexations, qu'à faire l'union dans les cœurs et à assurer partout la concorde et la paix.

« La conséquence de ce qui précède, dit encore excellemment M. Bérenger (de la Drôme), après avoir tracé le tableau saisissant des excès et des abus de toutes sortes auxquels donne lieu notre présente organisation administrative, est qu'avec un autre système d'administration, on n'aurait à craindre ni de tels excès de la part des agents du pouvoir, ni de telles rébellions de la part des peuples.

« Tant que l'administration proprement dite ne sera pas mise en harmonie avec la forme de notre gouvernement constitutionnel, on sera menacé des mêmes dangers, et il faudra désespérer de voir, avec le repos et la tranquillité, se répandre dans nos provinces, les bienfaits d'une sage liberté. »

Vous entendez bien : avec cette création du despotisme, avec ces préfets et ces sous-préfets, aussi inutiles à une bonne administration, que coûteux pour nos finances et dangereux pour l'indépendance nationale, nous n'aurons jamais de repos ni de tranquillité, nous ne jouirons jamais des bienfaits d'une sage liberté. C'est un simple libéral qui l'affirme.

Nous avons entendu dire à quelques-uns de nos amis : « Sans doute l'institution des préfets est une détestable chose quand elle est entre les mains de la réaction ; mais il en est tout autrement quand le pouvoir appartient aux républicains. »

Nouvelle erreur profonde. Ce ne sont pas tant les hommes qui ne valent rien que l'institution qui est mauvaise. On n'édifiera jamais la liberté avec les instruments du despotisme.

Que si l'on nous demande notre solution, elle est bien simple et d'une application immédiate et facile. Il suffirait d'augmenter les attributions des conseils généraux, et surtout celles du conseil permanent, qui s'appelait le Directoire aux termes de la Constitution de 1791, et qui s'appelle aujourd'hui la commission de permanence. Supprimez ensuite le préfet, et vous serez bien près de toucher à l'idéal d'un système administratif qui laissera au pouvoir central ce qui lui appartient légitimement, tout en sauvegardant l'indépendance de la commune et du département.

Eh quoi ! vont s'écrier les fanatiques de gouvernement, supprimer les préfets ! Que deviendra le principe d'autorité, et qui reliera les membres à la tête ?

Que ces fanatiques se rassurent. Il restera du principe d'autorité ce qui n'est pas incompatible avec la liberté du pays.

« On abandonnerait enfin, dit encore M. Bérenger (de la Drôme) cette méthode routinière administrative qui tend à tout centraliser pour se rendre maître de tout. »

Quant à relier les administrations départementales au pouvoir central, il suffirait d'un simple agent du gouvernement auprès de chaque Conseil permanent pour assurer l'exécution des lois, comme il y a des procureurs de la République auprès des corps judiciaires.

« Mais cet agent, ajoute M. Bérenger (de la Drôme), n'aurait point, comme les préfets, un traitement magnifique; on n'en ferait pas un personnage important; son rang serait modeste ; on ne chercherait pas à lui donner une influence qu'il ne pourrait acquérir sans danger pour la liberté publique. »

Impossible de mieux dire, et nous sommes heureux, nous républicains démocrates, de nous rencontrer dans une telle communion d'idées avec un esprit aussi libéral et aussi généreux que celui de M. Bérenger (de la Drôme).

Que notre système, d'application si simple, soit

immédiatement décrété, et alors plus d'actes arbitraires, plus de fantaisies dictatoriales, plus d'oppression, plus de possibilité à un homme d'attenter aux droits des citoyens, plus d'absorption de tout un pays par l'État.

Avons-nous besoin d'ajouter que ce que nous proposons-là n'est autre chose que l'œuvre élaborée par la Révolution et qu'elle avait commencé de mettre en pratique.

Quoi qu'on dise et quoi qu'on fasse, c'est toujours aux grandes idées de la Révolution qu'il faudra en revenir quand, avec le nom de la République, on voudra avoir les institutions républicaines, qui, seules, assureront à notre pays la dignité vraie, l'indépendance et la liberté.

LA NATION ARMÉE

I

La loi militaire est toujours la grosse préoccupation du jour. Et cela se comprend. Il s'agit de savoir si nos enfants continueront d'être arrachés pour cinq ans à leurs études, à leurs travaux, à leur profession, sous le fallacieux prétexte qu'un temps plus court ne permettrait pas le recrutement des sous-officiers, ou si l'on se contentera de les garder pendant trois ans sous les drapeaux, laps de temps largement suffisant, nous le prouverons de reste, pour former des sous-officiers excellents.

Il n'est guère de famille en France qui ne soit directement intéressée à cette question ; il nous faut donc y revenir et y insister d'autant plus que la majorité de la commission chargée d'examiner la proposition si sage de M. Laisant, vient de se prononcer pour le maintien du service à cinq ans. Les sophismes de M. Thiers et du ministre de la guerre l'ont emporté.

A quoi donc servent, hélas ! les leçons du passé et une expérience si tristement acquise !

Après nos derniers désastres, ce n'était qu'un cri général : Plus d'exemptions, obligation [du service militaire pour tout le monde et réduction de ce service à deux ou trois ans au plus.

Organisée militairement d'après ces principes, l'Allemagne nous en avait démontré l'excellence, et l'on pouvait espérer que la leçon nous profiterait. Il n'en fut rien. L'Assemblée de 1871 commença par violer le principe démocratique en introduisant dans la loi cette mauvaise institution fiscale qu'on appelle le volontariat d'un an, institution jugée aujourd'hui à sa juste valeur et qui a l'impardonnable tort de constituer un privilége au profit des classes aisées. Puis, sous l'influence fatale de M. Thiers, elle étendit à cinq ans la durée du service. Ce fut dans le pays une amère et cruelle déception.

Il n'est peut-être pas un candidat républicain qui n'ait promis de voter la réduction de ce service à deux ou trois ans ; et, pour notre part, nous n'oublierons jamais avec quel enthousiasme cette promesse était accueillie par les électeurs. Si elle n'a pas été réalisée dès la première session de la Chambre nouvelle, c'est, on le sait, grâce uniquement au groupe des opportunistes, qui, sans aucune espèce de raison valable, se sont, de gaieté de cœur, donné à eux-mêmes le plus sanglant des démentis.

Aujourd'hui tout semble remis en question. Nous voyons même certaines feuilles départementales, de nuance républicaine, abandonner le principe de la réduction et signifier, sans ambages, aux habitants de nos campagnes, qui se soucient médiocrement de la grandeur et des servitudes militaires, qu'ils n'ont qu'à se résigner et qu'il leur faut à tout jamais laisser de côté le cher espoir, caressé depuis six ans, de voir

enfin cette dure obligation du service militaire resserrée dans des limites qui ne soient trop rigoureuses
ni pour les familles ni pour les enfants.

— Vous en prenez bien à votre aise, serions-nous
tenté de répondre. Mais, au moins, quelles raisons
alléguez-vous pour justifier cet abandon des principes?

— Des raisons! Qu'est-il besoin de raisons? La
compétence de M. Thiers par-ci, la compétence de
M. Thiers par-là. Voilà qui tient lieu de tout raisonnement.

La compétence de M. Thiers! Est-ce que cela ne
ressemble pas à une amère ironie? Pouvons-nous
oublier que M. Thiers a été l'adversaire le plus
acharné des chemins de fer, qu'il en a combattu l'introduction en France comme dangereuse pour la
prospérité du pays? Or, lorsque dans la force de l'âge
on s'est trompé à ce point, quelle autorité peut-on
avoir, au déclin de la vie, dans une question où l'on
se trouve en désaccord avec les stratégistes les plus
distingués de l'époque et des officiers qui ont passé
toute leur vie à méditer sur la question?

M. Thiers nous fait l'effet d'un homme qui préférerait les bombardes du quinzième siècle aux canons
se chargeant par la culasse et qui donnerait l'avantage aux mousquets à mèche sur nos fusils à percussion centrale. Ne trouvait-il pas l'autre jour qu'on ne
faisait pas la guerre aujourd'hui autrement que du
temps d'Annibal ou de César? Quelle merveilleuse
trouvaille !

M. Thiers en est encore à la loi de 1832. Son idéal,
c'est cette loi toute monarchique, qui consacrait le

remplacement militaire et qui mettait l'impôt du sang uniquement à la charge des classes laborieuses. Assurément c'était une loi très-commode pour ceux qui, ayant des fils, pouvaient consacrer un billet de mille francs à les assurer contre le service militaire. Mais était-ce une loi de justice et d'égalité républicaine? Personne n'oserait le soutenir.

Était-ce une bonne loi au point de vue de la défense du pays, que cette loi qui n'avait pas été modifiée depuis dans ses parties essentielles? Les événements de 1870 sont là pour répondre.

Est-ce que M. Thiers est compétent auprès du général Trochu, qui, avec une irrésistible puissance de logique, a prouvé que non-seulement trois ans suffisaient pour former un excellent soldat, mais qu'après ce laps de temps, le soldat ne pouvait plus que perdre?

Est-ce que M. Thiers est compétent auprès du général de Wimpffen, dont le livre récent, la *Nation armée*, démontre surabondamment qu'il serait même possible d'abréger cette dernière limite en imposant à toute la jeunesse l'instruction militaire obligatoire? Il est vraiment à regretter que les membres de la commission du projet Laisant ne se soient pas davantage inspirés de cet excellent petit livre, que nous ne saurions trop recommander aux méditations de tous nos députés.

Ce qu'il faut à la République, comme nous achèverons de le démontrer bientôt, ce qu'il lui faut au triple point de vue de l'économie, de la justice et de la sécurité du pays, ce n'est pas une armée prétorienne comme en fournirait telle ou telle loi monarchique, chère à certains routiniers, mais bien, comme le réclame, avec sa vieille expérience, le général de Wimpffen, la nation armée.

II.

Deux arguments principaux sont mis en avant par les partisans de la prolongation du service militaire à cinq ans et au delà. Car il est de nos routiniers à qui le délai de cinq ans ne paraît pas encore suffisant. Il leur en faudrait sept au moins comme à M. Thiers; vingt, peut-être, comme au maréchal de Saxe, pour qui semble avoir été fait tout exprès le proverbe si connu: « Quand on prend du galon, on n'en saurait trop prendre. »

Cinq, à les en croire, c'est à peine le temps nécessaire à l'instruction du soldat ; à plus forte raison, selon eux, ce délai ne suffit-il pas à former des sous-officiers. Voilà pourtant où en sont encore en France, après les dures leçons de l'expérience dont nous parlions plus haut, des hommes qui ont la prétention d'être des hommes pratiques.

Vainement vous leur objectez que chez une nation voisine, qui ne nous a donné que trop de preuves de la puissance de son organisation militaire, le terme de trois ans a été jugé largement suffisant pour former une excellente armée ; que notre race est, sans contredit, plus apte qu'aucune autre à se façonner rapidement au métier des armes ; ils n'en démordront pas.

En vérité, nous demandons pardon à nos lecteurs de tant insister sur notre réorganisation militaire,

mais ils nous pardonneront en considérant qu'il y a
là une question vitale en quelque sorte pour notre pays,
et que c'est une des pierres angulaires de la République. Si cette question n'est pas résolue dans le sens
de la justice, nous serons pour longtemps encore privés
d'une véritable armée nationale, c'est-à dire de la
seule force capable de rendre la République invincible.

Un des côtés les plus défectueux de la loi de 1872,
qui a fixé à cinq années le temps du service, c'est
qu'elle ne fait passer dans l'armée active qu'une partie du contingent annuel. L'armée, ainsi constituée, n'a
donc ni le nombre ni la qualité que réclamait M. le
ministre de la guerre. Tout ce qui constitue la réserve
ne reçoit qu'une instruction absolument insuffisante.
Pourquoi cela? Parce qu'avec le stage beaucoup trop
prolongé de cinq ans, vous ne pouvez appeler sous
les drapeaux qu'une partie du contingent, sous peine
de dépasser toutes nos ressources budgétaires.

Qui oserait soutenir que l'avantage d'avoir dans les
rangs des soldats un peu plus anciens compense le dé-
savantage de n'avoir que des réserves dont l'instruction laissera toujours tant à désirer?

Au contraire, avec le stage réduit à trois années, on
fait passer tour à tour tous les contingents par l'armée
active. La conséquence immédiate de cette réduction
serait la suppression du volontariat d'un an, que
M. Pascal Duprat condamnait avec raison hier dans la
commission de la loi Laisant, comme constituant
une inégalité flagrante et donnant de mauvais résultats. Ce qui ne veut pas dire qu'on serait forcé de
demeurer trois ans sous les drapeaux. Comme l'indique fort bien M. le général de Wimpffen, ce terme

pourrait encore être abrégé pour les jeunes soldats qui feraient preuve d'une instruction suffisante après la seconde année, et même après la première. Mais du moins l'égalité, base première de toute armée démocratique, ne serait point rompue. Et l'étiquette du service obligatoire, que la loi a consacré en principe, ne serait pas un mensonge dans la pratique.

Ce stage de trois ans est d'autant plus suffisant qu'il est facile de commencer l'instruction militaire de l'école communale. Les choses ne se passent pas autrement en Allemagne. Le général de Wimpffen a raconté que, pendant sa captivité, il a vu les plus jeunes enfants se former en colonne et en bataille avec une précision remarquable. Après la guerre, il en fut de même presque partout en France.

Nous avons pu juger par nous-même, dans le canton de Moreuil, que nous avions l'honneur de représenter au Conseil général de la Somme, des merveilleuses aptitudes de nos petits garçons pour le métier de soldats. Armés de chassepots en bois, les enfants de l'école primaire de Moreuil, depuis les plus petits jusqu'aux plus grands, faisaient l'exercice et manœuvraient avec la régularité de vieux troupiers.

Est-ce qu'ainsi préparés dès l'enfance, nos jeunes gens ne seraient pas des soldats presque faits en arrivant au régiment?

Malheureusement ce beau feu est déjà éteint, et, en dehors des lycées et des colléges, nous ne voyons guère qu'on ait continué ce salutaire apprentissage du métier des armes. Il faut y revenir au plus vite, ne fût-ce que pour ne pas laisser un argument aux partisans des cinq années de service.

Cinq années! il ne leur faut pas moins pour former des sous-officiers, et encore! Quelle plaisanterie! Quoi! trois ans suffisent pour faire un avocat; en deux ans on forme à l'École polytechnique des officiers du génie et d'artillerie, Saint-Cyr fournit l'armée d'officiers de toutes armes après deux ans d'école, et l'on viendra nous dire qu'en deux ou trois ans des conscrits intelligents ne seront pas capables de devenir sous-officiers, alors qu'ils n'ont qu'à se pénétrer des notions les plus simples du service militaire! Non, cela est tout à fait inadmissible.

Nous soutenons, nous, avec les hommes les plus compétents, avec M. le général de Wimpffen, qu'en six mois on peut avoir des sous-officiers et qu'on aurait des sous-officiers d'autant meilleurs qu'ils formeraient la pépinière des officiers de l'armée.

C'est ce que nous nous proposons d'examiner bientôt.

Quelle sera maintenant l'attitude du gouvernement dans cette grave question de la réorganisation militaire? Nous ne pouvons guère compter, nous les partisans d'une organisation démocratique, sur le concours du ministre de la guerre.

Mais la nation armée, c'était le thème favori de M. le président actuel du conseil. Nous avons donc le droit d'espérer qu'il ne se montrera pas hostile aux solutions qui se rapprochent le plus de celles qu'il défendait autrefois.

III

Il nous faut conclure.

Rappelons tout de suite que la commission du projet de loi de M. Laisant vient de terminer ses travaux sans apporter aucune amélioration à la mauvaise loi militaire votée en 1872. Cela était prévu d'ailleurs, étant donnée la composition de cette commission.

Ainsi elle demande qu'il ne soit pas touché au volontariat d'un an. Et savez-vous pourquoi ? Ce n'est nullement dans l'intérêt de l'armée, c'est dans celui des carrières civiles libérales. Vainement il a été démontré que l'institution était déplorable au point de vue de la discipline. La majorité, toute saturée de l'esprit des classes dirigeantes, a pensé qu'il ne fallait pas interrompre trop longtemps les études des jeunes gens qui se destinaient à la médecine, au barreau, à la magistrature, etc.

Quel pitoyable argument ! En quoi la suppression d'un privilége odieux au pays entraverait-il le recrutement des carrières libérales, puisqu'aux examens préalables d'entrée au service on substituerait des examens de sortie qui permettraient également d'abréger les délais du service ? Est-ce que d'ailleurs il n'y a que les carrières libérales qui exigent un long apprentissage ? Est-ce que dans certaines professions manuelles même l'ouvrier n'a pas un apprentissage de quatre ou cinq ans à faire avant de passer maître ? Est-ce que son temps à lui n'est pas tout aussi précieux, plus précieux devrions-nous dire, qu'à celui qui veut revêtir un jour la robe de magistrat ? Pourquoi donc alors violer ce principe salutaire d'égalité sans lequel on n'aura jamais une véritable armée nationale ?

Mais, s'écrie en chœur la tribu des routiniers, gardons-nous de toucher à la stabilité de nos institutions militaires et de modifier une loi qui est en voie d'expérimentation. Comme voilà bien de nos Prudhommes. Sans doute, si l'institution est bonne, il faut bien se garder d'y porter la main. Mais si elle est tout à fait défectueuse, comme le démontre une expérience de cinq années ; si elle ne répond nullement au sentiment public, comme le prouve l'universelle réprobation dont elle est l'objet, à quoi bon continuer l'expérience ? Ce n'est pas dans un an, dans six mois, qu'il faut la modifier, c'est tout de suite.

Et nous disons, nous, qu'il n'y a pas un instant à perdre pour réorganiser l'armée sur de larges bases démocratiques.

Nous avons soutenu, en nous appuyant sur l'opinion des écrivains militaires les plus compétents et les plus expérimentés, que le stage de trois ans est plus que suffisant pour former une excellente armée, surtout si, comme le demande le général de Wimpffen, les enfants sont habitués, dès l'école, aux exercices militaires et au maniement des armes. Il nous serait facile d'étayer cette opinion d'irréfutables exemples. Nous avons eu l'occasion déjà de rappeler, dans de précédents articles, le souvenir de nos soldats novices de 1792, qui en deux ans étaient devenus les premiers soldats du monde. Nous pourrions citer également la jeune armée des États-Unis, cette armée de circonstance, composée de recrues appartenant à tous les corps d'État, et qui, dans la guerre de la Sécession, était arrivée, au bout de quelques mois, à éxécuter des mouvements qui ont excité l'admiration des plus habiles stratégistes d'Europe.

Nous avons ajouté que ce délai de trois ans suffisait, non-seulement et au delà, à la formation de soldats de premier ordre, mais encore, au recrutement d'excellents sous-officiers. Et l'on aurait des sous-officiers d'autant meilleurs que, dans l'avenir, on n'obtiendrait l'épaulette qu'à la condition d'avoir fait preuve, comme sous-officier, de connaissances militaires complètes, tant sous le rapport pratique, que sous le rapport théorique. Mais c'est là une question à laquelle nous nous proposons de consacrer un article spécial quand viendra la discussion de la loi sur les sous-officiers.

Pour le moment, nous voudrions nous efforcer de faire pénétrer dans l'esprit de la Chambre des députés cette conviction qu'il y a un intérêt véritablement national à supprimer le volontariat d'un an d'abord, puis à réduire à une durée maximum de trois ans le temps du service militaire.

C'est une chose absolument démontrée qu'un séjour trop prolongé sous les drapeaux fait perdre à l'homme ses qualités natives, le dégoûte des travaux de la vie civile et, en l'astreignant à des lois qui diffèrent de la loi commune, le rendent moins propre à l'exercice des droits de citoyen.

Aussi demandons-nous instamment à M. le président du conseil de joindre sa voix à la nôtre pour obtenir de la Chambre des députés la réduction du service militaire à trois années. C'était le délai maximum que vous accordiez, provisoirement, vous en souvenez-vous, monsieur Jules Simon? en attendant la suppression des armées permanentes, que vous réclamiez avec tant d'énergie et avec tant d'éloquence.

Le jour viendra, nous l'espérons, où, grâce à la fédération des peuples, on pourra se débarrasser des armées permanentes, qui coûtent si cher et produisent si peu, et où, comme vous le demandiez, on pourra clouer sur la porte des arsenaux un écriteau portant ces paroles : *Musée d'antiquités*.

Mais aujourd'hui nos vœux sont plus modestes. Nous nous contenterons du bien en attendant le mieux. Que la Chambre commence par voter la proposition Laisant, et elle peut être sûre que son vote sera accueilli dans le pays par un immense concert de bénédictions.

LES BIBLIOTHÈQUES POPULAIRES

Si quelque optimiste, endormi dans la sécurité de l'opportunisme, et plein de confiance dans les déclarations libérales de M. le ministre de l'intérieur, doute de l'effroyable asservissement auquel est encore soumis ce cher pays de France, nous l'engageons fort à jeter un regard sur le compte rendu de la séance du conseil général de la Seine du 14 novembre dernier, où il a été question des bibliothèques populaires.

Ce n'est un mystère pour personne que, sous le rapport de l'instruction, nous sommes une des nations les plus arriérées du monde.

Ce que la Prusse a su réaliser au lendemain d'Iéna sous la forte inspiration de quelques philosophes patriotes, nous sommes encore à l'attendre, après soixante-dix ans. Oui, cette instruction, par laquelle elle s'est relevée si rapidement, nous fait presque entièrement défaut.

Premier Empire, Restauration, régime de Juillet, seconde République et second Empire ont tous plus ou moins méconnu cette nécessité absolue de l'instruction populaire, qui, seule, peut permettre à une nation de se relever, quand elle est tombée, comme nous sommes tombés, hélas !

Vous rappelez-vous avec quel ensemble, après nos désastres, on s'écria : de l'instruction ! de l'instruction !

Mais ce bel enthousiasme s'est bien vite refroidi.

A peine maîtresses du pouvoir, nos classes dirigeantes se sont dit que l'ignorance était un frein salutaire pour le peuple. On n'a pas oublié le dédaigneux accueil fait par la dernière Assemblée nationale aux vœux réitérés qui réclamaient l'instruction gratuite, obligatoire et laïque.

La Chambre des députés actuelle ne paraît pas très-pressée, non plus, de résoudre la question. Nous ne savons si elle va sûrement, mais elle va lentement ; voilà ce dont il est impossible de douter.

En attendant, nombre de communes sont encore complétement dépourvues d'écoles, et les enfants, par centaines de mille, croupissent dans l'ignorance. Quelle indifférence fatale ! Parfois, en présence de la mauvaise volonté contre laquelle on se heurte, on est tenté de douter du relèvement de la France.

Fort heureusement, le découragement n'atteint pas les âmes bien trempées. Pour remédier à l'incurie des classes dirigeantes et gouvernantes, des citoyens de bonne volonté se sont concertés afin de former des groupes scolaires. Ici, l'on a ouvert des écoles libres laïques ; là, des bibliothèques populaires. Nous-même, nous avons eu la bonne fortune de provoquer dans le département de la Somme la fondation de plusieurs centaines de bibliothèques communales.

Or, personne ne contestera l'importance, l'utilité pratique, des bibliothèques populaires ou communales.

C'est là qu'à sa sortie de l'école primaire, l'enfant peut achever de s'instruire ; c'est là que, dans les jours de loisir, l'ouvrier peut venir chercher un refuge contre l'ennui, et trouver à bon marché les nobles distractions de l'esprit.

Seulement, la condition indispensable de succès pour ces bibliothèques, c'est la liberté.

Si, comme cela se pratiquait autrefois, vous meublez vos bibliothèques de livres ramassés çà et là, à la recommandation du ministre de l'instruction publique, et portant l'estampille officielle, soyez sûrs d'avance que vous ferez fuir les lecteurs. Les livres recommandés ne se lisent guère.

Laissez au contraire les conseillers municipaux, laissez les citoyens composer leurs bibliothèques communales ou populaires, comme ils l'entendent ; qu'ils puissent, à leur fantaisie, garnir les rayons de ces bibliothèques de toutes les œuvres qui honorent le génie humain, que Bossuet y coudoie Voltaire, que Jean-Jacques Rousseau s'y rencontre avec Fénelon, qu'on y trouve tous les classiques, les encyclopédies, des romans, des revues, des journaux, tout ce qui instruit, tout ce qui intéresse, tout ce qui amuse même, et vous verrez les lecteurs arriver en foule.

Mais pour cela, il faudrait que l'administration voulût bien ne pas se mêler du choix des livres. Eh bien ! sa prétention, au contraire, prétention qui ferait sourire un citoyen de la libre Amérique, est qu'on ne puisse rien lire sans sa permission.

Par exemple, un conseil municipal vote une certaine somme pour fonder une bibliothèque publique dans la commune, vous croyez peut-être que les choses vont aller toutes seules ? Détrompez-vous.

Il faut d'abord, en vertu de l'étrange législation qui régit nos communes, que cette délibération soit approuvée par le préfet. — Très-bien ! mais après ? — Après ? il faut encore qu'on lui soumette le catalogue des livres qui doivent prendre place dans cette bibliothèque.

Il y a là un abus criant ; mais trouvez donc moyen, pauvre commune, d'avoir raison contre l'administration ! Vous souvient-il du beau tapage que M. Numa Baragnon fit, un jour, à la tribune nationale, lorsqu'il était sous-secrétaire d'État au ministère de l'intérieur, sous M. de Broglie, à propos d'une histoire de Jean-Jacques Rousseau, qu'une commune avait eu la témérité d'introduire dans sa bibliothèque ?

Ce grotesque personnage, qui voulait faire marcher la France, soutenait, en se démenant comme un beau diable, qu'aucune commune n'avait le droit de recevoir un livre qui ne fût marqué de l'estampille officielle. Donner asile à une œuvre toute pleine de l'admiration de Jean-Jacques Rousseau ! c'était l'abomination de la désolation !

Numa Baragnon et de Broglie ont passé, comme de mauvais rêves, mais les bureaux sont encore infectés de leur esprit, et les prétentions administratives sont toujours les mêmes.

Il y a quelques semaines à peine que l'autorité bannissait de nous ne savons quelle bibliothèque de province, le *Dernier jour d'un condamné*, les *Misérables*, de Victor Hugo, et les *Paroles d'un croyant*, de Lamennais. Où s'arrêtera-t-on dans cette voie ?

Et ce n'est pas seulement sur les bibliothèques communales que l'administration s'imagine avoir un droit de contrôle ; la voici qui prétend aujourd'hui épurer les bibliothèques populaires, lesquelles, par une interprétation abusive de l'article 291 du Code pénal, ne peuvent se fonder sans une autorisation de l'autorité ! Toujours les lisières !

Pour échapper à la censure administrative et au patronage incommode du ministère, certains fondateurs de bibliothèques populaires se sont constitués en Sociétés coopératives, à l'abri de la loi de 1867 sur ces sortes de Sociétés. Hélas ! ils ont compté sans le préfet de police, sans le ministre de l'intérieur et surtout sans le garde des sceaux.

Comment ! M. Dufaure laisserait à la pensée humaine un asile où elle serait respectée ! Oh ! que vous connaissez peu le dévôt personnage, si vous le croyez capable de ce bon sentiment. Non, non, il ne sera pas dit que les bibliothèques populaires pourront échapper aux griffes de l'administration. De par M. Dufaure, ces bibliothèques sont à jamais rivées à la chaîne, et leurs fondateurs ne peuvent invoquer le bénéfice de la loi de 1867 sur les Sociétés coopératives.

Nous aimons à croire qu'il sera fait bonne justice de ces injustifiables prétentions.

Mais voici où nous en sommes en l'an VI de la troisième République française. Pourquoi ne pas nous ramener tout de suite au privilége et à l'approbation du roi ?

PRINCIPES OU GOURDINS

Nous assistons à un spectacle bien étrange ; et, en présence du pitoyable gâchis dont nous sommes témoins, nous ne pouvons que gémir d'avoir eu si pleinement raison, quand, il y aura bientôt deux ans, nous prédisions, avec tant de précision, hélas ! les inextricables difficultés que recélait dans ses flancs la prétendue Constitution républicaine dont l'Assemblée clérico-royaliste de 1871 venait de doter la France.

On nous prenait pour des esprits chagrins. Nous ne savions pas nous accommoder aux temps, disait-on ; et pour vouloir trop, nous risquions de ne rien avoir.

D'ardents plébiscitaires de la veille nous morigénaient d'importance. Ah ! il fallait les entendre ! Il n'y avait rien à faire avec nous. Aussi, comme à notre attitude ils opposaient triomphalement celle des champions de l'opportunisme ! A la bonne heure ! parlez-nous de ces gens-là. Ils sont simples, insinuants, n'ont point de bégueulerie, savent tourner une difficulté. La montagne ne va pas à eux, ils vont à la montagne.

Nous avions toujours pensé que le meilleur moyen d'assurer la victoire définitive de la République, c'était de rester fermement à cheval sur les principes, sans nous départir pour cela d'une modération nullement exclusive de l'énergie. Nous nous disions qu'il n'était pas digne de la République de s'introduire subrepticement par la porte des concessions et des compromis, et qu'en prenant place de cette manière dans une Constitution équivoque, elle perdait singulièrement de sa grandeur et de sa puisance morales.

Notre conviction profonde était qu'il eût été facile d'amener aux pures idées de la démocratie tous les hommes désintéressés qui, n'ayant point de parti pris, se sentaient animés d'un véritable amour du bien public, et de contraindre même certains théoriciens du régime monarchique constitutionnel à plier devant ces idées. Cela n'eût-il pas valu cent fois mieux que de courir à eux, comme l'ont fait quelques-uns, de se jeter dans leurs bras et de leur abandonner la chose moyennant la concession du nom. Qu'est-ce, en effet, que notre République, sinon un mot, qui sert à masquer une sorte de monarchie élective ? Ainsi l'ont voulu les opportunistes.

L'opportunisme était pavé de bonnes intentions, comme le chemin de l'enfer. Mais que de mal il a fait ! On prétendait nous tirer d'embarras ; on nous y a replongés jusqu'au cou. L'Assemblée agonisait. Impuissante à détruire la République, qui existait de fait, elle eût été obligée de se retirer un peu plus tôt, un peu plus tard, et de laisser sa place à une Constituante, expressément chargée de doter le pays d'institutions républicaines.

Mais on a voulu brusquer le dénouement. Pour avoir raison des récalcitrants et épouvanter les républicains pâles, on a joué du spectre du coup d'État, comme les réactionnaires jouent du spectre rouge. On s'en allait murmurant aux oreilles du centre gauche: Prenez garde, il se trouvera bien quelque Pavia pour trancher le nœud gordien, si nous ne prenons pas les devants. On disait au pays: il faut à tout prix empêcher un éclat. Et sous prétexte d'éviter une crise, qu'il eût été au contraire beaucoup plus favorable de provoquer immédiatement, on nous a voués fatalement à une série de crises qui menacent de durer jusqu'en 1880.

Ce que nous avions prévu s'est donc réalisé de point en point. Le conflit s'est déclaré. Les Buffet et les de Broglie ricanent d'aise, méditant dans l'ombre quelque œuvre malsaine et se flattant de repêcher en eau trouble le pouvoir échappé de leurs mains.

Les profonds politiques qui nous ont préparé cette admirable situation peuvent mesurer aujourd'hui toute l'étendue de leur faute. Voilà cependant où mène l'abandon des principes.

Les choses n'ont pas tourné tout à fait au gré de de leurs désirs, et à présent, si nous ne nous trompons, ils semblent vouloir réparer le mal. Dieu veuille qu'il ne soit pas trop tard. Que, s'ils sont décidés à combattre avec nous le bon combat, nous sommes tout prêts à leur ouvrir nos rangs.

Malheureusement tous ne semblent pas disposés à revenir à résipiscence. De même qu'un sot trouve toujours un plus sot qui l'admire, nos opportunistes ont rencontré de plus opportunistes qu'eux. Cela s'est vu avant hier à la commission du budget, au sein de laquelle M. Gambetta a été mis en minorité sur une question où il avait cent fois raison.

Juste retour, monsieur, des choses d'ici-bas.

Et cela s'est vu hier, hélas ! à la Chambre, où 369 voix de la droite, du centre gauche et de la gauche ont justifié les prétentions sénatoriales.

Manifesterons-nous notre étonnement profond de voir ceux qui se sont montrés si pleins de condescendance à l'égard du ministère Dufaure, de cet exécrable ministère qui n'a su que courir sus aux républicains et faire à la République toute le mal possible, se déchaîner avec tant d'acrimonie contre le nouveau président du conseil et ses créatures ? Non. Aussi bien n'avons-nous aucun goût pour disputer sur les questions de personnes. Serviteur exclusif et passionné des principes sur lesquels doit reposer l'ordre républicain, nous serons avec ceux qui comme nous défendront ces principes.

Il est certain que les douze membres de la commission du budget et tous les députés qui ont admis, tout comme M. Jules Simon, les prétentions du Sénat en matière budgétaire, se sont éloignés non-seulement des doctrines républicaines, mais encore des doctrines de tous les régimes où le droit de voter l'impôt est accordé uniquement aux représentants des contribuables. Ils ont donc violé un principe essentiel. Nous ne leur en faisons pas notre compliment.

Quant à M. Jules Simon, est-il vrai, comme le bruit en a couru, qu'il eût été disposé à recourir à la dissolution, dans le cas où la Chambre des députés aurait affirmé carrément son droit ? Nous avions peine à le croire ; mais des paroles prononcées hier par M. Jules Simon, il résulte que si la Chambre avait résolûment affirmé son droit, le nouveau président du Conseil n'aurait pas hésité à recourir à la dissolution. Nos félicitations à M. Jules Simon. En tous cas, qu'il prenne garde à son tour de tirer les marrons du feu pour d'autres que pour lui.

Le beau tapage que font à cette heure les organes du despotisme césarien devrait lui être un avertissement salutaire.

En vertu de leur respect bien connu pour le suffrage universel, les feuilles bonapartistes trouvent l'origine du Sénat tout à fait vicieuse, mais elles ne lui donnent pas moins pleinement raison dans le conflit engagé. Ah ! c'est que le Sénat, c'est l'arche sacrosainte, c'est la forteresse inexpugnable de la réaction, l'espoir suprême des conservateurs aux abois.

Quant à la Chambre des députés, elle n'est nullement, suivant ces bonnes feuilles, l'expression du suffrage universel. Naturellement ; puisque les élections se sont faites, en dépit du ministère Buffet, avec une sorte de liberté relative. Le suffrage universel n'est pur, à leurs yeux, qu'autant qu'il s'exerce sous le bâton.

Il nous souvient qu'en 1857, étant candidat de l'opposition, nous eûmes le spectacle navrant d'une petite ville complétement enveloppée par la terreur. Les portes se fermaient à notre approche ; chacun tremblait d'être suspect de nous avoir vu, de nous avoir parlé, de nous avoir tendu la main. Et c'était pendant la période de franchise électorale ! Voilà bien l'idéal du suffrage universel pour les partisans de l'appel au peuple.

Est-ce que nous nous trompons? Est-ce que ce n'est pas hier que l'organe le plus turbulent et le plus autorisé du parti réclamait pour faire les élections, en cas de dissolution, un ministère de droite, un ministère de combat réel, un MINISTÈRE DE TRIQUE. Charmante expression, et qui montre bien le respect qu'ont pour le peuple ces apôtres du césarisme, qu'on peut se représenter faisant de la propagande électorale un bâton noueux à la main.

Français, vous voilà dûment avertis. Laissez donc de côté toutes les subtilités byzantines et toutes les chinoiseries de l'opportunisme ; car il n'y a pas de milieu entre la politique des principes, qui signifie droit, justice et liberté, et la politique des gourdins, dans laquelle s'incarne si poétiquement la réaction.

L'IDÉAL RÉPUBLICAIN

Un journal qui forme l'avant-garde de l'opportunisme, déclarait l'autre jour que le parti de l'intransigeance, passionné pour les principes et pour l'idéal, n'était pas près d'être mis à l'épreuve de l'action. Hélas! tant pis, s'il en devait être ainsi. Tant pis pour nous, tant pis pour les opportunistes eux-mêmes, qui en mainte occasion ont publié des professions de foi tout à fait identiques aux nôtres, tant pis surtout pour la République qui court grand risque de n'être qu'une duperie, tant qu'elle ne sera pas solidement assise sur les principes et qu'elle ne se rapprochera pas le plus près possible de l'idéal.

C'est se moquer du monde que de présenter les républicains radicaux comme des hommes n'ayant à proposer aux difficiles problèmes de la politique que des solutions impossibles. Nous sommes de ceux qui pensent qu'il ne faut jamais remettre au lendemain ce qui peut se faire le jour même. Était-il possible de fonder plus tôt les institutions républicaines attendues encore, et que les opportunistes d'aujourd'hui réclamaient jadis avec autant de vivacité que nous mêmes? Oui, répondrons-nous sans hésiter, si les républicains qui ont eu un moment entre les mains les destinées de la France, avaient été des hommes de plus de foi et de plus d'énergie.

Que disait-on aux membres de la gauche de la dernière Assemblée pour les engager à voter cette constitution Wallon, dont nous pouvons apprécier à cette heure les merveilleux résultats ? On leur disait que Catilina était à nos portes ; qu'une vaste conspiration monarchique enveloppait la République ; qu'il fallait, par un vote solennel, décourager à jamais les factieux. Puis on allait de l'un à l'autre, murmurant des choses effrayantes. Le vote a eu lieu : la République parlementaire s'est faite à une voix de majorité. Catilina en est-il moins à nos portes ? La conspiration monarchique n'est-elle pas toujours en permanence ? La République n'est-elle pas attaquée avec plus de violence qu'elle ne l'a jamais été ? Les factieux ont-ils été découragés ? Loin de là. Ils ont même puisé une force nouvelle dans les incertitudes de cette Constitution qui a laissé le champ libre à toutes les espérances et la porte ouverte à toutes les convoitises.

Orléanistes, légitimistes et bonapartistes, l'œil fixé sur l'échéance de 1880, ne se gênent nullement pour prédire que la République n'ira pas plus loin que cette date fatale. Cette forfanterie n'a rien qui doive nous inquiéter. La République aura encore des épreuves à subir ; mais elle n'a rien à craindre, parce qu'elle est à elle seule plus forte que les trois autres partis réunis ; parce qu'elle est le droit, parce qu'elle est la justice, parce qu'elle est le pays tout entier, parce qu'elle est la patrie elle même. Mais on peut voir aujourd'hui dans quels embarras et dans quel gâchis nous a plongés l'oubli momentané des principes et de l'idéal.

Qu'est-ce donc en définitive que les principes, et qu'est-ce que l'idéal ?

Les principes, c'est la cause première, c'est la source, c'est l'origine même d'une chose. Otez à la République les principes constitutifs sur lesquels elle repose, et vous la sapez dans sa base ; vous enlevez à ses fondations toute solidité.

L'idéal c'est ce qui nous paraît le plus près de la perfection. Que nous prenions l'idéal au point de vue moral, esthétique, matériel ou politique, il est évident que tout doit tendre dans la vie à s'en rapprocher le plus possible. Il s'agit donc de l'opposer à la réalité, non-seulement en rêve mais en action.

Réaliser l'idéal, mais c'est le bonheur suprême auquel il soit permis à l'homme d'atteindre.

Qu'est-ce par exemple, aujourd'hui, que la justice dans notre pays? La magistrature est pour ainsi dire le patrimoine de quelques familles privilégiées. Elle forme la grosse réserve de la réaction. Le juge, nommé par le gouvernement, est en quelque sorte forcément, fatalement l'homme lige du pouvoir. L'inamovibilité n'est qu'une garantie dérisoire de son indépendance. Le personnel judiciaire tout entier est notoirement hostile au régime établi. Voilà la réalité. L'idéal serait une magistrature prenant sa force et son indépendance dans le système électif, et qui fût, comme aux États-Unis, le plus ferme rempart des institutions républicaines.

La France est encore vouée au régime de la décentralisation administrative : elle y étouffe comme sous une machine pneumatique ; ses préfets et ses sous-préfets, coûteuses inutilités, sont encore, pour la plus grande partie, des créatures de l'ordre moral, des royalistes ou des bonapartistes avérés. Voilà la réalité. L'idéal serait de donner tout au moins à tous nos départements des administrateurs républicains, et de rendre à nos communes la vie et le souffle qui leur manquent.

Nous avons une loi militaire qui a conservé le remplacement sous une forme déguisée, et qui a fait du service obligatoire, une mystification. Voilà la réalité. L'idéal serait de supprimer tout privilége, de faire de l'obligation du service militaire une vérité, et de restreindre à trois années le temps maximum de ce service.

Nous n'avons ni la liberté de la presse, ni la liberté de la parole, ni la liberté d'association. Voilà la réalité. L'idéal serait d'avoir la presse libre, la parole libre, et, pour résoudre la question sociale, l'entière liberté d'association.

Nous sommes écrasés d'impôts. Les contributions indirectes, progressives à rebours, pèsent principalement sur les classes nécessiteuses, sur les travailleurs, sur ceux qui n'ont que leurs bras pour vivre. Voilà la réalité. L'idéal serait de diminuer l'impôt par un mode de perception moins coûteux, par la suppression des sinécures et des gros traitements, et d'établir un système de contributions plus conforme à la justice et à l'équité.

L'instruction primaire en France est encore, pour ainsi dire, à l'état d'enfance. Elle n'est ni gratuite, ni obligatoire, ni laïque. Une partie de ceux qui la donnent sont les adversaires acharnés de nos institutions civiles. Voilà la réalité. L'idéal voudrait que l'instruction laïque fût donnée gratuitement à tous, et que personne ne pût s'y soustraire, car, suivant l'expression de Montesquieu, c'est dans le gouvernement républicain que l'on a besoin de toute la puissance de l'éducation.

Voilà, en somme, ce que c'est que l'idéal républicain. S'il est dans la gauche républicaine, un membre, un seul, qui en trouve inopportune la réalisation immédiate, qu'il ait le courage d'aller se représenter devant ses électeurs et de le leur dire. Nous verrons bien ce que répondra le suffrage universel.

PLUS DE LUMIÈRE

I

Plus de lumière ! c'était le cri de Gœthe mourant.
Ce qui voulait dire : répandez, répandez partout l'instruction pour que les hommes soient meilleurs, pour
qu'ils connaissent mieux l'étendue de leurs droits, et
qu'ils sentent bien aussi quels sont leurs devoirs. Plus
de lumière ! ce cri parti du cœur d'un moribond nous
rappelle que l'illustre penseur avait salué de ses acclamations la République française qui vint tout à
coup éclairer le monde d'un tel éclat, et lui apporter,
avec la lumière, les saines notions du droit, de la justice et de la liberté.

« Un peu plus de lumière, » se contentait de demander hier le journal le *Français*. Mais rassurez-
vous. Il ne s'agit point de répandre à flot l'instruction.
Quoi ! universaliser l'instruction primaire ! Y pensez-
vous ! Mais c'est là qu'est le péril social. Le journal
le *Français* ne veut ni de l'instruction gratuite, ni de
l'instruction obligatoire, ni surtout de l'instruction
laïque. Non ; ce que réclame la feuille de M. Beslay
fils, ce sont des explications sur « l'idéal républicain »
dont nous retracions l'autre jour ici-même les prin-

cipaux traits et dont la réalisation s'impose, non point comme une chose facile, étant données les résistances désespérées contre lesquelles l'esprit de justice a à lutter, mais comme une nécessité absolue si l'on veut que la République soit... la République.

Nous savons qu'il y a République et République, tout comme il y a fagots et fagots, ainsi que le dit fort sensément le journal le *Français*. Il y a la République de l'ordre moral, qui ne sert qu'à couvrir de son nom tous les abus de la monarchie, et qui fait endosser par le gouvernement nominal du droit et de la raison les iniquités les plus monstrueuses des gouvernements personnels. C'est le nom sans la chose. C'est la République de MM. Buffet et de Broglie, ces deux maudits, dont le journal le *Français* est le prophète. Nous voulons, nous, le nom et la chose parce que l'un ne peut pas aller sans l'autre, pas plus que l'âme ne peut vivre sans le corps. Voilà pourquoi nous insistons tant pour que l'idéal républicain devienne à bref délai une réalité.

Le *Français* s'étonne que nous n'ayons point fait figurer dans notre idéal républicain l'amnistie, inscrite par la *Marseillaise* en tête de son programme. Il a soin d'ajouter, il est vrai, que M. Hamel est le premier à l'approuver. Je le remercie de me rendre cette justice. L'*Homme libre*, depuis sa fondation, a assez souvent et assez énergiquement réclamé cette mesure aussi juste que sage et patriotique pour qu'il n'y ait pas de doute à cet égard.

Oui, l'amnistie, non pas pour les assassins et les incendiaires, car nous ne la demandons pas plus pour les Godefroy et les Prieur de la Comble qui appar-

tiennent à ces classes dirigeantes chères au *Français*
que pour les autres criminels de la même catégorie,
mais pour ces milliers de malheureux qui, en s'enrô-
lant sous le drapeau de la Commune, ont cru servir
le droit, la justice et la liberté, pour ces damnés de Nouméa, dont la plupart se sont bornés à continuer leur
service de garde national ; pour ces maris, dont les
femmes sont comme veuves ; pour ces pères, dont les
enfants sont comme des orphelins ; pour tous chefs de
famille, dont l'absence au foyer cause tant de douleurs, tant de deuils et tant de misères. Dire qu'il suffirait de ce mot : Amnistie, pour rendre la joie, le
calme, le bonheur à tant d'infortunés, et qu'on hésite
à le prononcer ! Oui, voilà ce que nous ne pouvons
comprendre, nous qui goûtons en paix les joies de la
famille et qui respirons à pleins poumons l'air pur
de la liberté.

Mais l'amnistie n'est pas à proprement parler une
institution républicaine. On éprouve même un douloureux serrement de cœur en pensant qu'il est des
républicains de bonne foi qui repoussent encore à
cette heure une mesure dont certains gouvernements
monarchiques et l'Empire lui-même n'ont pas hésité
à user comme d'une mesure de réparation, de pardon ou d'oubli. Cette explication suffit à démontrer
pourquoi nous n'avions pas à viser la question de l'amnistie dans l'idéal que nous nous sommes formé des
institutions absolument nécessaires à la République.

Ces institutions, comme de juste, font, toutes, horreur au *Français*, feuille d'ordre moral par excellence.
Il ne comprend pas, notamment, que nous réclamions
la réforme de l'administration, le renouvellement du

personnel administratif et les franchises municipales. Il ne le comprend pas, parce qu'il n'est pas républicain, cela est clair. Autrement, il ne ferait pas tant l'étonné à propos d'une des revendications les plus élémentaires de la démocratie.

Seulement, pourquoi tourne-t-il des yeux effarés vers le centre gauche, qui pense, assure-t-il, sur les réformes réclamées par nous absolument ce qu'il en pense lui-même ? Hélas ! il n'était pas possible de calomnier davantage ce pauvre centre gauche, dont, au dire du *Français*, nous sommes les alliés. Quoi! à l'instar de ce pieux organe de l'ordre moral, il repousserait systématiquement toutes les institutions dont l'ensemble forme le régime républicain ! Alors, pourquoi ne s'enrôlerait-il pas dans la grande conspiration orléaniste, et pourquoi n'emboîterait-il point le pas au journal le *Français*, qui mène les bandes du juste milieu à l'assaut de la République ?

A notre tour, nous demandons un peu plus de lumière.

Pour l'instruction, non du *Français*, car il n'y a pires aveugles que ceux qui ne veulent point voir, mais pour celle du centre gauche, où il y a quelques hommes de bonne volonté, nous démontrerons que toutes les institutions que nous revendiquons, pour le plus grand profit de la République, ont été, longtemps avant nous, réclamées par des hommes dont le *Français* lui-même n'oserait certainement pas faire un épouvantail aux yeux des classes dirigeantes.

« L'administration de nos provinces, écrivait en 1818 M. Bérenger (de la Drôme), ne sera libre et régulière que lorsqu'elle offrira l'image du gouvernement

de l'État. Partout, dans les chefs-lieux des départements comme dans les plus petites communes, on
doit retrouver les traces du système politique et constitutionnel d'après lequel la France est régie. »

Or, on verra que l'organisation administrative proposée par M. Bérenger (de la Drôme) est absolument
la même que celle que nous réclamons, nous autres,
farouches radicaux.

« La République, disait M. Thiers, sera conservatrice, ou elle ne sera pas. » Autrement dit, ce sera la
monarchie déguisée. Nous disons, nous, les institutions
de la République seront républicaines, ou la République ne sera pas.

Le *Français* comprend-il pourquoi nous tenons à
réaliser notre idéal ?

II

Je reprends la page interrompue avant-hier. Les
complications du dehors ne sauraient nous faire oublier les graves préoccupations de l'intérieur. Aussi
bien il y a une halte aujourd'hui dans ce qu'on appelle déjà la guerre d'Orient. Profitons de ce moment
de répit, de ce dernier quart d'heure de grâce pour
répandre plus de lumière sur les questions qui inté-
ressent le plus vivement la réorganisation de notre
pays. Demain peut-être la parole sera au canon, et la
France, inquiète de savoir si, par la force des choses,
elle ne sera pas entraînée elle-même à se jeter dans la
lutte, — ce qu'à Dieu ne plaise ! — n'écoutera plus

que d'une oreille distraite ceux qui lui parleront d'affermir chez elle les institutions républicaines, aussi bien dans l'intérêt de sa grandeur morale que dans celui de sa force matérielle.

Je veux démontrer que ce que j'entends par « l'idéal républicain, » cet objet d'épouvante pour les lecteurs du *Français* et de la *Défense*, et dont la réalisation immédiate est combattue aujourd'hui non-seulement par la fine fleur de la réaction, mais par d'anciens démocrates farouches, devenus des temporisateurs à outrance, pourrait sans secousse entrer, dès demain, dans le domaine de la pratique. Et je veux surtout rappeler que nos revendications démocratiques, qui nous valent tant d'accusations injustes et passionnées de la part des défenseurs de toutes les iniquités sociales, ont été réclamées avant nous par des hommes qui, aux yeux mêmes de la réaction, ont toujours passé pour des esprits calmes et sages.

Je citais l'autre jour l'opinion qu'exprimait M. Bérenger (de la Drôme) en 1818 sur notre réorganisation administrative. Elle est trop instructive et trop curieuse pour que nous n'y revenions pas.

« Chaque département, écrivait-il, aurait des États dont les membres seraient nommés par le collége électoral ; ils s'assembleraient au chef-lieu une ou deux fois l'année... Un conseil permanent, composé d'un petit nombre de citoyens réélus à chaque session par les États, dirigerait les affaires courantes d'une session à l'autre, et auprès de lui serait placé un agent du prince chargé de l'exécution, de la même manière que les procureurs du roi le sont auprès des corps judiciaires.

« Mais cet agent n'aurait point, comme les préfets, un traitement magnifique ; on n'en ferait pas un personnage important ; son rang serait modeste ; on ne chercherait pas à lui donner une influence qu'il ne pourrait acquérir sans danger pour la liberté publique... »

Et alors, pensait l'éminent jurisconsulte, on ne verrait plus de ces actes arbitraires qui déshonorent l'administration française. Plus d'oppression, plus d'actes attentatoires aux droits des citoyens. Si l'agent de l'autorité centrale venait à commettre quelque excès de pouvoir, il trouverait tout de suite un frein dans le conseil permanent, qui le dénoncerait à qui de droit, et au besoin le ferait poursuivre ; car cet agent ne serait qu'un subordonné, et non plus un potentat, une sorte de pacha plus maître dans son département que ne l'est le président du conseil à la tête du ministère.

« On abandonnerait enfin, continuait M. Bérenger (de la Drôme), cette méthode routinière d'administrer, qui tend à tout centraliser pour se rendre maître de tout. »

Vaines paroles ! il y a cinquante-neuf ans que M. Bérenger s'exprimait ainsi : les révolutions se sont succédé les unes aux autres ; la légitimité a sombré sous la haine ; la royauté de Juillet est tombée sous le mépris ; la seconde République a été égorgée ; le second Empire s'est noyé dans la boue de Sedan, notre organisation administrative est restée debout sur les ruines de tant de régimes différents. Aussi a-t-on pu dire avec quelque raison qu'il n'y avait rien de changé en France.

Or, que demandons-nous aujourd'hui en matière administrative? Uniquement ce que réclamait un simple libéral de la Restauration, et le journal le *Français* ne trouverait certainement pas nos prétentions exorbitantes, si l'impartialité était une de ses vertus.

Nous verrons, en poursuivant le cours de cette étude, que toutes les autres revendications démocratiques ont été soutenues très-énergiquement par des hommes qui ne passent point généralement pour de farouches radicaux. Prenons, par exemple, la séparation de l'Église et de l'État, devenue aujourd'hui plus nécessaire que jamais. Est-ce que M. Jules Simon, actuellement président du conseil, n'en a pas été l'un des plus ardents promoteurs?

L'autre jour, la *Défense sociale et religieuse*, organe de M. l'évêque d'Orléans, allait presque jusqu'à nous accuser de manquer de franchise parce que, dans notre dernier article sur l'idéal républicain, nous avions omis de mentionner la séparation de l'Église et de l'État, qui entraîne nécessairement avec elle la suppression du budget des cultes. Nous nous étions contenté, dans cet article, de citer quelques exemples pour montrer, en mettant le doigt sur la plaie, la différence existant entre l'idéal réclamé par les républicains sérieux et la réalité qui pèse encore sur nous. Mais la séparation de l'Église et de l'État a toujours fait partie de notre programme. L'*Homme libre* n'a jamais manqué l'occasion de la signaler comme l'une des réformes les plus urgentes; et la *Défense*, qui nous fait l'honneur de s'occuper souvent de nous, est singulièrement oublieuse.

Nous pensons toujours à cet égard comme M. le
président du conseil, car nous ne supposons pas qu'il
ait changé d'opinion depuis 1869. Que M. Dupanloup,
qui, si nous ne nous trompons, est au mieux avec
M. Jules Simon, le lui demande catégoriquement. En
présence des belles équipées du clergé français, qui
exaspèrent contre nous le sentiment national italien
et qui nous valent les menaces des organes officieux de
l'Allemagne, c'est un devoir pour notre gouvernement
de répudier toute solidarité avec l'Église et de mettre
fin à l'agitation cléricale qui est le scandale du moment.

Que l'Église soit libre dans l'État libre ; soit : nous
le demandons avec autant de conviction que M. Jules
Simon. Mais qu'elle cesse de manger au râtelier du
budget ; car il est absurde de faire contribuer à son
entretien des milliers d'hommes qu'elle poursuit de
ses malédictions. Qu'elle rentre surtout dans le droit
commun ; et qu'il ne lui soit plus permis, en sonnant
le tocsin contre nos institutions civiles, en prêchant
une croisade ridicule, et en ne cessant de calomnier
une nation amie, d'exciter contre la France l'animo-
sité de quiconque possède en Europe le sentiment de
la justice.

OPPORTUNISME ET INTRANSIGEANCE

Il a paru, il y a quelques jours, un livre fort remarquable intitulé *de Bordeaux à Versailles*.

Ce livre, signé de M. O. Ranc, père de l'ancien député du Rhône que l'ordre moral a cru devoir livrer à un conseil de guerre, est composé d'une série d'articles tirés de la *République française* et forme une histoire assez complète des principaux actes de la néfaste Assemblée « élue dans un jour de malheur », comme disait M. Beulé.

Les incidents marquants qui se sont produits au cours de la trop longue existence de cette Assemblée y sont racontés avec une impartialité, une verve et un talent auxquels nous sommes heureux de rendre hommage. On lira donc avec intérêt un ouvrage écrit d'une plume foncièrement honnête, et qui restera comme le martyrologe de la troisième République depuis le 8 février 1871, jour de l'élection de l'Assemblée, jusqu'au 31 décembre 1875, jour où elle s'est séparée pour toujours aux applaudissements de la France.

Nous ne voulons pour aujourd'hui nous occuper que de la conclusion de ce livre, laquelle n'est rien moins qu'une charge à fond de train contre la politique d'*in-*

transigeance et un éloge à outrance de la politique opportuniste.

Et d'abord que signifie ce mot nouveau : l'*opportunisme?* Cela veut dire évidemment le moment opportun de faire triompher les principes qu'on a défendus depuis qu'on est entré dans la vie politique. Dans ce sens nous sommes aussi opportunistes que qui que ce soit. Mais ce n'est pas ainsi qu'on l'a entendu ; sous prétexte d'opportunisme, on a fait bon marché de tous ces principes, et l'on a, sous le nom de la République, donné en quelque sorte une force nouvelle à tous les abus de la monarchie.

Donc, qu'a-t-on gagné à recevoir des mains de la dernière Assemblée une Constitution qui est l'antithèse violente de toutes les institutions démocratiques? Absolument rien. Et l'auteur de *Bordeaux à Versailles* le reconnaît lui-même implicitement lorsqu'en parlant de cette Assemblée il écrit : « Le mal qu'elle a fait pourtant est irréparable et il nous faudra des années peut-être pour refouler l'ennemi qu'elle a armé contre nous. » Oui, il nous faudra des années, et c'est pour cela que, quoique n'étant ni des esprits chagrins ni des esprits pessimistes, nous regrettons amèrement qu'on ne s'en soit pas tenu à la politique de dissolution, que, suivant nous, M. Gambetta a eu tort d'abandonner, et à laquelle, à notre avis, M. Louis Blanc a eu raison de demeurer fidèle.

Mais, nous dit-on, vous ne tenez pas compte du 24 Mai. Pardon, nous en tenons parfaitement compte. C'était une raison de plus pour rester fermement à cheval sur les principes. Il ne s'agissait point de s'en remettre à l'Être suprême, mais au peuple, et l'on y fût arrivé certainement si l'on avait continué à mettre au service de la politique de dissolution l'énergie, la force et l'éloquence qu'on a déployées pour faire triompher la politique contraire.

Est-ce que nous nous trompons? Est-ce qu'il ne s'en est pas fallu de quelques voix que la dissolution ne fût votée? Quels risques courait-on à attendre? L'Assemblée ne pouvait faire la monarchie, même à une voix de majorité ; si elle l'avait pu, elle n'y aurait pas manqué. Elle se serait éternisée, prétendez-vous, jusqu'en 1880? Mais chaque jour le parti républicain gagnait du terrain dans l'Assemblée, chaque élection nouvelle lui apportait une recrue, et l'auteur reconnaît sans difficulté qu'un mouvement irrésistible poussait l'Assemblée elle-même à la République. Notre conviction profonde est que la dissolution eût fini par être votée, et alors la France, agissant en toute connaissance de cause et dans la plénitude de son droit, aurait nommé une Assemblée qui l'eût dotée d'une Constitution franchement républicaine. M. Louis Blanc, encore une fois, avait bien raison quand il disait qu'il n'y avait que des avantages à suivre la ligne si bien tracée dès le début.

Où donc a-t-on vu que M. Louis Blanc ait jamais conseillé la politique d'abstention et d'isolement ? Ce qu'il conseillait, au contraire, c'était la politique d'action dans le sens légal.

Vous nous dites que la République a été proclamée; cela n'est pas exact d'abord ; elle existe virtuellement de par la Constitution, en dépit des dénégations de ses ennemis; mais elle existait aussi bien auparavant, et elle aurait tiré de la dissolution une force nouvelle.

Quant aux élections, elles n'auraient pu se faire dans des conditions pires que celles où se sont faites les élections qui ont eu lieu sous le ministère Buffet, et d'où cependant la République est sortie victorieuse. La dictature militaire, dont on essaye encore de nous épouvanter aujourd'hui pour la plus grande gloire de l'opportunisme, nous a toujours paru avoir la même valeur que le spectre rouge, de légendaire mémoire.

Qu'avons-nous gagné à la Constitution? Les faits répondent pour nous. La République, malgré la présence d'un président du conseil républicain, est tout entière entre les mains de la réaction. La majorité de la Chambre des députés a beau être républicaine, aucune loi de progrès ne passera grâce à ce Sénat que la majorité de l'ancienne Assemblée a construit avec amour comme l'arche sainte de la réaction.

M. Ranc n'admet pas l'amnistie plénière; il voit là un défi jeté à nos adversaires; on aurait dû, selon lui, se contenter de demander une amnistie partielle, purement politique. Est-ce que cela n'a pas été fait? Est-ce que le sort de la proposition Gatineau ne suffit pas à démontrer que toute proposition, quelle qu'elle eût été, fût venue se briser contre la mauvaise volonté et les instincts réactionnaires du Sénat?

L'auteur du livre *De Bordeaux à Versailles* se fait de singulières illusions sur le Sénat. Il ne se préoccupe nullement d'abord de ce qu'il y a d'illogique et d'injuste à faire nommer un délégué par une commune qui compte vingt-cinq électeurs, alors qu'une commune qui en compte trois cent mille n'en nomme qu'un également. Seulement il se félicite de voir entrer par là la politique dans le dernier conseil municipal de campagne. Reste à savoir quelle politique y entrera. Eh bien! ce sera toujours la politique réactionnaire.

Il croit que si l'on a été battu dans les élections sénatoriales, c'est parce que l'on ne s'est pas donné la peine de lutter. Il se trompe. On a lutté, et l'on a été battu, dans beaucoup d'endroits que nous pourrions lui citer, parce que dans la plupart des petites communes il est impossible de lutter avec l'espoir du succès contre certaines influences locales. Et il en sera toujours ainsi, nous pouvons l'affirmer, nous qui connaissons l'esprit des campagnes pour l'avoir pratiqué depuis plus de vingt ans.

L'institution du Sénat est donc infiniment regrettable, d'abord parce que, au point de vue républicain, la dualité du pouvoir législatif est chose mauvaise, ensuite, parce que son mode de recrutement est tout à fait vicieux.

Cela dit, et tout en regrettant de ne pouvoir nous étendre davantage aujourd'hui sur un livre qui mérite d'attirer l'attention publique à tant d'égards, il nous reste à rendre justice au profond amour de l'auteur pour la République, à son patriotisme éclairé, à son ardente passion pour le bien et pour le beau, et nous sommes heureux de constater que sur ces divers points, opportunistes et intransigeants peuvent se donner la main.

L'OBSTACLE

Nous avons énuméré, avant-hier, les divers projets de loi que la Chambre des députés doit discuter dans le cours de la session qui s'ouvre aujourd'hui, et dont le pays attend l'adoption avec une légitime impatience.

— Mais, nous dit un de nos confrères, vous comptez sans votre hôte. Et le Sénat? — Hélas! non; nous ne comptions point sans notre hôte, et nous avions bien prévu l'obstacle. Est-ce que, dans notre article sur l'opportunisme et l'intransigeance, nous n'avons pas montré le Sénat comme décidé d'avance à barrer le passage à toute loi de progrès? N'avons-nous pas prouvé, jusqu'à l'évidence, qu'il avait été institué tout exprès pour être la citadelle de la réaction et que son mode de recrutement l'empêcherait peut-être à jamais d'être un instrument de liberté?

Est-ce une raison pour que la Chambre des députés, qui, elle, a toutes les apparences d'une assemblée républicaine, s'attarde en chemin, piétine sur place, se contente de favoriser de ses vœux platoniques l'avénement de la démocratie et remette incessamment aux calendes grecques toutes les choses sérieuses? Non, mille fois non. Il faut, au contraire, qu'elle réagisse de toute sa force d'expansion contre la mauvaise volonté du Sénat. Elle seule est la véritable Représentation nationale. Est-ce que ce n'est point là une garantie suffisante de sa puissance morale?

Autant le peuple se méfie à bon droit du Sénat, sachant que là est l'ennemi, autant il est disposé à soutenir de sa confiance et de sa sympathie l'Assemblée où siégent ses élus. Que la Chambre des députés se retrempe donc dans cette confiance et dans cette sympathie. Qu'elle y puise un encouragement pour les combats auxquels la provoquent les noirs partisans des ténèbres et des abus. Qu'elle sache bien que toute voix qui lui fera entendre le langage de la raison, qui lui parlera au nom du progrès démocratique, qui revendiquera hautement, au milieu d'elle, les droits imprescriptibles de l'homme et du citoyen, retentira d'échos en échos jusque dans la dernière bourgade de la République. Qu'elle écoute enfin le pays qui lui crie de toutes parts : *Perge, sequar ;* marche, je te suivrai.

Qu'est-il besoin, par exemple, d'attendre si longtemps et de se perdre dans des discussions byzantines pour décréter la liberté de la presse? Voici un an que, sous prétexte de codifier nous ne savons quelles lois sur la matière, vous laissez condamner les journaux républicains en vertu des lois tyranniques édictées depuis soixante ans pour défendre tous les abus du gouvernement personnel et rogner les ailes à la pensée. Décrétez donc, sans phrase, cette liberté de la presse, sans laquelle, comme l'a si bien déclaré autrefois M. Jules Simon, il n'y a aucune liberté dans le pays.

Que craignez-vous! la résistance du Sénat? Qui sait s'il ne cèdera pas à un bon mouvement, quand M. le président du Conseil lui dira que lui non plus n'a pas toujours été un partisan absolu de la liberté de la presse, mais qu'il y a des degrés, et que l'on fait, sur le chemin de la liberté, des progrès comme sur tous les autres. Résistera-t-il à l'éloquence persuasive de M. Jules Simon, quand celui-ci, avec une conviction qui, ainsi qu'il l'a solennellement déclaré, doit être celle de toute sa vie, lui demandera de laisser la pensée dans la plénitude de sa liberté et de sa force, et le conjurera de ne pas faire à l'humanité, à la science et à la patrie l'affront de dégrader et de mutiler l'organe de la vérité.

Je veux bien que le Sénat reste sourd à cette grande voix de la sagesse et de la raison, si toutefois elle consent à se faire entendre, je vais plus loin, je suis certain d'avance qu'il y résistera. Qu'importe ! Vous n'en aurez pas moins fait votre devoir, vous les élus de la nation, et votre besogne ne sera pas perdue pour l'avenir. Vous aurez affirmé une fois de plus le progrès, vous en aurez profondément enfoncé les racines dans le sol. Elles donneront plus tard leurs fruits; le temps est à nous. Quant au Sénat, il récoltera de sa résistance cette impopularité terrible qui s'attache au flanc de toute Assemblée rebelle aux vœux d'une nation, et qui a fait rouler dans l'abîme, sous les malédictions de tous, la Chambre introuvable, le Parlement pourri de Louis-Philippe, le Corps législatif impérial et l'Assemblée immortalisée par M. Beulé.

Le pays vous réclame encore, à bref délai, une loi militaire meilleure, plus équitable, plus démocratique; il vous réclame l'instruction gratuite, obligatoire et laïque, la liberté de réunion et d'association, des impôts moins lourds, une administration républicaine, une organisation judiciaire plus conforme à la justice, la séparation de l'Église et de l'État, tout ce qui constitue la véritable République; hâtez-vous, hâtez-vous de lui donner satisfaction sur tous ces points. Quelle gloire rejaillira sur vous, et quelle reconnaissance vous aurez méritée !

Mais j'entends encore la même voix qui me dit : Et le Sénat ? Eh ! nous le savons bien. Le Sénat s'opposera, de propos délibéré, à toutes les réformes, à toutes les améliorations, c'est convenu. Il criera au Progrès : arrière ! à la Justice : halte-là ! à la Liberté : on ne passe pas ! Mais est-ce une raison, parce qu'il refuse de marcher, pour rester en place ?

N'est-ce donc rien que de donner satisfaction aux légitimes aspirations du pays, même au seul point de vue moral ? N'est-ce donc rien que de lui donner la preuve éclatante qu'il y a une Représentation digne de lui, et qui veut, avec lui, de sérieuses institutions républicaines? N'est-ce donc rien que d'affirmer les principes démocratiques en les traduisant en lois qui, tôt ou tard, sortiront leur plein et entier effet? N'est-ce donc rien que de montrer qu'on a pour soi le droit, la vérité, la raison, et que si les idées rétrogrades conservent encore le dessus, la faute est au Sénat tout seul ?

Courage, crierons-nous donc aux élus du peuple, nous qui voulons le triomphe définitif de la République, courage ! Les forts se retrempent dans la lutte, leur énergie grandit devant les obstacles. Oui, courage ! La France vous regarde et elle vous tiendra compte de vos efforts.

Ils ne seront pas stériles, d'ailleurs. De deux choses l'une, en effet. Ou les électeurs sénatoriaux, désabusés, instruits par l'expérience et comprenant mieux les grands intérêts du pays, infuseront au Sénat un sang nouveau en 1879 et y renforceront la minorité républicaine : ou, ce qui vaudrait mieux, le Congrès, lors de la révision, fera disparaître de la machine constitutionnelle ce rouage qui menace d'être éternellement un obstacle au progrès, un empêchement à la justice, une menace à la liberté.

RÉVOLUTION ET RÉVOLUTIONNAIRES

M. Imgarde de Leffemberg, ancien procureur général impérial dévoué à l'Empire, aujourd'hui procureur général de la République, non moins dévoué à la République, paraît-il, rappelait samedi dernier, devant la cour d'assises, les paroles suivantes prononcées par lui le 3 novembre 1871 : « Ennemi des révolutions et des révolutionnaires, j'ai été dix-huit ans le serviteur du gouvernement. J'ai accompli les obligations de mon serment; mais quand mon pays, *dans son droit souverain*, a changé ses institutions, je me suis soumis, également obéissant... »

Franchement, M. Imgarde de Leffemberg nous semble avoir manqué singulièrement de logique en cette circonstance. Qu'est-ce que fait un pays lorsque, dans son droit souverain, il change ses institutions? Il fait une révolution. Et c'est ce qui était arrivé en effet deux mois, jour pour jour à peu près, avant que M. Leffemberg reprît la parole pour risquer ce paralogisme. En se déclarant soumis et obéissant au nouvel ordre de choses, avant même qu'il fût plus ou moins ratifié par une assemblée nationale, l'ancien serviteur du 2 Décembre ne faisait que saluer la révolution qui avait culbuté l'Empire, l'empereur et toute la séquelle impériale. Pourquoi donc alors ces déclamations intempestives contre la Révolution et les révolutionnaires? Encore une fois, M. Imgarde Leffemberg a manqué complétement de logique.

J'entre toujours dans un étonnement profond et je ne puis m'empêcher d'admirer l'ingratitude humaine quand j'entends maudire la Révolution par des gens qui devraient être à deux genoux devant elle. Combien végéteraient encore dans les plus humbles conditions, casseraient des pierres sur les routes ou battraient l'eau des étangs seigneuriaux, si elle n'était pas venue répandre au milieu de nous la justice et l'égalité!

Cherchez, cherchez partout; à part la race maudite des rois et quelques milliers de privilégiés qui vivaient insolemment au détriment de tous, il n'est guère personne, dans ce grand pays de France, qui ne lui doive un immense tribut de reconnaissance.

Que de gens, même parmi les anciennes classes nobiliaires, sont encore aujourd'hui ses très-humbles obligés! N'est-ce pas elle, misérables cadets, que l'usage du droit d'aînesse condamnait à la gêne et à la pauvreté, n'est-ce pas elle qui vous a restitué votre part de patrimoine? Et vous, pauvres filles qu'on jetait au couvent, comme une proie à l'abîme, pour ne pas diminuer la fortune paternelle, n'est-ce pas à elle que vous devez la liberté et le droit à la famille?

Il n'est pas jusqu'au clergé dont elle n'ait fait la condition meilleure. Je ne parle point, bien entendu, des princes de l'Église, des gros évêques, des abbés commendataires, dont l'opulence, puisée aux sources les plus impures, était un scandale. Mais à côté de

ces ecclésiastiques vivant dans la richesse et la fai-
néantise, que de petits curés réduits à l'aumône, que
de prêtres ayant à peine le strict nécessaire! Grâce à la
Révolution, ils eurent du moins leur pain assuré.
Aussi le bas clergé en adopta-t-il tout d'abord les
principes avec ardeur. Du propre avis de l'évêque
d'Amiens, Desbois de Rochefort, dont nous avons cité
l'autre jour un si curieux mandement, ceux-là seuls
qui avaient dû leur élévation à un régime révoltant,
n'attendaient que le moment de venger sur la Révolution la perte de leurs biens mal acquis.

·Et vous, juifs, et vous, protestants, et vous, comé-
diens, que seriez-vous encore à cette heure sans cette
Révolution bienfaisante? des parias bannis de la cité,
exclus de toutes les places, incapables de prendre
part à la vie civique. N'est-ce point Robespierre, un
de ces révolutionnaires dont M. Imgarde de Leffemberg
est l'ennemi mortel, et que peut-être beaucoup d'entre
vous maudissent sans le connaître autrement que par
les déclamations réactionnaires, n'est-ce point Robespierre qui, à l'Assemblée constituante, défendit vos
droits contre l'abbé Maury avec une suprême énergie?
Écoutez sa grande voix, si méconnue encore :

« Comment a-t-on pu leur opposer les persécutions
dont ils ont été victimes chez différents peuples ? Ce
sont au contraire des crimes nationaux que nous
devons expier en leur restituant les droits dont aucune puissance humaine ne pouvait les dépouiller.
Rendons-les au bonheur, à la patrie, à la vertu, en
leur rendant la liberté d'homme et de citoyen ; songeons qu'il ne peut jamais être politique, quoi qu'on
puisse dire, de condamner à l'avilissement et à l'op-

pression une multitude d'hommes qui vivent au milieu de nous. Comment l'intérêt social pourrait-il être fondé sur la violation des principes éternels de la justice et de la raison, qui sont les bases de toute société ? »

Et vous, bourgeois, que l'insolence aristocratique bannissait de toutes les hautes positions sociales ; ouvriers, paysans qui viviez rivés à l'atelier ou attachés à la terre comme des bêtes de somme, ne lui êtes-vous pas redevables de votre affranchissement ? Vous étiez un troupeau, elle a fait de vous un peuple. Vous n'étiez que des manants taillables et corvéables à merci, elle a fait de vous des citoyens.

Ah ! que M. Thiers avait raison de s'écrier un jour, du haut de la tribune de la Chambre des députés, sous Louis-Philippe : « Je serai toujours le serviteur exclusif et passionné de la Révolution. » Il est seulement fâcheux que le jour où il a eu en main les destinées de la République, il ait cru devoir s'appuyer sur les plus grands seigneurs de France et sur tous les renégats de la Révolution.

Qu'on le sache bien, la République ne sera définitivement fondée que le jour où elle n'admettra à son service que les serviteurs exclusifs et passionnés de la Révolution.

LA FRANCE SE RECUEILLE

Qui de nous n'a souvent entendu tomber de la bouche de quelque Prud'homme politique ces mots solennels et bêtes : Le peuple francais est ingouvernable.

Ce qu'il y a de vrai, au contraire, c'est qu'il n'y a pas au monde de nation plus facile, plus commode, plus débonnaire. Comme disait Saint-Just, elle se laisse mener par un cheveu. Toute son histoire est là pour le prouver. Ce qui est étonnant, c'est qu'elle ait pu supporter avec tant de patience les chaînes auxquelles elle a été si longtemps rivée. Écrasée à la fois sous la triple tyrannie du clergé, de la noblesse et des rois, elle n'est sortie de son inertie et de son impassibilité que le jour où le despotisme, à bout de ressources, a eu recours à elle et l'a de lui-même appelée à entrer en scène.

Madame de Staël, que personne, pas même M. de Broglie, ne taxera d'exagération révolutionnaire, n'a fait aucune difficulté de reconnaître que si, durant la période de la Révolution, le peuple français s'était laissé entraîner à des excès, c'est que, de tous les peuples, il avait été le plus malheureux. Il arrive, en effet, un moment où le mouton se change en tigre.

Mais, cette heure d'exaspération passée, exaspération presque toujours légitime, il redevient mouton comme devant et se laisse tondre et égorger de plus belle.

Faut-il rappeler le souvenir du premier Empire, de la Restauration, de la monarchie de Juillet et du second Empire ? Vit-on jamais régimes se jouer plus insolemment d'un peuple ? Sabre ou goupillon, c'était toujours la même chose. Et pourtant avec quelle docilité ce pauvre peuple de France a supporté toutes les avanies, toutes les injustices, toutes les iniquités dont on l'a accablé !

Sans remonter si haut, voyez ce dont nous avons été témoins de nos jours sous le régime de l'ordre moral. Est-il possible de s'être montré plus impertinent à l'égard du peuple que M. de Broglie, avec son éternel sourire, bête et niais ? plus irritant et plus cassant que M. Buffet, cet apostat louche de la liberté ? plus arrogant que le comparse Numa Baragnon, ce grotesque qui voulait mettre la France au pas ? Eh bien ! défié de propos délibéré, provoqué de parti pris, ce peuple n'a pas bronché, et il a étonné le monde par sa sagesse. « Si l'on nous faisait la dixième partie de ce que vous supportez, me disait un jour un étranger, nous mettrions tout à feu et à sang. »

Aujourd'hui même encore, voyez ce qui se passe. Nous avons à la tête du ministère un républicain qui s'est montré fort prodigue autrefois de déclarations radicales. Se soucie-t-il le moins du monde de mettre ses actions d'accord avec ses paroles ? Ah ! bien oui ! Il a érigé en principe qu'on n'est pas obligé, quand on est au pouvoir, de conformer sa conduite à celle qu'on tenait dans l'opposition. Aussi, avec quel

soin les républicains sérieux sont laissés à l'écart !
Tandis que les feuilles démocratiques sont poursuivies
pour de simples délits d'opinion et de pensée, et frappées sans pitié par une magistrature notoirement
hostile aux institutions républicaines, les journaux
prétendus religieux se livrent contre ces institutions
aux attaques les plus furibondes. L'émeute cléricale
est en permanence.

Du haut de la chaire et dans leurs mandements les
évêques poussent à la haine de la République, prêchent une véritable croisade contre le gouvernement
italien pour le rétablissement du pouvoir temporel du
pape. Tout cela est criminel et délictueux au premier
chef. On ne s'en préoccupe guère. C'est à peine si le
ministre de la justice et des cultes ose adresser à ces
prélats en révolte quelques humbles remontrances.
De toutes parts, les classes réactionnaires, enhardies
par l'impunité, fortes de la complicité morale du gouvernement, préparent, pour l'année 1880, le grand
assaut de la République.

Le peuple assiste plus calme et plus impassible que
jamais à toutes les intrigues et à toutes les menées de
la contre-révolution, et il prouve par sa fière et tranquille attitude combien il est digne de cette liberté,
qu'on lui mesure d'une main si avare.

Est-il vrai que le ressort révolutionnaire soit brisé
en France, comme l'écrivait, il y a quelques jours un
ancien révolutionnaire fort ardent, devenu un des apôtres de l'opportunisme ? Ce ressort révolutionnaire
n'est pas plus brisé aujourd'hui qu'il ne l'était en 1789,
en 1830, et en 1848. Le peuple ne comprend pas les
chinoiseries de l'opportunisme, parce qu'il sait ce

qu'elles valent, parce qu'il voit où elles nous condui-
sent, parce qu'il se dit qu'il est absurde d'avoir remis
aux calendes grecques ce que l'on aurait pu avoir tout
de suite. Mais il tient à prouver qu'il est armé d'une
longue patience ; et il eût mieux aimé certainement
attendre quelque temps encore de véritables institutions républicaines que d'être doté d'une Constitution
qui n'en est que la parodie, et à l'ombre de laquelle
on continue tous les errements et tous les abus de la
monarchie.

Quant à présent, la France se recueille. Elle a passé
par assez d'épreuves pour attendre dans un calme
stoïque l'heure inévitable du triomphe définitif de la
démocratie. Elle sait que la sagesse seule peut fonder
quelque chose de durable : mais la sagesse n'est pas
oubli des principes. Elle sait que la gravité des circonstances actuelles lui commande beaucoup de réserve et
de circonspection. Elle ne se lancéra pas à la légère
dans les aventures, tenez-le pour certain.

Mais quand besoin sera, elle saura de nouveau faire
entendre sa voix, casser aux gages, s'il le faut, des
commis infidèles, et prouver à tous qu'elle est mûre
pour la liberté et pour la véritable République.

LES ÉMIGRÉS DE L'INTÉRIEUR

Quand la Révolution française éclata, il y eut tout d'abord dans le pays comme une entente universelle : elle apparaissait à tous comme la mère d'un monde nouveau, plus équitable et meilleur. N'apportait-elle pas dans les plis de sa robe les bienfaits de la justice et de la liberté, vainement réclamés depuis tant de siècles par les sages et par les philosophes ?

Les malheureux et les déshérités de l'ancien régime la saluèrent comme la réparatrice des maux passés. Les privilégiés, saisis d'un accès de désintéressement et de générosité qui ne devait pas être de longue durée, l'accueillirent en souriant et se proclamèrent ses plus ardents partisans. On vit un jour ce spectacle étrange : des membres de la plus vieille noblesse offrirent d'eux-mêmes en holocauste les droits et privilèges abusifs dont ils jouissaient de temps immémorial, allant volontairement ainsi au devant d'un sacrifice absolument commandé par la situation.

La Révolution, du reste, ne se montra pas ingrate à leur égard. Débonnaire à l'excès, elle peupla des privilégiés de la veille toutes les administrations nouvelles, tous les états-majors de la garde nationale récemment organisée ; elle leur laissa les hauts grades de l'armée et ne songea point à les chasser des postes diplomatiques qu'ils occupaient comme leur patrimoine exclusif. Jamais Révolution ne s'était montrée de si bonne composition.

Mais les classes qui, depuis tant de siècles, s'étaient habituées à traiter la France en pays conquis et la nation en esclave, ne purent se faire longtemps au nouvel ordre de choses; l'égalité leur parut un supplice insupportable. La suppression des titres de noblesse acheva de les exaspérer. Elles supportèrent moins patiemment l'abolition des simples apparences de la supériorité sociale que les droits réels dont elles avaient été si justement dépossédées.

Dès lors commença de s'accentuer d'une façon formidable ce mouvement d'émigration dont les princes du sang avaient donné l'exemple. Les nobles franchirent en foule la frontière pour soulever l'étranger contre nous et prendre du service dans ses rangs. Ils avaient d'ailleurs d'illustres exemples parmi eux sans remonter de beaucoup en arrière. N'avait-on pas vu les Condé et les Turenne combattre tour à tour la France au milieu des Espagnols ? C'était de tradition dans la famille des Condé.

Ceux qui ne passèrent pas à l'étranger n'en furent pas les moins dangereux ennemis de la Révolution. Par tous les moyens possibles, par l'intrigue, par la corruption, par la conspiration sourde, ils s'efforcèrent de saper et de détruire son œuvre. Ils usèrent même des armes révolutionnaires pour battre plus sûrement la République en brèche, et beaucoup de ceux qui eurent l'idée de rendre la Révolution redoutable au peuple en l'exagérant se recrutèrent parmi eux. On les appela les émigrés de l'intérieur.

La République éprouvait-elle quelque échec au dehors? ils ne se sentaient pas de joie. Etait-elle victorieuse ? ils étaient tous consternés. Les embarras et les difficultés avec lesquels ils la mettaient aux prises, leur étaient autant de sujets de satisfaction. Ils grossissaient à plaisir ses revers, comme ils amoindrissaient ses succès. Ils se pâmaient d'aise à l'idée qu'elle pourrait être prochainement anéantie. Et le plus grand supplice auquel ils se trouvèrent condamnés fut d'assister à son triomphe.

Qui ne reconnaît à ce tableau nos modernes émigrés de l'intérieur ? Ils n'ont pas changé, ces émigrés de l'intérieur, seulement leur nombre s'est accru de tous les renégats de la Révolution. Que de parvenus de la grande époque, que d'acquéreurs de biens nationaux, incorporés dans l'égoïste troupeau des classes dirigeantes, font chorus aujourd'hui avec les fils des émigrés de Coblentz ! C'est ainsi que les Chesnelong mettent leurs mains dans celles des Belcastel et que les Rouher et les Numa Baragnon fraternisent avec les de Broglie et communient avec lui dans la haine de la République.

Des émigrés de l'intérieur, il y en a partout, hélas ! On les compte en foule dans la droite du Sénat; il y en a sur les bancs de la Chambre des députés ; nos chancelleries en sont empoisonnées ; il y en a dans nos administrations, dans nos parquets, dans nos prétoires. Quant à l'Église, ils y fleurissent comme sur leur sol naturel.

Émigrés de l'intérieur, ceux qui se réjouissent du

trouble où l'Europe est actuellement plongée, dans l'espérance qu'il en résultera quelque dommage pour la République. Émigrés de l'intérieur, ceux qui voient déjà avec un plaisir mal dissimulé, toutes les nations occupées à se battre au lieu de songer aux pacifiques occupations de l'Exposition universelle de 1878.

Émigrés de l'intérieur, ceux qui se frottent les mains d'avance en pensant que cette Exposition sera peut-être une déception, et qui s'écrient d'un ton goguenard qu'il est à craindre que M. Krantz « exposant dans le désert » ne devienne un sujet pour les arts plastiques de l'avenir.

Émigrés de l'intérieur, ceux qui se flattent que les nations étrangères ne viendront pas au rendez-vous qui leur a été donné pour l'année prochaine et qui croient faire de l'esprit en disant que l'invitation de la France ne sera acceptée que par la principauté de Monaco et la République de Saint-Marin. Que de sel attique dans cette boutade !

Émigrés de l'intérieur enfin, ceux qui osent déclarer que « la France n'est impuissante et dédaignée que parce qu'elle est en République. » Comme on reconnaît bien là les descendants de ceux qui, lors des premières invasions amenées par l'Empire, sont revenus à la queue de l'étranger !

Ah ! les républicains entendent autrement le patriotisme. Jamais on ne les a vus, eux, figurer dans les rangs des ennemis de la France. Et si cette chère France, que nous aimons d'autant plus qu'elle a été malheureuse, reprend bientôt, comme nous l'espérons, le rang auquel elle a droit dans le monde, c'est à la République et aux républicains qu'elle le devra.

LES PERCEPTIONS DE VILLE

> Encore un abus d' sauvé,
> V'là le Sénat qui passe.

Ainsi pourrait-on parodier le refrain de la chanson du vitrier à propos du vote par lequel la Chambre du Sénat a rétabli dans sa séance de samedi dernier, les perceptions de ville.

On sait que la dernière Assemblée, dite nationale, justement émue de l'effroyable quantité d'impôts anciens ou nouveaux, dont le pays était surchargé, avait confié à une commission de quarante-cinq membres le soin de rechercher les économies immédiates qui pourraient être réalisées dans l'organisation administrative de nos divers départements ministériels.

Une des premières réformes dues à l'initiative de cette commission a été la suppression des 414 perception de villes, chefs-lieux de département et d'arrondissement. Cette suppression devait nécessairement amener une économie réelle dans les frais de perception payés par le Trésor pour le recouvrement de l'impôt direct. C'était d'ailleurs un premier pas dans la voie de la diminution des fonctionnaires

16

publics, dont nous avons, l'autre jour, donné le nombre véritablement fantastique. Donc, si mince que fût la réforme, il n'y avait qu'à applaudir.

Eh bien! cette modeste réforme n'en a pas moins fait pousser les hauts cris dans la tribu des budgé-tivores. Quoi! plus de perceptions de ville ! C'étaient pourtant de si agréables sinécures. Il n'est peut-être pas, nous ne dirons point de député, mais de conseiller général, qui n'ait été assailli de réclamations à ce sujet.

Nos gouvernants, eux-mêmes, ne tardèrent pas à gémir de la suppression de ces perceptions urbaines. C'était si commode ces perceptions ! Quoi! plus moyen d'être agréable à un ami, de désarmer un adversaire, de se faire des créatures, de donner un os à ronger aux impatients. Comme le disait trop naïvement, samedi, le peu naïf M. Picard, on ne peut donner à tout le monde une recette particulière, on donne une perception de ville.

Était-il séant de laisser ainsi des ministres dans l'embarras ? La loi des finances du 20 décembre 1872 exempta de la suppression les perceptions établies dans les villes d'une population supérieure à cent mille âmes. C'était réduire de 414 à 368 le nombre des perceptions à supprimer, et diminuer le économies dans une proportion d'autant plus grande que c'étaient les grosses perceptions qui se trouvaient maintenues.

Mais il n'y avait pas là de quoi satisfaire l'appétit de nos budgétivores. Les places manquant sur le marché pour contenter des solliciteurs à ménager, quoi de plus simple que de rétablir les perceptions

supprimées de fait ou en principe ? Telle a été l'ingé-
nieuse idée de M. Paul Dupont, ancien député officiel
sous l'Empire et aujourd'hui membre du Sénat.

Une chose, ce nous semble, a dû profondément
étonner M. Paul Dupont, ç'a été de voir avec quelle
ardeur de conviction son éternel adversaire au Corps
législatif impérial, M. Picard, a mis au service de sa
proposition sa spirituelle faconde. Et ce n'est pas
seulement le plus jovial des anciens cinq, qui est
venu à la rescousse, c'est aussi le ministre des finances en personne, M. Léon Say.

Ah ! ce sont deux hommes heureux que MM. Ernest Picard et Léon Say. Ils étaient l'un et l'autre
autrefois dans le camp de l'opposition, réclamant des
économies, encore des économies et toujours des
économies. Et aujourd'hui qu'ils ont escaladé les
rampes escarpées du pouvoir, qu'ils pourraient travailler de concert à réaliser ces économies, rêve des
temps passés, les voilà qui jonglent avec nos écus,
comme s'il n'y avait qu'à se baisser pour en prendre.
Triste ! triste en vérité !

Et de quels piètres arguments s'est servi l'ancien
député de la Seine pour soutenir sa déplorable thèse !
Il est vrai que ceux du ministre des finances ne
valaient guère mieux. Mais, du moins, M. Léon Say
a-t-il franchement déclaré que tout était loin d'être
parfait dans notre organisation financière, et nous
aimons à croire qu'il a implicitement visé cette détestable institution des trésoriers-payeurs généraux,
dont nous avons ici même, il y a quelque temps,
démontré les vices.

Quant à M. Picard, il a été d'un optimisme tout

olympien. La suppression des perceptions de ville lui paraît une atteinte à l'organisation même de nos services financiers.

Comment! on confie à de simples commis les fonctions de percepteurs! Mais c'est le renversement de toute la hiérarchie! Et cet ancien adversaire des armées permanentes ne trouve rien de mieux que d'aller prendre ses exemples dans la hiérarchie militaire.

Et puis, l'économie est [de si minime importance. On espérait un million; elle est présentement de 147,252 fr. et atteindra à peine 700,000 fr. Qu'est-ce que cela? Une misère pour M. Picard. Ce que c'est que d'avoir trouvé un trésor dans son berceau. Heureux homme, avions-nous raison de dire.

Mais, monsieur Picard, sept cent mille francs, ce serait l'instruction primaire gratuite assurée dans sept cents communes. Sept cent mille francs d'un côté et sept cent mille francs de l'autre, cela finirait par faire bien des millions.

Veut-on maintenant le bouquet de l'argumentation de M. Picard, écoutez :

« Quand un percepteur a pendant de longues années habité des campagnes, des bourgs, des localités reculées, qu'il a servi longtemps et honorablement l'État, que peut-on faire pour le récompenser ? On ne peut pas toujours le nommer receveur particulier ; sa fortune ne lui permet pas toujours de déposer le cautionnement nécessaire ; mais on peut plus souvent le nommer percepteur dans une ville, et c'est là son bâton de maréchal ! »

Ah ! le bon billet qu'a Lachâtre ! M. Ernest Picard

a été ministre des finances, et il veut rire, assurément, quand il vient nous conter de ces sornettes.

Un percepteur rural, — et il y a déjà beaucoup trop de percepteurs ruraux, — est chargé d'une grosse besogne. Il fait l'office de payeur pour les rentes sur l'État, les pensions, les traitements, les coupons de la Ville de Paris, du Crédit foncier, du Crédit agricole, etc., il paye les agents communaux, les entrepreneurs de travaux publics, reçoit les impôts directs, prestations scolaires, taxe des chevaux et voitures, biens de main morte, billards, etc. Il opère les mutations foncières, prépare la confection des rôles, etc. Il lui faut, en un mot, connaître admirablement les lois d'impôts, les lois sur le timbre, la jurisprudence de la Cour des comptes et du Conseil d'État. Et après dix ou quinze ans de service, il arrivera à gagner 3,000 francs. Ce sera le couronnement de sa carrière, s'il ne trouve pas un protecteur très-influent.

Quant au percepteur de ville, c'est un heureux mortel. Pas de service communal, plus de payements à faire, plus de comptes de gestion à rendre, peu ou point de responsabilité ; des quittances à délivrer, et voilà tout. Il installe un commis à 1,200 ou 1,500 francs, et se promène tranquillement les mains dans les poches, et émarge de 10,000 à 20,000 francs et quelquefois plus.

Mais, nous dit M. Picard, cette perception de ville, ce sera le bâton de maréchal du percepteur rural. Eh bien ! non, mille fois non. On naît percepteur de ville ; on ne le devient pas par la voie hiérarchique ; et ce ne sont pas les percepteurs ruraux que vont chercher les faveurs ministérielles.

Le vrai mot de la situation a été dit par M. Testelin :
« Tout ce qu'on veut, dans les régions officielles, ce
sont des bagues à mettre aux doigts de ses amis, pas
autre chose. »

Quant à nous, qui n'avons souci que de l'intérêt du
pays et de la bourse des contribuables, nous ne pouvons nous empêcher de pousser un cri d'alarme.

A la vraie Réprésentation nationale d'aviser.

LES POINTS NOIRS

O bienfaits des gouvernements monarchiques !

Il y a quinze jours on croyait toute éventualité de guerre écartée. La paix était à la veille d'être signée. Nous-même nous poussions ici un long cri d'espérance. Il nous était doux de rassurer les mères, et d'engager les peuples à laisser de côté toutes ces préoccupations belliqueuses qui gênent le travail régulier et entravent le progrès.

Mais depuis, tout a été remis en question. Le général Ignatieff qui, à ce qu'on assurait, avait quitté Londres l'âme toute rassérénée, et emportant de son entrevue avec les ministres anglais la certitude d'une solution pacifique, aurait, au contraire, déclaré qu'il n'avait pas trouvé à Londres une tendance sincère vers la paix. Si la guerre éclate, la plus grosse part de responsabilité en reviendrait, selon lui, à l'Angleterre.

Et cette déclaration du général Ignatieff a suffi, depuis quelques jours, pour que de nouveau le ciel politique se constellât de points noirs.

Mais, que veulent au juste la Russie et l'Angleterre ? Quelles sont les difficultés réelles qui existent entre elles ? Voilà ce que demandait à savoir, paraît-il, le comte Andrassy, ministre de l'empereur d'Autriche, avant de s'engager à promettre la médiation de son souverain. Ce que veut l'Angleterre? Parbleu, elle veut être assurée que la Russie n'ira pas à Constantinople. Et la Russie? Oh! la Russie proteste de son désintéressement absolu. Croyez-la sur parole, si bon vous semble.

Toujours est-il qu'à cette heure, le czar n'a qu'à faire un signe pour que demain le sang des peuples coule à torrents. Quelle admirable chose que le gouvernement personnel! Comprenez-vous, pères de famille, mères qui avez mis tant de temps à former des hommes, qui les avez élevés avec tant de soin et avec tant d'amour, il dépend du caprice d'un individu qu'avant peu des générations tout entières soient exterminées.

Supposez, au contraire, que monarchies et souverains soient relégués au musée des antiquités, que le droit de guerre ou de paix appartienne aux peuples seuls, comme cela devrait être, croyez-vous qu'ils iraient se jeter les uns sur les autres et se déchirer comme des bêtes féroces pour la possession d'un petit morceau de terre? Les peuples, comme nous avons déjà eu l'occasion de le démontrer, n'ont qu'un intérêt, celui du travail, et cet intérêt est le même pour tous, sous quelque zone qu'ils habitent. Que si quelquels difficultés viennent à s'élever entre eux, quoi de plus simple que les résoudre par voie d'arbitrage, sans recourir à la force, cette dernière raison des rois.

Supprimez les rois et vous serez bien près d'avoir supprimé toutes les causes de guerre.

Mais nous n'en sommes pas là, et certaines feuilles, qui voient les choses sous l'aspect le plus sombre, nous donnaient hier à peu près comme certain que deux mois ne s'écouleraient pas avant l'ouverture des hostilités. Les trois empereurs, celui de Russie, celui d'Allemagne et celui d'Autriche seraient d'accord. L'Angleterre isolée se trouverait réduite à l'impuissance. Quant à la République française elle n'aurait qu'à bien se tenir ; l'Allemagne lui serait donnée pour gendarme. L'agréable perspective !

Eh bien ! malgré les points noirs qui se dessinent à l'horizon, nous avouons que nous ne sommes point si pessimistes que cela.

Depuis hier d'ailleurs les nouvelles paraissent plus rassurantes. Quelle était, en apparence du moins, la pierre d'achoppement ? La Russie voulait que la Turquie désarmât la première. Aujourd'hui cette difficulté semble aplanie, et l'on aurait inventé certaines formules qui permettraient à la Russie de procéder à un désarmement simultané avec la Turquie, sans que son amour-propre se trouvât trop cruellement mortifié. Que la diplomatie est donc une belle chose !

A ces conditions, et surtout si la Porte consentait à la cession de Nicksich, la paix paraîtrait de nouveau assurée, et nous en serions encore pour une fausse alerte.

A l'heure où nous écrivons ces lignes, le fameux protocole, promené de chancellerie en chancellerie par le général Ignatieff, est peut-être signé ; même avant que la paix soit entièrement conclue entre la Turquie et le Montenegro. Ce que l'on voudrait affirmer tout d'abord, c'est l'entente de toutes les puissances européennes pour amener la Porte à réaliser les réformes jugées nécessaires. Tel est le principal objet du protocole. Reste à savoir si même, avec la meilleure volonté de la part de son gouvernement, la Turquie est capable d'accomplir ces réformes. C'est ce qu'un prochain avenir nous dira.

Toujours est-il qu'à cette heure, les points noirs tendent encore une fois à s'éclaircir. Félicitons-nous-en; car tout ce qui éloigne l'idée de guerre doit être accueilli avec empressement par tous les amis de l'humanité.

Quant à la France son rôle est tout tracé. Elle n'a qu'à attendre les événements et qu'à s'y préparer, sans forfanterie, mais sans faiblesse. Elle sait combien la paix est précieuse, et elle fera tout pour la conserver au monde. Mais on a tort de lui montrer l'Allemagne comme un croquemitaine toujours prêt à la dévorer.

La France attend de l'avenir, elle attend de la justice et du bon sens des peuples la réparation des iniquités qu'elle a subies; toutefois, elle ne se laisserait attaquer impunément ni dans son honneur, ni dans sa dignité, ni dans son indépendance, et à tout agresseur injuste elle saurait prouver, sous le drapeau de la République, qu'elle est encore la grande nation.

LE PROTOCOLE

Serait-ce une paix bien assise que celle qui résulterait du protocole accepté en principe, il y a quelques jours, par les représentants de l'Allemagne, de l'Autriche, de la France, de l'Angleterre, de l'Italie et de la Russie, et dont on a pu lire hier les dispositions ?

On sait toute l'horreur que nous avons pour la guerre, surtout quand la guerre n'a point pour unique motif la cause sacrée de l'indépendance et de la liberté des peuples. Si donc nous voulons examiner aujourd'hui avec quelque attention le degré de confiance qu'il convient d'accorder à quelques-unes des puissances signataires du fameux protocole, c'est qu'il ne nous paraît pas, hélas ! que ce document, qui a fait tant courir le général Ignatieff, soit une garantie bien sérieuse de leurs intentions pacifiques.

L'initiative en appartient au gouvernement du czar. Il semble que la Russie ait voulu donner par là une preuve de son désintéressement. Nous avouons notre scepticisme complet sur ce désintéressement, dont on fait grand tapage, et auquel nous ne nous fierons, nous, que sur un bon garant.

Est-ce bien du sort des populations chrétiennes de

la Turquie et des réformes à introduire en Bosnie, en Herzégovine et en Bulgarie que se préoccupe surtout l'autocrate moscovite? — Mais, pardon, pourrait à bon droit lui dire la Porte, puisque vous prenez un si tendre intérêt à l'indépendance des populations, commencez donc par affranchir ces millions de Polonais que vous opprimez de la belle façon, et dont les cris de désespoir ont si douloureusement retenti, depuis un siècle, au cœur de l'Europe indignée. Que venez-vous me reprocher le sang versé en Bulgarie, vous qui avez étendu sur la claie la malheureuse Pologne, et qui n'hésitez pas à la saigner à blanc dès qu'elle fait mine de bouger? — Nous ne savons trop ce que le souverain pacifique qui règne à Saint-Pétersbourg pourrait répondre à cela.

La vérité est que tous ces beaux prétextes humanitaires cachent l'ambition mal dissimulée d'étendre jusqu'au Bosphore l'empire de Pierre le Grand et d'englober sous un même sceptre toutes les populations slaves. Si l'on en doutait, on n'aurait qu'à se renseigner auprès des journaux russophiles qui prennent soin de nous édifier sur la pression que le pauvre czar subit de la part des comités panslavistes. Être courbé sous le joug de fer d'un gouvernement personnel, quel idéal pour un peuple! Et cela vaut-il bien la peine de changer de maître?

Dans le protocole en question, les puissances invitent la Porte à consolider le pas fait vers l'apaisement, en remettant ses armées sur le pied de paix, et en réalisant dans le plus bref délai les réformes nécessaires à la tranquilité et au bien-être des provinces dont la Conférence s'est préoccupée. Cela est très-bien. Mais du désarmement de la Russie, il n'est pas question. Le comte Schouvaloff s'est borné à déclarer, au nom de son maître, dans une réunion tenue au Foreign-Office, le jour même de la signature du protocole, que si la paix avec le Montenegro était conclue, si la Porte se résignait à accepter les conditions des puissances signataires, si elle se montrait prête à replacer son armée sur le pied de paix et à accomplir sérieusement les réformes demandées — que de si ! — elle n'avait qu'à envoyer à Saint-Pétersbourg un agent spécial pour traiter du désarmement. Sa Majesté le czar consentirait, de son côté, à désarmer également, sous cette réserve toutefois que, si de nouveaux massacres avaient lieu en Bulgarie, cela arrêterait nécessairement toute mesure de désarmement.

Que dites-vous de cette déclaration ? C'est merveilleux. Ah ! nous comprenons parfaitement, si peu de sympathie que nous ayons pour la Porte, comme pour tout gouvernement despotique, nous comprenons fort bien qu'elle fasse de sérieuses objections au sujet des conditions de désarmement imposées par la Russie. La plus simple impartialité exigeait que le désarmement fût au moins simultané et que cette simultanéité fût nettement affirmée dans le protocole même.

Nous sommes fâché vraiment de n'avoir pas l'opinion de notre gouvernement à cet égard. Nous espérons que M. le ministre des affaires étrangères daignera donner quelques renseignements là-dessus dès la rentrée de la Chambre. En attendant, nous ne pouvons nous empêcher de trouver étrange qu'une nation en république soit tenue dans une telle ignorance de ses affaires. Nous ne saurions rien encore du protocole sans la nécessité où s'est trouvé le ministère de la reine Victoria de le communiquer au parlement anglais, avec les déclarations assez significatives de trois des ambassadeurs qui l'ont signé.

On a vu plus haut celle du comte Schouvaloff. Le général de Menabrea, ambassadeur du roi Victor-Emmanuel, a tenu à déclarer que l'Italie n'était engagée qu'autant que l'entente résultant du protocole serait maintenue entre toutes les puissances.

Le comte Derby, premier secrétaire d'État de Sa Majesté britannique aux affaires étrangères, a fait savoir, par une déclaration spéciale, qu'il était bien entendu d'ores et déjà que si le désarmement réciproque de la Russie et de la Porte et la conclusion de la paix entre ces deux puissances n'étaient pas réalisés, le protocole serait considéré comme nul et non avenu.

Cela prouve assez manifestement, ce nous semble, que l'Angleterre n'a, comme nous, qu'une très-médiocre confiance dans les intentions de la Russie.

Voilà, belle Emilie, à quel point nous en sommes.

Tant que la solution proposée par nous ne sera point réalisée, c'est-à-dire tant que les populations qui relèvent encore plus ou moins directement de la Porte, ne formeront pas un État puissamment fédéralisé, également indépendant de la Russie et de la Turquie, et, tant que Constantinople ne sera pas une ville libre européenne, le ciel de l'Orient sera toujours gros d'orage et le repos de l'Europe ne sera pas assuré.

DE QUI DÉPEND LA PAIX?

Dans le premier numéro de ce journal, nous déclarions, en terminant une étude sur l'état de la question d'Orient au moment de notre apparition, que nous n'étions ni Russes ni Turcs. Nous ne voulons à Constantinople et en Orient, disions-nous, ni le despotisme du tzar ni le despotisme du sultan.

Ce que nous réclamions alors, ce que nous réclamons encore, ce que nous réclamerons toujours, c'est le droit à l'indépendance pour les peuples qui veulent s'appartenir.

Le tendre intérêt porté par la Russie à des nationalités opprimées nous paraissait singulièrement suspect, venant d'une puissance soumise elle-même à un despotisme sans frein, et qui tient, depuis plus d'un siècle, la Pologne asservie. Le libéralisme international du tzar est tout aussi problématique que celui de l'empereur d'Allemagne. Lorsque, en 1866, le roi Guillaume a aidé l'Italie à s'affranchir de l'Autriche, c'est qu'il y avait un intérêt personnel et direct. Donnant, donnant.

Il n'y a que la France, disions-nous encore, qui se bat pour une idée, et la France que l'Europe a commis la faute de laisser amoindrir, a bien assez de ses propres affaires aujourd'hui sans intervenir dans celles des autres.

Voyez-vous l'empereur d'Allemagne se faisant le chevalier de la Bulgarie, de l'Herzégovine et du Montenegro. — Mais pardon, seigneur, lui dirait à bon droit Edhem-Pacha, veuillez prendre garde que c'est hier à peine que vous découpiez un lambeau sanglant de la France. Conséquemment de quoi vous mêlez-vous?

Car il a réponse à tout ce nouveau grand vizir. N'est-ce pas lui qui, dans le sein de la Conférence, au sujet des récriminations soulevées par les excès de la Turquie en Bulgarie et ailleurs, répondait avec assez d'à-propos aux plénipotentiaires européens qu'excès pour excès, la Turquie était encore en reste avec les autres puissances? Ce n'était pas si mal trouvé !

On sait comment la Conférence a échoué. La Turquie s'en est retirée avec les honneurs de la guerre, et ce triomphe, très-réel, elle le doit en partie à Edhem-Pacha.

Il n'y a donc pas tant à se lamenter, comme l'ont fait certaines feuilles violemment opportunistes, sur la chute de Midhat-Pacha. Si nos renseignements sont exacts, et nous croyons qu'ils le sont, le nouveau grand vizir jouirait d'une grande popularité dans les provinces ottomanes. Sa nomination aurait été une sorte de satisfaction donnée à l'opinion publique. On lui prête l'intention d'appliquer la nouvelle constitution ottomane dans une mesure beaucoup plus libérale que ne l'eût fait son prédécesseur ; et, bien résolu à défendre l'autonomie de l'empire ottoman, il serait tout disposé à rester dans une attitude pacifique en présence des déclarations provocatrices de certaine puissance.

Ce ne serait donc pas lui qui mettrait le feu aux poudres.

Mais alors d'où partira le signal de la guerre, si elle éclate ?

Toute l'Europe attendait avec impatience le discours de la reine d'Angleterre, espérant que de cette bouche royale tomberait quelque parole de nature à rassurer le monde.

Espoir déçu. Pour sa rentrée sur la scène politique, la souveraine de la vieille Angleterre, devenue impératrice des Indes, ne s'est pas mise en grands frais d'imagination. Le ministre rédacteur de son discours a été d'une réserve et d'une discrétion implacables. Jamais discours de la couronne n'a été plus terne, plus insignifiant.

Il s'en dégage une très-vive espérance de voir la question d'Orient se dénouer, sans qu'il soit besoin de tirer l'épée du fourreau. Toutefois, on y sent percer la volonté formelle de l'Angleterre de ne point permettre qu'il soit touché à l'indépendance et à l'intégrité de l'empire ottoman.

Cela manque un peu de clarté. Il est évident que s'il ne devait être touché à l'intégrité de la Turquie que dans l'intérêt de la liberté des peuples soumis au joug musulman, l'Angleterre n'aurait rien à dire. Mais elle voit toujours, comme dans un cauchemar, la main de la Russie toute prête à se saisir de Constantinople, et elle a toutes les peines du monde à dissimuler ses inquiétudes.

Si donc la guerre s'allume, le signal en partira de Saint-Pétersbourg.

La discussion de l'adresse, qui a suivi dans les deux Chambres anglaises la lecture du discours de la couronne, n'a guère été plus explicite. Mais il y a cependant à en retenir ce mot de lord Derby, mot profond et sinistre :

« Le maintien de la paix, a-t-il déclaré, dépend de la décision d'un seul homme. »

Et cet homme c'est le tzar.

Ainsi, que l'empereur de Russie soit tout à coup atteint d'un prurit belliqueux, qu'il ait rêvé qu'il lui appartient de ressusciter l'empire d'Orient, qu'il se dise que l'heure est venue d'exécuter le programme formulé par Alexandre à Tilsitt, et demain, par sa seule volonté, des torrents de sang humain peuvent être répandus.

Quelle admirable institution que celle des monarchies absolues? Et combien est à envier le sort des peuples qui vivent sous le despotisme césarien !

LE ROLE DE LA FRANCE

Depuis trois jours une effroyable panique s'est déclarée à la Bourse ; les spéculateurs à la baisse, exploitant effrontément la crédulité publique, colportent les nouvelles les plus sinistres et s'en vont répétant de l'un à l'autre le cri de Savonarole : la guerre ! la guerre ! Messieurs les baissiers doivent être satisfaits : toutes les valeurs, fonds d'État, obligations, actions industrielles, ont été profondément atteintes ; depuis trois jours la fortune mobilière de la France a diminué de plus d'un milliard.

Quand on examine froidement les choses, on se demande : pourquoi cet effarement ? Il semble en vérité que la France soit obligée de courir tout de suite aux armes et de mettre le poids de son épée dans la balance où sont à la veille peut-être de se peser de nouveau les destinées de l'Orient. Non, la France, quant à présent, n'a à prendre parti ni pour la Russie ni pour la Turquie ; parce que la justice et le droit ne sont ni d'un côté ni de l'autre. Sans cesser d'être sur ses gardes, elle ne doit point sortir de son repos. Voilà ce que depuis six mois nous répétons à satiété.

Ce qui se passe à cette heure était facile à prévoir :

il n'y a donc pas lieu d'en être surpris. Bien naïfs ou bien aveugles ceux qui se sont laissé prendre aux déclarations humanitaires de la Russie ou qui n'ont pas vu clair dans son jeu. La Russie ne voulait pas de campagne d'hiver; elle a usé de tous les moyens dilatoires. Telle a toujours été notre pensée. Dès que le fameux protocole nous a été connu, nous n'avons pas eu de peine à prouver que les termes dans lesquels il était conçu rendaient pour ainsi dire la paix impossible. Les diplomates attardés qui y ont apposé leurs signatures, ont été dupes ou complices.

On ne peut s'empêcher de hausser les épaules de pitié quand on entend vanter les intentions pacifiques du czar. Que personnellement l'empereur de toutes les Russies ait pour la guerre un éloignement instinctif, c'est possible, et cela fait honneur à sa sensibilité; mais son gouvernement, gouvernement qui s'incarne en lui, veut en finir avec la Turquie. Est-ce que la main de la Russie n'était pas dans les agitations bulgares? Est-ce que ce n'étaient pas des officiers russes qui s'efforçaient de soulever les Serbes et qui les menaient au combat? Qui oserait nier que ces officiers agissaient sans le consentement tacite du cabinet de Saint-Pétersbourg?

Et qu'on ne parle pas du sentiment populaire en Russie, de la pression exercée par les comités panslavistes. Nous savons trop bien comment se forme le sentiment populaire dans les pays despotiques où il n'y a pas l'ombre de liberté de presse et où toutes les bouches ont un bâillon. L'enthousiame avec lequel le czar a été accueilli, il y a quelques mois, à son entrée dans Moscou, dans la ville sainte, et les cris *à Constantinople*, poussés sur son passage, ont tout juste la même valeur que ces cris sauvages poussés, à Paris, par les blouses blanches, au mois de juillet 1870, au milieu des sarcasmes de la foule : A Berlin ! à Berlin !

Voici donc la Russie près d'en venir aux mains avec la Turquie. Que fera l'Europe?

L'Angleterre livrée à elle-même ne se lancera pas seule dans les aventures d'une guerre avec la Russie. Toutes ses sympathies, basées sur son intérêt matériel, sont évidemment pour la Porte ; elle la soutiendra de son appui moral, et probablement aussi de son argent ; mais nous ne croyons pas qu'elle prenne part à la lutte. C'est pour elle l'heure de l'expiation ; et peut-être regrette-t-elle amèrement aujourd'hui d'avoir en 1870 abandonné cette France, dans laquelle, lors de la guerre de Crimée, elle avait trouvé un concours si précieux et si désintéressé.

L'Allemagne restera neutre, mais d'une neutralité menaçante à l'égard de la France, il ne faut pas se le dissimuler.

Ah ! quel rôle aurait pu jouer la France en ce moment si, depuis quelques années, ses destinées avaient été entre de plus vaillantes mains, si sa politique avait été plus nettement, plus franchement républicaine. L'Autriche nous est sympathique, nous le savons ; mais sa sympathie n'irait pas jusqu'à se traduire en action, parce que le penchant connu de ses populations allemandes pour la Prusse lui commande une extrême réserve.

Quant à l'Italie, c'était là notre véritable alliée. Cette noble nation, qui a si bien montré au monde qu'elle était digne de la liberté, serait entièrement avec la France si les agissements de l'ordre moral à son égard ne l'avaient pas jetée dans une véritable exaspération contre nous. Il était si facile cependant de marcher de conserve avec elle, la main dans la main, et de lui faire oublier par nos procédés fraternels la longue humiliation que lui avait infligée l'Empire!

Mais comment voulez-vous qu'elle nous ouvre les bras quand toute la bande cléricale de notre pays aboie à ses talons comme une meute de chiens hargneux? Demandez à M. Jules Simon les impressions qu'il a dû rapporter de sa courte excursion en Italie. Si nos informations sont exactes, le cabinet de Rome aurait adressé une note au gouvernement français pour le prier de modérer l'ardeur de ces saints évêques qui prêchent en chaire une croisade contre l'Italie. Il est temps que ce scandale ait un terme.

Si la France est sans alliés à cette heure, disons-le bien haut, c'est grâce à la turbulence factieuse des cléricaux. Mais, quoique isolée, la République française n'en a pas moins une action puissante à exercer.

Est-il vrai que le président de la République, comme d'aucuns le disent, soit animé personnellement d'intentions fort belliqueuses? Nous n'en savons rien; seulement nous avons la ferme conviction qu'en tous cas la Chambre des députés suivra une politique de paix et de conciliation, tout en donnant à entendre à tous que nous serions prêts à agir si notre honneur ou notre intérêt le commandait.

Le rôle de médiateur et de conciliateur est assez

noble, assez beau pour n'être pas à dédaigner. Que la République parle fermement à l'Europe, un rameau d'olivier à la main, et elle a de grandes chances d'être entendue.

JEUX DE PRINCE

L'heure fatale a sonné. Il n'est plus à espérer que l'intervention officieuse de l'Angleterre et de l'Autriche puisse arrêter désormais le czar dans l'accomplisse-ment de ses projets téméraires. Allons, fossoyeurs, creusez larges et profondes les fosses, la terre d'Orient a soif de sang humain, et vous aurez bientôt à enfouir des charretées de cadavres.

Un journal anglais nous disait hier qu'un dernier appel avait été adressé à la bonne foi de la Russie. La bonne foi de la Russie ! Avec la meilleure volonté du monde, il est impossible de ne pas sourire en lisant ces mots.

L'histoire, disais-je dernièrement, est la grande école d'enseignements et l'éducatrice des peuples. C'est elle qui va nous servir à éclairer d'une lueur sinistre la situation sombre et trouble où, de gaieté de cœur, le gouvernement moscovite est en train de précipiter l'Europe. Que mes concitoyens veulent bien remon-ter avec moi le cours des vingt-cinq dernières années et se reporter un moment par la pensée en 1853.

Le coup d'État victorieux s'épanouissait à son aise ur le trône. La cour de Saint-Pétersbourg n'avait pas vu sans déplaisir la dynastie napoléonienne reprendre possession du pouvoir en France ; elle s'imagina que toutes les autres cours partageaient sa contrariété, que le nouvel empereur ne trouverait pas d'alliés, et elle crut le moment favorable pour réaliser ses projets en Orient. Elle avait justement sur le cœur un vieux grief contre la Turquie. Celle-ci n'avait-elle pas eu l'audace, en 1849, de résister aux prétentions de la Russie, dans l'affaire des réfugiés, et refusé de les lui livrer ? Les puissances occidentales avaient hautement approuvé la conduite si noble et si ferme de la Porte en cette circonstance. La Russie, rongeant son frein, s'était promis de se venger.

Qui ne se rappelle l'effet prodigieux produit en Europe, en 1853, par la nouvelle de l'arrivée subite du prince Menschikoff à Constantinople? Fort insolemment cet envoyé russe venait, au nom de son maître, réclamer des garanties en faveur des droits de l'Église grecque. Ce n'était là qu'un pur prétexte. Ce que la Russie voulait en réalité c'était un protectorat effectif et reconnu sur tous les chrétiens grecs de l'empire ottoman. C'eût été, dans son esprit, un grand pas de fait vers Constantinople.

La Porte poussa aussi loin que possible l'esprit de condescendance. Elle consentait bien à reconnaître et à protéger tous les droits et priviléges de l'Église grecque; mais elle refusait absolument de signer un traité qui eût permis à la Russie de s'immiscer dans l'administration de ses propres affaires. Après six mois d'inutiles échanges de notes et de contre-notes, de vaines allées et venues de ministres plus ou moins plénipotentiaires, le czar finit par déclarer qu'il regar-

derait comme une offense personnelle le refus de la
garantie exigée par son gouvernement. Il accorda à la
Porte un délai de huit jours, passé lequel les troupes
russes devaient franchir la frontière, non point pour
faire la guerre, grand Dieu ! la Russie était une trop
aimable personne pour cela, mais pour obtenir *pacifiquement* les concessions refusées. Ah ! que M. Loyson
avait bien raison de nous parler, dimanche dernier, du
cynisme des hypocrisies !

Dites si la comédie à laquelle la Russie nous fait as.
sister depuis six mois n'est pas entièrement renouvelée
de celle de 1853.

On sait comment, grâce à l'appui de l'Angleterre et
de la France, la Turquie put échapper cette fois à la
rapacité de l'aigle moscovite. Humiliée et vaincue, la
Russie dut s'engager, par le traité de Paris, à ne plus
désormais chercher à porter atteinte à l'intégrité de
l'empire ottoman. Mais il en est des traités comme des
serments de prince ou de roi. La loyale puissance ne
manqua pas de profiter de nos désastres pour dénoncer le traité de Paris. Son courage se trouva tout juste
à la hauteur des circonstances.

Bien aveugles ceux qui, depuis ce moment, ne se
sont pas rendu compte de la marche tortueuse de la
Russie ! Alliée avec l'Allemagne, sûre de la neutralité
de l'Italie, que les patriotiques menées de nos bons
cléricaux ont exaspérée contre nous ; convaincue
que l'Angleterre ne courrait pas seule les aventures
d'une nouvelle guerre de Crimée, voyant la République française complétement isolée en Europe, la
Russie s'est dit évidemment que l'heure était venue
de réaliser ses vues, au moins en partie.

De même qu'en 1853 elle avait pris texte des troubles du Montenegro pour chercher à intervenir dans les affaires intérieures de la Porte, de même elle a profité en 1876 du soulèvement de la Serbie, où sa main apparaît si clairement, pour essayer encore d'imposer son protectorat aux provinces chrétiennes relevant de la Turquie. Toutes ses prétendues concessions depuis six mois, ses vaines protestations de son désir de sauvegarder la paix, sa longanimité, tout cela comédie et hypocrisie.

Nous-même nous avons cru un instant que, cédant à la pression morale de l'Europe, la Russie hésiterait à jeter bas le masque, nous avons espéré que la tranquillité du monde ne serait pas troublée et que les affaires d'Orient pourraient s'arranger encore une fois sans que le sang rougît de nouveau les flots du Bosphore ; le protocole nous a convaincu de notre erreur. En lisant les termes de ce chef-d'œuvre de duplicité, chacun s'est dit : C'est la guerre.

Certes, nous n'aimons pas plus le gouvernement de la Porte que celui de la Russie ; ils se valent tous deux et nous donnerions volontiers l'un pour n'avoir pas l'autre. Cependant il faut reconnaître que dans la circonstance actuelle la raison et la modération sont du côté de la Turquie ; nous n'en voulons pour preuve que le ton net, ferme et mesuré de sa réponse à l'impertinent protocole de la Russie.

A cette heure, l'épée est tirée ou peu s'en faut. Sous peu de jours peut-être des milliers d'hommes, aujourd'hui pleins de vie, de force et de jeunesse, auront cessé d'exister ; les ruines s'accumuleront sur les ruines, les terres seront ravagées, des femmes et des enfants périront; ce sont là jeux de prince.

L'empereur de toutes les Russies a déclaré qu'il ne faisait que céder à la volonté de son peuple. Quelle mystification! Depuis quand les vociférations de quelques centaines d'individus à peine dignes du nom d'hommes, peuvent-elles équivaloir à la volonté d'un peuple librement et raisonnablement exprimée par ses représentans!

En même temps, le czar a daigné faire savoir à ses chevaliers-gardes que, comme ce Louis que sa grandeur attachait au rivage, il demeurerait loin du théâtre de la guerre pour prier Dieu très-haut, de bénir les armes de sa sainte Russie. Autre bonne plaisanterie. Mais comme il y a aussi le Dieu très-haut des Osmanlis, que la Porte ne manquera pas d'invoquer, reste à savoir quel sera le plus fort des deux. Le Dieu des vaincus risque bien de perdre beaucoup de sa considération. Quelle singulière idée de la part des princes de venir ainsi compromettre à tout propos le nom de Dieu!

Toujours est-il que si à cette heure, l'horizon est effroyablement sombre, si l'inquiétude est partout, si les craintes sont générales, si la perturbation est dans les affaires, la faute en est à la Russie.

Qu'elle porte donc devant l'histoire la responsabilité des événements qui vont suivre.

LA GUERRE

La guerre est déclarée!

L'autre jour un journal plaisantait agréablement les partisans acharnés de la paix et ces quelques membres de l'Institut qui ont eu l'idée d'envoyer une adresse à l'empereur de toutes les Russies pour le conjurer de mettre un frein à ses ardeurs guerrières et de ne pas troubler la tranquillité du monde.

Nous trouvions cette adresse un peu humble; elle a paru presque inconvenante à notre confrère. Pensez donc! dire son fait à un souverain qui nous a sauvés, il y a deux ans, d'une nouvelle invasion! — vous ne vous en doutiez pas? — N'est-ce point du dernier sans-gêne? Et puis, ne devons-nous pas compter sur le bras fort de la Russie pour nous protéger encore dans l'avenir? La bonne plaisanterie!

Nous ne sommes pas plus *sentimentaliste* qu'un autre.

Nous aussi nous avons été friand de la lame; nous aussi nous avons eu l'admiration puérile des splendeurs militaires. Qui n'a pas eu ses péchés de jeunesse? Mais nous avons appris, étudié, médité.

Vers la fin de l'Empire nous nous sommes élevé

de toute notre énergie contre l'idée de guerre ; seulement une fois le glaive tiré hors du fourreau, une fois la patrie en cause, une fois l'honneur national engagé, nous avons été pour la lutte à outrance, pour la lutte sans fin, sans trêve ni merci. Nous soutenions alors, contre quelques-uns de ceux qui nous semblent bien belliqueux à cette heure, que, même envahie, mutilée, sanglante, le France était néanmoins capable d'un suprême effort, et qu'elle pouvait devenir le tombeau des armées allemandes, comme jadis l'Espagne avait été celui des armées françaises. C'est encore notre conviction aujourd'hui. Ne réveillons pas ce souvenir douloureux.

Ah ! s'il s'agissait de la guerre sainte de la liberté, de la guerre que nécessite la défense du sol de la patrie, nous ne serions pas des derniers à vous crier à tous : levez-vous comme un seul homme, ainsi qu'ont fait nos grands aïeux de 1793.

Mais à cette heure, où est la nécessité de la lutte qui est à la veille d'ensanglanter une partie de l'Europe ?

La France, confiante et tranquille, faisait d'immenses préparatifs pour cette fête de l'industrie et du commerce à laquelle elle avait convié tous les peuples. C'était le grand concours pacifique, le véritable champ de bataille de l'avenir, que doit arroser la sueur féconde des hommes, non leur sang, cette mauvaise rosée, comme dit le poëte. Si les nations ont à disputer entre elles, c'est pour l'amélioration de leur sort commun, non pour la possession de quelque coin de terre. Mais est-il besoin pour cela du fer ou du feu ? La plume, la parole, l'outil, voilà les armes dont elles doivent se servir. Et l'on se réjouissait d'avance des preuves merveilleuses d'activité humaine que l'année prochaine le monde entier se disposait à offrir.

Et maintenant, par la faute d'un seul individu, tout est remis en question. L'inquiétude est partout, le doute partout. Depuis dix jours la fortune mobilière de notre seul pays a diminué de deux milliards. Tout cela pour une sotte question d'étiquette et de pré-séance, dit-on ; non, tout cela pour la satisfaction d'une ambition insatiable ; tout cela parce qu'il plaît à l'autocrate russe de se poser en protecteur exclusif des populations slaves de l'Est. Et les nations de l'Europe laissent faire ! Et pourtant le sentiment presque unanime de tous les peuples est contre la guerre.

Combien vraies ces paroles que nous prononcions sous l'Empire : « Demandez à l'industrie qui souffre, au commerce que les incertitudes de l'heure présente jettent dans le désarroi, à l'agriculture qui a besoin de tous ses bras, demandez aux mères de famille inquiètes, aux pères soucieux, à tous ces ouvriers, à tous ces paysans arrachés à l'atelier et au labour, demandez-leur s'ils veulent de la guerre...

« Il y a d'ailleurs une autre raison péremptoire, primordiale à invoquer contre la guerre, c'est qu'elle est antisociale, c'est qu'il faut l'extirper de nos mœurs, c'est qu'elle doit être chassée et proscrite comme la misère, comme la servitude, comme la tyrannie. Nous qui voulons l'abolition de la peine de mort, même pour les coupables, ne la maintenons pas pour les innocents. Or, qu'est-ce que la guerre si ce n'est la peine de mort continuellement suspendue sur des milliers d'innocents? Donc, quand nous protestons contre elle d'une âme émue et indignée, quand, à cor et à cri, nous en demandons la suppression, c'est la grande voix de l'humanité qui parle par notre bouche... Et pourquoi ces effusions de sang, pourquoi ces boucheries sans nom, ces ruines irréparables? pour le plaisir de quelques potentats et la satisfaction de quelque vanité... »

Nous disions avant-hier comment, sous prétexte de protéger les populations slaves de l'Est, le despote de toutes les Russies se disposait à rendre leur condition cent fois pire. Elles sauront, quand elles compteront leurs morts, quand elles gémiront sur leurs champs ravagés, sur leurs villages en flamme, ce qu'il en coûte d'être protégé par un empereur.

Ah! malheureux peuples! S'il est vrai, comme a dit l'abbé Raynal, que les nations ne puissent se régénérer que dans un bain de sang, ne vaudrait-il pas mieux, sang versé pour sang versé, que ces Russes et que ces Turcs, qui n'ont, en somme, aucun sujet de se haïr et qui ne demandent qu'à vivre tranquillement chez eux, se débarrassassent, en vertu de leur droit souverain, comme dit M. Imgarde de Leffemberg, de leurs mauvais gouvernements, changeassent de fond en comble leurs institutions et s'élançassent d'un bond vers le progrès et la liberté?

Ce serait au moins un bon emploi du sang répandu, car, nous ne cesserons de le répéter, toutes causes de guerre disparaîtront avec les rois. Le jour où les peuples auront repris la libre disposition d'eux-mêmes, mais ce jour-là seulement, le repos du monde sera assuré.

RESPECT A LA VÉRITÉ

Vous savez avec quel sans-gêne, dans leurs manifestes, les souverains se jouent de la vérité.

Lorsqu'un de ces chefs de notre fourmilière, que l'ignorance, la bêtise et la lâcheté humaines persistent à laisser à la tête des nations, se trouve atteint d'un prurit belliqueux, il s'empresse d'adresser à ses peuples une proclamation savamment rédigée, où il s'efforce de leur prouver que c'est pour leur bonheur et pour l'intérêt de l'humanité qu'il va faire massacrer un bon nombre de ses sujets. Là-dessus, quelques centaines de niais et d'agents salariés applaudissent à outrance tandis que les mères, dont on envoie les fils à la boucherie, pleurent à chaudes larmes au foyer désolé.

Vous rappelez-vous les manifestes de l'empereur Napoléon et du roi Guillaume lors de la guerre de 1870?

L'empereur, excipant d'une prétendue insulte faite à son ambassadeur, lequel déclarait n'avoir jamais été insulté, partait en guerre pour mettre fin aux armements toujours croissants de la Prusse, cause perpétuelle d'agitation en Europe. Le roi de Prusse répondait, non sans raison, qu'on lui cherchait une querelle d'Allemand ; que du reste il ne faisait pas la guerre à la France, mais au seul empereur Napoléon. De part et d'autre hypocrisie et mensonge. La vérité est que le premier voulait retremper dans un bain de sang et raffermir par un baptême de gloire sa dynastie fortement ébranlée, et que le second ne demandait pas mieux que de profiter de l'occasion pour essayer de s'emparer, à main armée, de la Lorraine et de l'Alsace, objet de ses ardentes convoitises.

Voici aujourd'hui l'empereur de Russie qui annonce au monde que ses efforts pour maintenir la paix ayant échoué par suite de l'obstination de la Porte, il se dispose à courir sus au peuple ottoman.

Avons-nous besoin de répéter que nous n'avons pas plus de penchant pour la Turquie que pour la Russie, qui sont toutes deux pourvues de gouvernements détestables. Mais nous en avons un très-prononcé pour la vérité, et notre impartialité nous fait un devoir de déclarer que, dans son manifeste, le czar s'en est singulièrement écarté.

L'origine de la querelle est connue, nous n'y reviendrons pas. Seulement, il nous sera bien permis de rappeler que la main de la Russie apparaît clairement dans les troubles dont la Bulgarie a été le théâtre ; que ce sont des officiers russes qui ont soulevé les Serbes et qui les ont menés au combat ; que la Russie a sa part de responsabilité dans les horreurs commises par les Turcs, et que c'est elle enfin qui a cherché le conflit et la guerre.

Avec un peu de bonne volonté de sa part, ce conflit pouvait être immédiatement apaisé. Le traité de Paris ne portait-il pas que si une difficulté venait à s'élever entre le czar et le sultan, elle serait résolue par les puissances signataires de ce traité? Le czar n'avait qu'à s'y conformer purement et simplement. Loin de là. On l'a vu, par son projet de protocole injurieux pour la Turquie, mettre cette dernière dans l'obligation de refuser son adhésion à un document où on le prenait à son égard sur un ton de hauteur insupportable.

Pourquoi, par exemple, la Russie n'a-t-elle pas accepté le contre-projet de la Porte, qui ménageait à la fois les intérêts et les susceptibilités des deux nations? La Turquie s'engageait solennellement à accomplir dans un délai déterminé les réformes acceptées par elle en principe dans la Conférence. Que si elles ne se réalisaient pas à la satisfaction des puissances garantes, celles-ci aviseraient en commun aux mesures à prendre pour contraindre la Porte à tenir ses engagements.

« Ces réformes, y était-il dit, étant la conséquence forcée de l'amélioration de la situation financière, qui ne peut être obtenue que par la réduction des dépenses militaires, la Turquie ramènera son effectif au pied de paix.

« La Russie voulant prouver son vif désir de maintenir la paix, accepte la garantie d'exécution des réformes sous le seul contrôle des ambassadeurs et démobilisera ses armées d'observation, afin de laisser à la Turquie la possibilité d'agir immédiatement sans avoir à redouter aucune agression. »

Est-ce que cette proposition n'était pas aussi juste que modérée? Pourquoi donc la Russie l'a-t-elle dédaigneusement repoussée? Pourquoi? Parce que la Russie voulait la guerre à tout prix.

Il n'est donc pas exact, comme l'a déclaré le czar, que ses efforts pour maintenir la paix aient échoué par suite de l'obstination de la Porte. Peut-être les puissances garantes du traité de Paris auraient-elles dû le rappeler au respect de la vérité. Qui sait si un effort énergique de leur part n'eût pas prévenu l'effroyable effusion de sang dont nous sommes à la veille d'être témoins?

Ce n'est pas tout. Lisez bien attentivement cette phrase : C'est « comme protecteur naturel des nations slaves de l'Est » que le czar se prétend contraint de recourir à la force des armes. L'empereur de Russie agit donc, en définitive, comme s'il était le souverain des populations slaves soumises au joug de la Turquie. Et voici précisément où perce le bout de l'oreille. Toujours la théorie du panslavisme.

La Russie déclare qu'elle n'a aucune intention de s'agrandir. Elle ne veut qu'assurer, dans l'avenir, la tranquillité des chrétiens d'Orient. Encore une fois, pourquoi donc alors n'avoir pas accepté les propositions de la Porte ?

Mais, ô logique et sagesse des souverains! Sous prétexte de protéger les malheureuses populations slaves, le czar les voue à toutes les horreurs de la guerre. Quel terrible protecteur! Et comme mieux vaudrait pour elles un sage ennemi !

LES SAUVEURS DE LA SOCIÉTÉ

On dit que le ridicule tue en France. En vérité, nous ne nous en apercevons guère. Voilà plus de cinquante ans que les ennemis du progrès s'apitoyent sur le sort de cette pauvre société prête à s'effondrer, et malgré le rire inextinguible dont l'immense majorité du pays salue d'ordinaire leurs plaintes hypocrites, ils sont toujours debout, battant la grosse caisse de l'ordre moral sur les tréteaux de Bobêche.

Il est vrai que, chaque fois qu'ils ont été les plus forts, ils ont furieusement mêlé le tragique au comique.

Nous les avons vus à l'œuvre en 1815. La Révolution avait été sévère à l'égard des ennemis de la patrie et des traîtres; eux, se sont montrés implacables envers ceux qui, dans les grands jours de la première République, avaient sauvé la patrie. C'est du sang des patriotes que se sont rougies les eaux de la Durance et du Rhône. Et qu'aviez-vous fait pour tomber sous le fer des assassins, sinon que d'avoir aimé passionnément votre patrie, répondez, ô mânes du maréchal Brune, de Ramel et de tant d'autres?

Nous les avons vus à l'œuvre après 1830, inexorables pour ceux qui, en brisant de nouveau le trône de la branche aînée, avaient cru ouvrir la voie au progrès, à la justice et à la liberté. Lyon, Paris se souviennent encore de la rigueur effroyable avec laquelle ont été réprimées les insurrections de la faim.

Nous les avons vus à l'œuvre après 1848, et Dieu sait s'ils se sont montrés sauvages dans la répression des révoltes qu'ils avaient fomentées comme à plaisir. Qui n'a encore présentes à la mémoire ces fusillades sommaires et ces transportations sans jugement grâce auxquelles des milliers et des milliers de pères de famille ont été enlevés à leurs familles et voués à la guillotine sèche? Et nous avons vu cela se renouveler depuis, toujours sous prétexte de sauver la société!

Il est convenu que ces sauveurs émérites, qui seraient tout à fait ridicules s'ils n'avaient pas tant de sang aux mains, ont seuls de la famille et possèdent seuls quelque chose au soleil.

Vous les accusez de cruauté! ce sont de doux agneaux, qui ne demandent qu'à administrer la République « en la faisant conservatrice, conservatrice de la société, conservatrice de la patrie. » Ainsi s'exprime le *Français*, journal du fils de l'ancien président de la Commune, dont on ne dira certainement pas *qualis pater, talis filius*.

Mais nous savons ce que parler veut dire ; c'est pour déguiser leur pensée qu'une plume a été mise entre les mains de M. Beslay fils et de tous ses congénères. Ce qu'ils veulent conserver, ce sont les vieux abus, les mauvaises institutions de la monarchie, tout ce qui est de nature à donner pleine satisfaction à leur ambition et à leurs convoitises, à leur garantir, en un mot, tous les profits de la société.

Quant à nous, qui voulons que la République soit la chose de tous et non pas seulement celle de quelques-uns ; quant à nous qui réclamons les améliorations sociales sans lesquelles elle ne serait qu'un vain mot ; quant à nous enfin qui demandons le bonheur pour tous, l'instruction pour tous, la liberté pour tous, nous sommes d'affreux radicaux, ce qui est vrai d'ailleurs en ce sens que nous voulons radicalement le bien.

Au jugement des feuilles de la coalition monstrueuse dont nous signalions avant-hier les agissements factieux, nous sommes bons à jeter aux bêtes. La *Défense*, journal immaculé de M. l'évêque d'Orléans, qui n'est jamais en reste quand il s'agit de dénoncer quelqu'un ou quelque chose, appelle à son aide contre nous le bras séculier. Nous avons engagé la Chambre des députés à prendre de viriles résolutions pour déjouer les menées monarchiques qui menacent la tranquillité du pays ; la *Défense* voit là « sous des paroles habiles » je ne sais quel appel à des mesures illégales, et elle se voile la face d'indignation. Touchante pudeur pour une feuille qui prêche chaque jour l'insurrection contre les institutions établies, et qui n'hésite pas à conseiller au président de la République le plus criminel des attentats.

Aimables sauveurs de la société !

Mais dans ce formidable concert contre les républicains qui veulent sauver la République et fonder les institutions republicaines, la palme revient sans contredit à la *Patrie*.

Nous rappelions, l'autre jour, que la grande République avait sauvé la France de la coalition des rois et de la conspiration des nobles et des prêtres. Mais pour le journal la *Patrie*, il n'y a pas eu, paraît-il, de coalition européenne contre nous. Brunswick et son manisfeste, les menées des émigrés, les excitations séditieuses du clergé, le colossal effort de la France révolutionnaire, ses victoires immortelles, tout cela est un mythe pour cette feuille de réaction à jet continu.

Et elle profite de l'occasion pour nous accuser de terrorisme et insinuer honnêtement que si nous arrivons au pouvoir, nous ne manquerions pas de trancher les têtes des légitimistes, des orléanistes et des bonapartistes. Devant ces calomnies idiotes, venant d'une feuille qui a applaudi à tant de mesures sanguinaires, à tant de répressions sanglantes, il n'y a qu'à hausser les épaules.

Ceux qui nous connaissent, ceux qui ont lu nos livres, savent combien nous sommes ennemis de toutes les violences, de tous les coups de force, de toutes les effusions de sang.

L'accusation niaise de la *Patrie* n'altérera donc en rien notre sérénité. Nous n'en poursuivrons pas moins la prompte réalisation des institutions républicaines; aussi sûr, au milieu des incertitudes présentes, de l'avénement de la justice et du droit, que nous le sommes, par une nuit sombre, du retour de l'éternelle aurore

FAUT-IL RECONSTRUIRE LES TUILERIES ?

Telle est la question qui a été longuement débattue au Sénat, comme on l'a pu voir ici-même, et qui, depuis quinze jours, passionne une partie de la presse.

Il faut reconstruire les Tuileries ! se sont écriés les droitiers du Sénat ; et toutes les feuilles de la réaction, avec un touchant ensemble, de faire chorus. Les Tuileries ne sont-elles pas l'emblème de la monarchie ? Qui sait si le temple étant rebâti, le dieu ne reviendrait pas plus vite l'habiter.

Quoi ! pas de demeure royale prête à tout événement ! C'est à fendre le cœur !

Voyez-vous le comte de Chambord, ou le comte de Paris, ou le prince impérial, obligé d'aller s'installer dans un maigre hôtel comme l'Élysée ? Cela manquerait complétement de prestige.

Heureusement pour ces nobles personnages qu'ils n'auront point cet ennui-là à craindre. Le temps des rois et des empereurs est passé, et nous souhaitons à notre cher pays de ne jamais le revoir.

Mais l'art, mais le respect des monuments historiques, mais les traditions nationales ! disent encore

18.

en se signant ces bonnes feuilles de la réaction. Nous croyons même nous rappeler que certains organes de la République conservatrice ont très-chaleureusement plaidé de ce chef la cause de la reconstruction du vieux palais de Catherine de Médicis.

Il ne faut cependant pas être grand profès ès arts pour savoir que l'art n'a rien à voir dans la réédification de cette lourde masse architecturale qu'on appelait les Tuileries. A part le pavillon central, tout le reste était absolument dépourvu d'élégance.

Et puis, à quoi bon cette réédificati on ! N'est-il pas assez d'édifices nationaux? Mais nous en sommes littéralement accablés en France. Dieu sait si c'est une charge pour notre budget. N'importe ! les journaux monarchiques tireraient volontiers des poches des contribuables une cinquantaine de millions pour relever la demeure de leur roy. Mais ne leur parlez pas d'instruction gratuite, ils vous diront que vous voulez ruiner le pays.

Ils poussent le fétichisme royaliste jusqu'à s'indigner à la pensée qu'on va tracer le long de ces murailles en ruine une voie carrossable réclamée depuis si longtemps par le public. Les voilà qui crient à la profanation, oubliant que cette rue existait du temps de Louis XIV, et que le roi-soleil n'en croyait pas sa majesté offensée. Si, depuis, la rue a été supprimée, c'est que nos monarques de grand chemin n'ont jamais eu beaucoup de souci du domaine public et pratiquaient largement cette maxime que ce qui est bon à prendre est bon à garder. Mais aujourd'hui que le seul et vrai souverain c'est le peuple, il faut lui rendre ce qui lui appartient.

Assurément, si les Tuileries étaient restées debout, nous ne les aurions même point frappées d'un marteau d'ivoire. On en aurait fait un musée, n'importe quoi, tout ce que vous voudrez. Mais elles sont tombées ; nous n'en pouvons mais. Le plus sage est de les laisser à terre, et, au point de vue de l'art, c'est encore ce qu'il y a de mieux.

Que l'herbe pousse sous ces dalles soulevées, sous ces parquets détruits ; que le lierre s'attache à ces pans de murs ; que le liseron serpente à travers ces fenêtres béantes, il y aura encore là une beauté sévère.

> La vieillesse couronne et la ruine achève.
> Il faut à l'édifice un passé dont on rêve,
> Deuil, triomphe ou remords.
> Nous voulons, en foulant son enceinte pavée,
> Sentir sous la poussière à nos pieds soulevée
> De la cendre des morts.

Et certes, ce ne sont pas les souvenirs qui manquent aux Tuileries en ruines.

Elles ont vu les Bourbons dans leurs splendeurs et dans leurs misères, depuis Henri IV jusqu'à Charles X. Les deux Bonaparte en ont tapissé les murs de leurs manteaux parsemés d'abeilles. La royauté bourgeoise s'y est pavanée à son tour. La Révolution, qui l'a habitée, elle aussi, n'en a pas lavé toutes les souillures.

La ruine, c'est l'expiation.

UN INCENDIAIRE

L'affaire d'incendie qui vient de se dénouer devant la cour d'assises de la Seine par la condamnation de M. Prieur de la Comble à dix années de travaux forcés, nous oblige en quelque sorte à reporter notre pensée sur les incendies qui ont éclairé les convulsions de la Commune.

Encore aujourd'hui, beaucoup de gens ne voient l'insurrection du 18 Mars qu'à travers la lueur sinistre des flammes au milieu desquelles elle a pris fin.

Ne leur parlez point des causes multiples du soulèvement de Paris : longues tortures du siége, désespoir de la capitulation, craintes d'un attentat parlementaire contre la République, imprudences du gouvernement de l'époque, etc. ; à tout cela, ils n'ont que cette double réponse à opposer : massacres de otages et incendies.

Sur le premier point, je n'ai rien à dire quant à présent, sinon que jamais personne ne jugera plus sévèrement que moi-même tout ce qui est massacres et immolations sommaires.

Mais sur la question des incendies, est-ce que le procès en question n'est pas de nature à donner singulièrement à réfléchir aux hommes que passionne le seul amour de la vérité? Est-ce que cette tentative d'embrasement d'une maison de la rue de Grenelle-Saint-Germain ne ressemble pas terriblement à ce qu'on appelle les incendies de la Commune?

Qui ne sait qu'il est des êtres ayant au cœur assez de perversité pour sacrifier sans hésitation le monde entier à une vengeance particulière ou à une question d'intérêt personnel? C'est ce dont j'ai pu me convaincre dans une longue étude encore inédite sur l'insurrection communale. Je pourrais citer telle maison, tels magasins, comme ceux du *Tapis-Rouge*, par exemple, dans le faubourg Saint-Martin, dont la destruction n'a pas eu d'autres motifs.

Le jour viendra sans doute où il sera possible d'établir équitablement toutes les parts de responsabilité. En attendant, il importe de ne négliger rien de ce qui peut aider à la découverte de la vérité, et c'est parce que la dernière affaire de la cour d'assises de la Seine semble jeter une lueur sur des faits encore obscurs que je trouve utile d'y revenir en quelques mots.

M. Antonin Prieur de la Comble, reconnu coupable d'avoir, dans un intérêt sordide, mis le feu à son appartement, au risque de brûler toutes vives un certain nombre de personnes, est le fils d'un ancien banquier, que l'Empire avait nommé maire du 1er arrondissement de Paris.

Tout ce que le monde peut nous offrir de joies et de félicités lui était échu en partage. Il avait épousé une femme riche et charmante, et deux enfants étaient venus compléter son bonheur domestique.

Fortune et famille, il avait tout ce qui, même en dehors de la conscience, fait qu'il ne faut pas grand effort pour rester fidèle à l'honneur et ne pas sortir de
la voie droite et honnête. Nulle excuse, en conséquence, à son inconduite et à ses méfaits.

Eh bien ! ce privilégié du sort, nous le voyons dé-
serter pour un ménage interlope ce doux foyer où
gazouillaient ses enfants ; nous le voyons, comme ce
paysan de la Forêt-Noire qui s'en allait risquer sur
le tapis vert le pain de sa famille,

> Fuyard désespéré de quelque honnête lit,

nous le voyons engloutir au jeu, dans une seule année, 130,000 francs ; nous le voyons enfin, chose plus
honteuse, dissiper avec des femmes galantes et des
filles de théâtre cette fortune qu'il tenait en grande
partie de sa femme légitime.

Ces dissipations contribuèrent-elles à exercer une
influence fatale sur la maison de banque paternelle,
dans laquelle il était intéressé? Cela est fort proba-
ble. Toujours est-il que son père se trouvait en état
de faillite au moment où éclata l'insurrection du
18 mars.

Or, lors des incendies, la maison qu'il habitait rue
du Louvre, n° 8, celle où demeurait M. Prieur de la
Comble père, rue de Rivoli, n° 79 et celle où étaient
les bureaux du syndic de la faillite, M. Sauton, bou-
levard de Sébastopol, devinrent toutes trois la proie
des flammes. Grâce à cette heureuse et étrange coïncidence, tous les papiers de la faillite, papiers très-
compromettants pour M. Prieur de la Comble père,
furent brûlés, et M. Antonin Prieur de la Comble re-

çut de la ville de Paris une indemnité de 50,000 fr. en dédommagement de la perte qu'il avait subie.

Ce triple incendie, c'était une fatalité, selon lui. « Fatalité heureuse pour votre père et pour vous, » lui a dit M. le président Burin des Rosiers.

Is fecit cui prodest, affirme la sagesse des Nations : ce qui signifie en bon français : celui-là a commis le crime à qui le crime est utile.

Qui diable, parmi les combattants de la Commune, pouvait avoir intérêt à asperger de pétrole les maisons où demeuraient M. Antonin Prieur de la Comble, M. Prieur de la Comble père et le syndic de la faillite de ce dernier, et à les brûler isolément, comme l'a été la maison de Prosper Mérimée?

C'est ce que je me suis demandé plus d'une fois en contemplant, avant qu'elles fussent rebâties, leurs pans de mur demantelés et noircis. Car elles n'étaient nullement, comme l'a déclaré le défenseur de l'accusé, sur le chemin de l'incendie. Elles ont été choisies avec discernement, et marquées d'avance pour la destruction.

Sans doute, le mystère qui plane sur ce triple incendie, dont M. l'avocat général Onfroy de Bréville et M. le président Burin des Rosiers n'ont pu s'empêcher de constater l'étrange coïncidence, n'a pas été complétement éclairci par les débats de la cour d'assises; mais il ne résulte pas moins de ces débats un enseignement qui doit frapper tout esprit impartial.

Et surtout, surtout ils devraient être pour la Chambre des députés un avertissement salutaire que l'heure de la large clémence est venue pour tous ces condamnés de la Commune, sur qui l'on fait peser en bloc la responsabilité des incendies de Paris.

Ah ! qu'ils songent, nos élus du suffrage universel, qu'il y a là-bas, là-bas, dans cet enfer de Nouméa, de vrais pères de famille, qui, eux, n'ont jamais failli à leurs devoirs de père, dont le foyer domestique est plein d'horribles douleurs, qui, vivants, ont laissé pour ainsi dire des veuves et des orphelins sans ressources, et qui, anxieux, pâles, effarés, l'œil perdu dans l'espace, se demandent chaque jour s'il ne souffle pas du côté de la France un vent d'amnistie.

LEÇON A MÉDITER

Nos lecteurs ont pu lire hier le rapport de M. Pascal Duprat sur une proposition de M. le baron Dufour ne tendant à rien de moins qu'à mettre en accusation les auteurs et complices de ce que ce député bonapartiste appelle l'insurrection du 4 septembre 1870.

Jamais proposition plus grotesque n'avait été soumise à une Assemblée, et l'on peut s'étonner qu'elle n'ait pas été purement et simplement repoussée par la question préalable, surtout après le vote solennel et mémorable par lequel la dernière Assemblée a proclamé, en termes flétrissants, la déchéance de la dynastie impériale.

Tout le monde sait qu'il n'y a pas eu, à proprement parler, d'insurrection au 4 Septembre. L'Empire est tombé sans qu'un coup de fusil ait été tiré, sans que personne, parmi ses plus fougueux partisans, ait risqué de recevoir une égratignure pour le défendre ; il est tombé sous le poids de ses fautes, il est tombé tout seul, comme un fruit pourri. Quand les députés de Paris, ceux qu'on a appelés, depuis, les hommes du Quatre-Septembre, ont ramassé le pouvoir vacant, le Corps législatif était déjà saisi, par M. Thiers lui-même, d'une proposition de déchéance légale.

Est-ce à dire pour cela que le gouvernement qui
s'est appelé le gouvernement de la *Défense nationale*
doive être couvert de lauriers et qu'il ait le droit de
monter au Capitole? Hélas ! non ; tant s'en faut ! Et
M. Pascal Duprat, tout en défendant avec raison ses
membres du reproche d'avoir été des usurpateurs,
admet qu'on peut les trouver imprudents, téméraires
et audacieux jusqu'à la folie. Audacieux est de trop.
La fortune les aurait aidés certainement s'ils l'avaient
été davantage.

Et M Pascal Duprat se contredit d'ailleurs quand il
ajoute que le gouvernement du 4 Septembre n'a pas
su tirer parti des forces qu'il avait entre les mains,
qu'il a manqué de la plupart des qualités nécessaires
pour exercer la dictature qui lui avait été offerte et
comme imposée par les événements, qu'il n'a pas répondu aux espérances des patriotes qui l'entouraient
de leurs sympathies. Oui, voilà ce que dira l'histoire
et bien d'autres choses encore.

Ce qu'il y a de certain, c'est que les hommes du
4 Septembre récoltent aujourd'hui les fruits amers de
leur faiblesse.

On ne fait pas de révolution à demi.

Pour n'avoir point su s'inspirer du véritable esprit
démocratique, l'Assemblée constituante de 1848 avait
fait une œuvre condamnée à périr à bref délai. On ne
fonde pas une République avec les institutions de la
monarchie. Le lit était si bien fait pour le césarisme,
qu'il n'a eu qu'à s'y étendre tout de son long, en s'appuyant sur l'organisation judiciaire, sur l'organisation
administrative et sur l'organisation militaire que la
révolution de Février avait reçues des mains de la

royauté de Juillet et qu'elle avait eu le tort de conserver.

Les révolutionnaires de 1870 n'ont pas fait autre chose.

Quand on les pressait de prendre des mesures énergiques, de casser aux gages tout le personnel impérial, de briser comme verre les funestes institutions nées du coup d'État de Brumaire et toujours existantes, ils répondaient avec un imperturbable sang-froid : Nous ne voulons pas désorganiser l'administration ; nous ne sommes pas un gouvernement de révolution, nous sommes un gouvernement de défense nationale. La vérité est qu'ils n'ont été ni l'un ni l'autre.

Il leur a manqué la foi qui sauve, l'énergie qui soulève les montagnes, l'audace qui surmonte toutes les difficultés.

Ce dont nous ne nous consolerons jamais, c'est que, ne se sentant pas au niveau de la lourde tâche qui leur incombait, ils n'aient pas immédiatement remis à une assemblée nationale, — ce qui était bien plus facile qu'au mois de février 1871, — le soin de décider des destinées de la République.

Quelle leçon à méditer !

Eh bien ! aujourd'hui, la majorité républicaine de la Chambre des députés et le ministère, qui a pour chef un ancien théoricien de la politique radicale, ne semblent guère disposés à en profiter.

La République et les institutions républicaines sont chaque jour attaquées, vilipendées, calomniées, par des feuilles qui ne représentent qu'une infime minorité du pays ; le gouvernement ne s'en émeut guère. Toute liberté et toute licence sont accordées aux journaux de la réaction cléricale, légitimiste, orléaniste et bonapartiste. Mais gare aux feuilles républicaines, si elles prennent un peu trop chaleureusement la défense des principes démocratiques ! Il y a pour elles des juges autre part qu'à Berlin, et elles apprennent à leurs dépens que les lois de l'Empire sont restées en vigueur, tout exprès pour leur être appliquées.

Le ministère de la politique radicale et la Chambre républicaine songent-ils enfin à porter la cognée sur les funestes institutions issues du coup d'État de Brumaire ? Il n'est que temps.

Mais pouvons-nous fonder un grand espoir sur cette Chambre et sur ce ministère ? Hélas ! le doute est plus que permis.

Lorsque la Restauration, tout éclaboussée de sang français, est venue, à l'aide de l'étranger, relever tant bien que mal le trône broyé en 1792 ; lorsque la royauté bourgeoise de Juillet a pris sans façon la place de la monarchie dite légitime ; lorsque le second Empire, comme un sinistre oiseau de proie, a déchiré dans ses serres la République de Février ; lorsqu'enfin le 21 mai, cette chose sans nom, ce mélange de royalisme, de bigotisme et de césarisme, s'est subrepticement emparé du pouvoir, est-ce qu'on n'a pas, de fond en comble, tout de suite, du jour au lendemain, modifié le personnel administratif ?

Mais la République se garde bien d'imiter de pareils errements. Voyez plutôt le mouvement sous-préfectoral paru hier à l'*Officiel* et dont les journaux de bonne composition font grand bruit. C'est tout simplement une amère dérision.

Des préfets les plus hostiles à la République, il n'est pas question.

Plus de cent sous-préfets, anciens serviteurs de l'Empire, et notoirement connus pour appartenir à la réaction la plus effrénée, restent en place, embusqués dans leurs sous-préfectures, comme pour battre plus sûrement en brèche, à l'ombre des lois, le régime établi.

Comment donc! le président du conseil pousse l'amabilité jusqu'à rétablir dans ses fonctions un sous-préfet que M. de Marcère avait cru devoir révoquer.

Dites après cela que nos gouvernants savent profiter des leçons de l'histoire!

LES DONS DE LA RÉPUBLIQUE

Ils sont nombreux les présents de la Révolution à notre chère patrie. Aucun de nous, fils des déshérités de l'ancien régime, ne saurait, sans la plus noire des ingratitudes, en perdre le souvenir.

Quel pays fut jamais comblé de plus de bienfaits en un instant ? Suppression des priviléges, abolition des droits féodaux et de la noblesse, égalité devant la loi, liberté de la presse, liberté de réunion, liberté de conscience, magistrature élective, administrations élues ; voilà quels furent les premiers biens inappréciables dont la Révolution fit don à la France.

Ces biens ne pouvaient lui être définitivement acquis qu'à la condition que la République fût établie sur d'inébranlables bases et pût développer toutes ses conséquences politiques et sociales. On sait comment elle a été renversée après quelques années d'existence et comment tout progrès s'est trouvé définitivement enrayé pour longtemps.

Mais en dehors de ces munificences qui devaient assurer la grandeur morale et la prospérité de la France, il est d'autres présents, venant de la République, dont il est bon de se souvenir également, puisqu'on rappelle avec affectation ceux de la royauté.

L'*Union*, s'en prenant aux impérialistes qui trouvent leur berceau plus glorieux que ce qu'elle appelle « le berceau resplendissant de la royauté nationale, » leur déclare qu'après avoir perdu l'Alsace et la Lorraine, ils devraient garder au moins le silence en présence de l'héritier de ceux qui nous les avaient données.

Il y aurait beaucoup à reprendre sur le qualificatif de nationale appliqué à la royauté capétienne. Il nous serait trop facile de prouver, l'histoire à la main, que la monarchie s'est faite, en France, en dehors et sans le consentement de la nation. Mais c'est chose qui nous entraînerait beaucoup trop loin ; nous y reviendrons d'ailleurs si l'*Union* nous y convie.

Cela dit, nous ne faisons aucune difficulté d'avouer que c'est sous la troisième race que l'Alsace et la Lorraine ont fait retour à la France, sans coûter beaucoup de sang au pays.

Maintenant il convient d'ajouter que si la royauté a quelque peu contribué à refaire la France, elle avait singulièrement travaillé à la défaire.

Est-ce que ce ne sont pas nos premiers rois qui ont découpé en toutes sortes de morceaux cette admirable contrée qui s'appelait la Gaule et qui avait pour limites trois mers, les Pyrénées, les Alpes et le Rhin ? L'*Elsass* est un nom celtique et non pas allemand. N'est-ce point par la fondation du royaume d'Austrasie que cette admirable province d'Alsace a commencé d'être détachée du sein de la France ? Elle nous est revenue sous Louis XIV, par divers traités ; une centaine d'années plus tard la Lorraine, elle aussi, a fait retour à la vieille mère-patrie ; mais ce n'est pas la faute de la royauté si en 1792 nous ne les avons pas reperdues l'une et l'autre.

Au moment où la République a été proclamée en France, l'étranger, ne l'oublions pas, appelé par le roi et par la reine, était à trois journées de marche de Paris. De Strasbourg à Lille nos frontières étaient entamées.

Il fallut l'effort colossal de toute une nation en armes, qu'électrisait le génie de la liberté, pour avoir raison de toutes les hordes qui, la croyant minée par les factions, s'élançaient sur elle comme sur une proie facile, dont, par avance, on s'était partagé les lambeaux. Déjà l'Allemagne convoitait la Lorraine et l'Alsace, et dès cette époque les pédants teutons revendiquaient ces provinces sous prétexte que dans les campagnes on parlait encore l'idiome germanique.

Livrée à elle-même, sans autre allié que son bon droit, mais forte de sa conscience, de la justice de sa cause et du patriotisme de ses enfants, la République eut ce bonheur de repousser de son territoire, les uns après les autres, Espagnols, Prussiens et Autrichiens, sans compter les émigrés qui, traîtres à leur pays, combattaient dans les rangs de l'armée de Condé.

A pas de géant, elle marcha de triomphe en triomphe. Elle ne se contenta pas de reprendre possession des provinces que l'ennemi avait envahies, elle poussa au midi jusqu'aux Alpes, à l'est et au nord jusqu'au Rhin, broyant sous ses pas les Russes et les Anglais qui étaient venus grossir le nombre de ses ennemis.

Injustement provoquée, elle voulut rentrer dans les limites de la vieille Gaule, dans ces frontières si ad-

mirablement tracées et qui enlacent la France comme
une ceinture naturelle ; elle y rentra.

Quand le coup d'État de Brumaire la prit tout à
coup à la gorge, elle avait acquis, soit par la force
des armes, soit du libre consentement des populations, la Savoie, la Belgique, la Flandre hollan-
daise, y compris Maëstricht et Vanloo, l'évêché de
Bâle, Mulhouse, Genève et tous les pays de la rive
gauche du Rhin, en tout près de seize mille lieues
carrées et cinq millions d'habitants.

Qu'est-ce auprès de cela que les présents de la
royauté? C'est donc surtout à la République qu'il appartient de demander à la dynastie césarienne : Qu'as-
tu fait de mes provinces perdues? Et seule elle aura
assez de grandeur morale et de force matérielle pour
forcer l'Allemagne à les lui rendre sans effusion de
sang.

FIN

TABLE DES CHAPITRES

Dédicace. 1

Préface. iii

La République aimable. 1

La République ouverte. 6

La question d'Orient 11

A la démocratie ouvrière 19

La réorganisation judiciaire. 26

La première session. 33

Où allons-nous ?. 39

La crise 44

La politique des principes. 59

La situation présente. 64

Être ou ne pas être. 68

La liberté de la parole.. 74

Du droit de réunion.. 79

La liberté de la presse 83

Crimes et livres. 89

Le colportage.. 93

La tolérance. 102

Peuples et rois. 106

La question municipale. 111

De l'inconnu en politique. 150

L'attente. 154

Mauvaises raisons.. 158

Les gens de finance et l'État.. 164

Ces pauvres trésoriers généraux! 170

Le jury.. 181

Des fonctionnaires publics 195

Préfets et sous-préfets.. 205
La nation armée 218
Les bibliothèques populaires.. 230
Principes ou gourdins.. 235
L'idéal républicain 241
Plus de lumière.. 246
Opportunisme et intransigeance.. 255
L'obstacle.. 260
Révolution et révolutionnaires. 265
La France se recueille.. 269
Les émigrés de l'intérieur. 273
Les perceptions de ville. 277
Les points noirs 283
Le protocole. 287
De qui dépend la paix.. 291
Le rôle de la France 295
Jeux de prince. 300
La guerre 305
Respect à la vérité 309
Les sauveurs de la société. 313
Faut-il reconstruire les Tuileries ?. 317
Un incendiaire. 320
Leçon à méditer 325
Les dons de la République.. 330

FIN DE LA TABLE

AUREAU. — IMPRIMERIE DE LAGNY.

PUBLICATIONS RÉCENTES DE LA LIBRAIRIE E. DENTU